David Fontana · Kursbuch Meditation

DR. DAVID FONTANA

Kursbuch Meditation

Alles über die verschiedenen Meditationsmethoden und ihre Anwendung

Anleitungen zur Wahl der richtigen Methode

O. W. BARTH VERLAG

Einzig berechtigte Übersetzung aus dem Englischen
von Ursula Richard.
Redaktion: Jochen Eggert
Schutzumschlag von Gerhard Noltkämper.

1. Auflage 1994
Titel der Originalausgabe «The Meditator's Handbook».
Copyright © 1992 by David Fontana.
First published in Great Britain in 1992 by Element
Books Limited, Longmead, Shaftesbury, Dorset.
Deutschsprachige Rechte beim Scherz Verlag, Bern, München,
Wien, für den Otto Wilhelm Barth Verlag.
Alle Rechte der Verbreitung, auch durch Funk, Fernsehen,
fotomechanische Wiedergabe, Tonträger jeder Art sowie
durch auszugsweisen Nachdruck, sind vorbehalten.

Inhalt

Vorwort 9

Einführung 13

1. Wer bin ich?:
   Die Erforschung der inneren Welt 15
   Wer ist dieses «Ich»? 16
   Unseren eigenen Geist erkennen 17
   Die Wissenden 18
   Die Sicht der modernen Psychologie 19
   Geist und Gehirn 22
   Die innere Welt 23
   Meditation, Konzentration, Sammlung 25

   Kasten 1: Konzentration und Sammlung 26
   Der sich weitende Horizont eines Psychologen 29

2. Warum Meditation? 33
   Meditation als Psychotherapie 36
   Meditierende über Meditation 40
   Was also ist Meditation? 42

   Kasten 2: Das Bewußte und das Unbewußte 47
   Die Kraft der Symbole 49

   Kasten 3: Die Sprache der Symbole 52

3. Sammlung, Stille, Einsicht 55
   Die Grundlagen der Meditation 55
   Mit dem Atem arbeiten 56

   Kasten 4: Prāṇāyāma 58
   Meditation ist nicht intellektfeindlich 60
   Sammlung und Stille 61

Inhalt

Kasten 5: Wie man mit Ablenkungen umgeht 62
Sammlung, Stille und Einsicht 65
Verschiedene Arten der Meditation 67
Eine Zuordnung der verschiedenen Meditationswege 70

4. Ruhende Meditation:
Den Geist anhalten 77
   In Ruhe sein 79
   Vipassanā 81

   Kasten 6: Vipassanā-Meditation 83
   Vipassanā und T'ai-chi 84
   T'ai-chi als Meditation in Ruhe 86
   Ruhe im Yoga 92
   Hatha-Yoga 95
   Kundalinī-Meditation 97
   Andere Formen des Körper-Yoga 100

   Kasten 7: Die innere Hitze aufsteigen lassen 101
   Bewegung – die östliche und die westliche Sicht 104
   Ausblick 106

5. Fließende Meditation I:
Innere Stimme und Barmherzigkeit 109
   Die Innere-Stimme-Meditation 110
   Innere-Stimme-Meditation im Christentum 112

   Kasten 8: Das Ich 113
   Gnostizismus 114
   Die Nag-Hammadi-Bibliothek 117
   Frauen und die Meditation der inneren Stimme 122
   Techniken der fließenden Meditation 123
   Liebende-Güte-Meditation 125
   Die Geistlichen Übungen 126

6. Fließende Meditation II:
Die Welt des Schamanen 133
   Kasten 9: Trommeln 137
   Schamanismus und griechische Mythologie 139
   Schamanismus und Natur 142
   Meditation mit den Elementen 144
   Meditation über die inneren Elemente 146
   Der westliche Schamanismus 149

Inhalt

7. Visualisierung:
   Ein Schlüssel zur inneren Welt   155
   Warum ist Visualisieren so wirksam?   156

   Kasten 10: Entspannungsmeditation   157
   Jeder kann visualisieren   159
   Techniken der Visualisierung   160
   Farbiges Visualisieren   163
   Warum geometrische Formen?   165
   Bildliches Visualisieren   165

   Kasten 11: Yantras und Mandalas   166
   Das Visualisieren von Menschen   168
   Das Visualisieren von Landschaften   170
   Erdende Meditation   172
   Die Anwendung von Visualisation   172
   Das Auflösen von Visualisierungen   174

8. Subjektive Meditation:
   Den eigenen Geist erkennen   177
   Gottesvorstellungen   179
   Das Wesen der subjektiven Meditation   180
   Achtsamkeit   182
   Der Zen-Buddhismus   183
   Die drei Pfeiler des Zen   185
   Samādhi, Satori und Kenshō   186

   Kasten 12: Zazen   189
   Das Satori auf die Probe stellen   191
   Das Kōan   192

   Kasten 13: Mehr über die Kōan   196
   Mit einem Kōan üben   198
   «Mu» mit dem Verstand erforschen   200
   Ist «Mu» einfach ein Mantra?   202
   Der erleuchtete Geisteszustand   203
   Beschreibungen sind nur die Hälfte des Weges   205
   Sōtō-Zen   206
   Schlußbetrachtung   209

   Kasten 14: «Sag mir, wer du bist!»   210

9. Objektive Meditation I:
   Die Mysterien von Leben und Tod   213
   Der Ansatz des tibetischen Buddhismus   214
   Die westlichen Mysterientraditionen   218

Inhalt

    Esoterische und exoterische Aspekte 220
    Die Ursprünge der westlichen Tradition 220
    Kasten 15: Die Siddhis 221
    Meditation in den Mysterientraditionen 225
    Hinweise auf die alten Gottheiten 227
    Die Kabbala 228
    Kasten 16: Der Baum des Lebens 230
    Die hinduistische Tradition 235
    Kein Raum für Fanatismus 245

10. Objektive Meditation II:
    Form und Formlosigkeit 247
    Meditation im Vedānta 247
    Die Acht Stufen der Meditation 248
    Meditation als Bhakti 250
    Die Bedeutung und Anwendung der Mantras 252
    Mantra-Meditation ohne Visualisierung 254
    Kasten 17: Einige Mantras 255
    Die Vorzüge der Mantra-Meditation 257
    Die formlosen Versenkungen 258
    Jñāna in der Meditation 261
    Formlose Wirklichkeit 263
    Meditation über Weite 264
    Neti – «Nicht dies» 265
    Kasten 18: Neti im Christentum 267
    Wer bin ich? 269
    Der letzte Schritt im Jñāna 271

Abschließende Betrachtung 273

Anmerkungen 277

Literaturverzeichnis 278

Register 284

Vorwort

Es geht ungeheuer turbulent zu auf unserer Erde. Oft scheint es, als wären wir kollektiv gesehen nicht in der Lage, unser Leben in Ordnung zu halten, auch wenn wir auf einer individuellen Ebene in unseren alltäglichen Beziehungen noch so etwas erfahren wie Nähe, Wärme, Vertrauen, Ehrlichkeit und Großzügigkeit. Eine der Lösungen, die Menschen seit eh und je gewählt haben, um mit den Aufgaben und Herausforderungen des Lebens fertigzuwerden, ist die Hinwendung zur Religion. Doch auch hier ist der Zynismus gewachsen angesichts des Ausmaßes, in dem die Religionen für zunehmende Zerstörung, für Terror und Krieg mitverantwortlich sind, statt die Probleme zu lösen, denen wir ausgesetzt sind.

Meditation ist eine Praxis, die, quer durch alle Traditionen hindurch, beabsichtigt, den Aufruhr unseres inneren und äußeren Lebens zur Ruhe zu bringen und eine Harmonie zwischen dem einzelnen Menschen und seiner sozialen, spirituellen und sogar seiner metaphysischen Welt herzustellen. Diese Praxis, die nicht notwendigerweise auf einem Glauben basiert, kann schließlich eine stille Ganzheit in uns und an der Oberfläche unseres Lebens entstehen lassen. Es ist eine Praxis, die religiöse und weltliche Traditionen umfaßt. Sie bietet Stille, Verstehen, Freiheit und Frieden.

David Fontanas Buch ist kein geringes Unterfangen. Es will eine Einführung sein in die Meditation aller bedeutenden sowie vieler nicht so bedeutender Traditionen der Menschheit – quer durch die Geschichte, die Nationen und philosophischen Traditionen hindurch. In diesem Sinne ist es ein Führer zu den vielen verschiedenen Meditationsformen, die uns helfen können, mit der Unruhe fertigzuwerden, die wir in unserem individuellen Leben und in unserer Welt geschaffen haben.

Doch was ist Meditation? Diese einfache Frage ist sehr schwer zu

Vorwort

beantworten, und zwar deshalb, weil Meditation so viele Traditionen umfaßt. Im Laufe der Jahre habe ich Berichte gelesen über die meditativen Traditionen des Hinduismus, Buddhismus, Sufismus, Judaismus, Christentums und Schamanismus. Meist erlebe ich dabei jedoch, daß mir schon nach kurzer Zeit des Lesens und Studierens alles vor den Augen verschwimmt, wenn die Wogen der absichtlichen oder unabsichtlichen Unklarheit über mir zusammenschlagen, die die Kundigen für den Schwimmer in ihren selten kartographierten Gewässern erzeugen. Vieles von dem, was innerhalb der verschiedenen Traditionen über Meditation geschrieben wurde, ist für den unbefangenen Leser so dunkel, daß es nahezu unmöglich ist, das Wesen der Praxis zu verstehen, den Zweck der Meditation und ihren Bezug zu dem spirituellen Kontext, innerhalb dessen sie gelehrt wird. Folglich entsteht eher Verwirrung als Verstehen, eher Unruhe als Stille. Man hat das Gefühl, daß manche Gelehrte so verliebt sind in ihre eigene Auffassung einer bestimmten Tradition, daß sie diese Sicht mystifizieren, um ihre Überlegenheit gegenüber dem unbefangenen Leser oder dem angehenden Kundigen zu bewahren. Keinen dieser Vorwürfe kann man gegen David Fontana und sein erhellendes Buch erheben.

Dieses Buch ist ein Führer, der den Leser behutsam an die Hand nimmt und ihn durch die unermeßlichen Traditionen komplexen Wissens leitet. Es gibt klare, einfache Anweisungen für die vor uns liegenden Wege und ist in einer unmittelbar zugänglichen Sprache geschrieben, die weder herablassend noch vereinfachend ist. Es ist ein Zeichen der Anerkennung für David Fontanas Werk, wenn ich sage, daß ich, der ich Meditation seit über zwanzig Jahren unter psychologischen Gesichtspunkten praktiziere und studiere, das Gefühl hatte, mehr durch dieses eine Buch gelernt zu haben als durch die meisten anderen zusammengenommen. Die Vertracktheiten der verschiedenen spirituellen Traditionen sind in klaren Worten dargelegt, der Stellenwert der Meditation ist einfach erklärt. Wiederholt werden im Buch leicht verständliche Anweisungen zur Praxis verschiedener Meditationstechniken gegeben, die im Rahmen ihrer jeweiligen Tradition vorgestellt werden.

Aber dieses Buch ist nicht einfach ein akademischer und nüchterner Meditationsführer. Es ist mit Einfühlungsvermögen geschrieben, und am Ende des Buches wird man einen Eindruck davon gewonnen

Vorwort

haben, was den Meditationspraktiken aller Traditionen gemein ist, und man wird, damit verbunden, einen Einblick in David Fontanas eigene reiche Meditationserfahrung erhalten haben. Fontana vermittelt uns, daß Meditation Stille, Schönheit, Fülle und Verstehen schafft – innige Verbundenheit mit Wahrheit, Redlichkeit und Aufrichtigkeit anstelle des Getrenntseins von ihnen. Am Ende des Buches versuchte ich für mich zusammenzufassen, was Meditation ist. Mein erster Gedanke war, daß Meditation die Erfahrung der eigenen Person ist. Dann wird sie zur Erfahrung des eigenen Seins. Dann, auf einer spirituelleren Ebene, zur wahren Wertschätzung des eigenen Seins. Daraus ergibt sich die wahre Wertschätzung anderer Wesen und dann aller Wesen. Schließlich ist da nur noch ein «feierliches Begehen» des Seins. Daraus schloß ich: Meditation ist Sein. Das ist für mich die Schlußfolgerung aus dieser unermeßlich weiten und doch unstrapaziösen Reise durch die Traditionen – ein Verständnis, das auf meiner Erfahrung und auf David Fontanas Handbuch basiert. Meditation lehrt uns zu *sein,* ohne Anhaften, Habsucht, Begierde, Abneigungen, Aggressionen oder Schuldgefühle. Sie ist daher wahrhaft eine Praxis, mit der die aufgewühlte innere und äußere Welt zur Ruhe gebracht werden kann. Es scheint mir, daß Meditation, neben unseren vereinten Bemühungen, uns und unseren Planeten zu heilen, ein gradliniger Pfad zu Stille und Verstehen ist, ein Pfad, der uns helfen kann zu lernen, in dieser Welt zu sein und miteinander zu leben, statt auf Kosten unserer Welt zu leben und voneinander getrennt zu sein.

Dr. Fontanas Aufrichtigkeit und die außerordentliche Tiefe seiner Gelehrsamkeit und Meditationspraxis machen dieses Buch zu einem hervorragenden Begleiter für Meditierende in jedem Abschnitt ihrer spirituellen Reise.

Michael West

Einführung

Über Meditation zu schreiben bedeutet, auch über Religion zu schreiben, denn alle großen Traditionen der Meditation sind innerhalb eines religiösen oder besser gesagt eines spirituellen Kontextes entstanden und haben sich in ihm entwickelt.

Aber ich hoffe, daß die Leser, die kein besonderes Interesse an Religion haben, sich davon nicht abschrecken lassen. Dieses Buch soll keineswegs der Versuch sein, jemanden zu einer spirituellen Denkweise zu bekehren. Es ist Sache jedes einzelnen, seinen Weg durch das Leben zu finden und selbst einen Sinn – oder eben das Fehlen eines Sinns – in ihm zu entdecken. Dieses Buch wurde auch nicht vom Standpunkt einer bestimmten Religion aus geschrieben. Wird auf einige Religionen häufiger verwiesen als auf andere, so liegt das einfach daran, daß in ihnen stärkeres Gewicht auf die Praxis der Meditation gelegt wird.

Mein Interesse war es stets, nach der einen, allen Religionen zugrundeliegenden Wahrheit zu suchen. Die praktischen und theoretischen Lehren vieler der großen östlichen und westlichen Traditionen zeigten mir, ebenso wie das Gefühl des Heiligen, das ich in Tempeln, Kirchen, Moscheen, Kapellen und Meditationshallen empfand, daß es menschlicher Fehlbarkeit und nicht etwa der Wahrheit selbst anzulasten ist, wenn zwischen den Menschen Zwietracht herrscht.

Gleichzeitig hat mich als Psychologe interessiert, die Geheimnisse des menschlichen Geistes zu studieren, an deren Reichtum wir ahnungslos vorbeieilen und vorbeistreben können, wenn wir es versäumen, sie zu erkunden. Meditation ist eine Möglichkeit – und vielleicht ist es die einzige –, diese Entdeckungsreise durchzuführen und ins Herz dieses Reichtums vorzudringen.

1. Wer bin ich?: Die Erforschung der inneren Welt

Jeder von uns lebt in zwei Welten. Die eine Welt ist ganz augenfällig. Schauen Sie sich um, und Sie sehen sie. Nehmen Sie wahr, wie vertraut sie ist, wie wohlbekannt. Bemerken Sie, wie Sie jedem Gegenstand, den Sie sehen, einen Namen geben können, sagen können, wozu er dient, woher er kommt, wieviel er kostet, wem er gehört, wie ansprechend oder wenig reizvoll er ist, wie haltbar, und was mit ihm geschieht, wenn seine Zeit abgelaufen ist. Beobachten Sie, wie Sie den Gesichtern, die Sie sehen, Namen geben können, wie Sie Menschen unterteilen können in Männer und Frauen, Kinder und Erwachsene, Alte und Junge, Freunde und Fremde, geliebte Menschen und Bekannte, Hell- und Dunkelhaarige, Landsleute und Ausländer. Nehmen Sie wahr, wie leicht Dinge sich in Kategorien untergliedern, Aufschriften bekommen und verständlich und voraussagbar werden. Die Welt, die unseren Sinnen begegnet, ist die meiste Zeit unseres Lebens klar und begreifbar; sie ist voller Formen und Geräusche, voller Gerüche und Empfindungen, die für uns definieren, was es heißt, lebendig zu sein.

Aber da ist noch eine andere Welt, bisweilen ebenso lebendig, doch weit weniger leicht zu beschreiben und zu verstehen. Eine innere Welt der Gedanken und Gefühle, eine Welt der Vorstellungen und Träume, eine Welt, die ein schattenhaftes «Ich» enthält; eine geheimnisvolle Person, die wir nie wirklich sehen, die aber in der Lage zu sein scheint, die äußere wie die innere Welt wahrzunehmen und zu beobachten. Eine Person, deren Existenz wir gelegentlich sogar vergessen können, wenn wir beispielsweise vollkommen in einer Tätigkeit aufgehen, uns in einer Beethoven-Symphonie verlieren oder fest schlafen, die jedoch in dem Moment immer wieder auftaucht, in dem wir erneut beginnen, unsere Gedanken zu denken, oder in dem wir morgens erwachen und wieder zu uns kommen.

Wer bin ich?

Wer ist dieses «Ich»?

Es ist merkwürdig, wie selten wir innehalten und über die Existenz dieses schwer faßbaren «Ich» nachdenken. Wer ist diese Person tatsächlich, die in uns lebt und mit beiden Welten, der inneren wie der äußeren, in Verbindung steht? Woher kommt sie, und wohin geht sie? Zweifellos erfährt sie das Leben, doch was eigentlich ist Leben, diese seltsame wunderbare, frustrierende, galletreibende Angelegenheit, die sich durch uns äußert und uns die meiste Zeit in unbehaglicher Schwebe zwischen Traurigkeit und Freude hält? Wozu ist sie da? Hat sie einen Sinn, und wenn ja, welchen? Können wir ihn erkennen, und wenn wir ihn erkennen können, können wir ihn auch verstehen?

Je mehr wir über diese Fragen nachdenken, desto bewußter wird uns, daß die erste Frage zu beantworten bedeutet, auch für alle anderen eine Antwort zu haben. Denn zu wissen, wer wir sind, bedeutet auch zu wissen, woher wir kommen und wohin wir gehen, was Leben ist und wozu es da ist, wenn es denn überhaupt einen Sinn hat. Jede dieser Fragen ist eigentlich nur eine Variante der einen ewigen Frage: «Wer bin ich?» Die grundlegende, existentielle Frage, aus der alle anderen existentiellen Fragen erwachsen und ohne die sie weder Bedeutung noch Wichtigkeit hätten.

Seit Tausenden von Jahren, vermutlich seit der Morgendämmerung des Bewußtseins aus den Nebeln der Vorgeschichte, haben Männer und Frauen sich über diese grundlegende Frage Gedanken gemacht und jenen sonderbaren Menschen gelauscht, die von Zeit zu Zeit unter uns leben und die Antwort zu kennen scheinen, eine Antwort, die sie in einer solch seltsamen, symbolischen Sprache ausdrücken, daß sie ganz und gar nicht wie eine Antwort klingt. Und wenn wir diese Menschen bitten, ihre Antwort zu erklären, so geben sie uns eine Reihe rätselhafter Techniken, durch die wir, wie sie andeuten, *selbst* diese Erklärung finden können. Wie es scheint, wird uns auf diese Weise gesagt, daß die Antwort auf die Frage «Wer bin ich?» keine Formel ist, die uns jemand anderes aushändigen kann, sondern eine direkte persönliche *Erfahrung*. Und wenn wir richtig darüber nachdenken – wie könnte die Antwort auch anders lauten, da doch *wir* selbst es sind, die sind, was wir sind?

Unseren eigenen Geist erkennen

Ein zusammenfassender Begriff für dieses «Ich», dessen Natur wir erkennen sollen, ist «Geist»: «Geist» ist ein nützlicher, allgemeiner Begriff, der all das umfaßt, was in unserer inneren Welt geschieht, auf der Ebene des Bewußten wie des Unbewußten. Unser «Geist» ist unsere Gedanken, unsere Gefühle und unsere Erinnerungen. Er ist die Bilder und Vorstellungen, die wir visualisieren, die Lieder, die wir uns selbst singen, der Sinn, den wir der äußeren Welt geben; er ist das Bewußtsein, das wir von unserer eigenen Existenz haben, die Hoffnungen und Träume, die wir für die Zukunft hegen, die Moralvorstellungen und Werte, die wir in uns tragen und nach denen wir leben, die Erwartungen, die wir haben, und die Forderungen, die wir an uns und andere stellen. Und gleichzeitig ist er jene tiefen, verborgenen Bereiche, die jenseits der unmittelbaren Bewußtheit liegen und die dennoch unsere Gedanken, unsere Handlungen und Gefühle tiefgreifend beeinflussen. Der «Geist» ist tatsächlich das innere magische Theater, auf dessen Bühne wir unsere Lebensdramen inszenieren. Und wie jedes Theater schließt es die Geschehnisse auf der Bühne und hinter dem Vorhang ein, die Schauspieler und die Autoren, und den bewußten Geist, der denkt und weiß, daß er denkt, und den unbewußten Geist, der sich auf ganz anderen, verborgenen Pfaden bewegt.

Uns selbst zu erkennen, zu wissen, wer wir sind, heißt also, unseren Geist auf beiden Ebenen zu erkennen, auf der bewußten und der unbewußten Ebene. Das ist eine gänzlich andere Art des Wissens als die, die wir im Sinn haben, wenn wir von entschlossenen Menschen sagen: «Sie wissen, wer sie sind.» Dieses Wissen ist ein unmittelbares Innewerden dessen, was unser Geist tatsächlich ist. Eine Art des Erkennens, welche die – auf den ersten Blick unmögliche – Aufgabe umfaßt, beides zugleich zu sein, der Geist, der erkannt wird, und der Geist, der erkennt. Eine Art des Erkennens, die zunächst so undenkbar scheint, wie die Aufforderung, uns selbst in die Augen zu sehen.

Wer bin ich?

Die Wissenden

Lassen Sie uns hier innehalten und einmal die Frauen und Männer betrachten, die die Antwort auf die Frage «Wer bin ich?» zu wissen schienen. Wenn wir diese Menschen besser verstehen, versetzen wir uns in die Lage, die Praktiken, die sie lehrten, selbst lernen und anwenden zu können, jene Praktiken, die möglicherweise (warten Sie es ab!) dazu führen, daß wir selbst unsere eigene Antwort auf diese seltsam verwirrende Frage finden.

Zunächst einmal können wir feststellen, daß diese Frauen und Männer in den unterschiedlichsten Kulturen und Epochen lebten. Und obwohl die Sprachen, in denen sie sich über die Antwort äußerten und über die Praktiken, mit denen wir die Antwort selbst ergründen können, verschieden sein mögen – wie auch ihre Symbole für die jener Antwort zugrunde liegende Wahrheit verschieden sein mögen –, die Essenz ihrer Aussagen scheint sich nicht gewandelt zu haben. Ob sie aus dem Osten oder Westen kamen, aus einer sehr komplexen oder einer scheinbar einfachen Kultur, ob sie vor Jahrhunderten lebten oder in unserer modernen Zeit, die Lehren, die sie uns schenkten, blieben sich in ihren Grundzügen gleich. Die Wissenschaft und die Technologie der äußeren Welt verändern sich rasch, in ständig zunehmendem Maße – sogar während ich jetzt diese Worte schreibe –, doch die innere Welt, von der diese Frauen und Männer sprechen, scheint zeitlos zu sein, und die Karten, die sie uns hinterlassen haben, damit wir uns in dieser Welt zurechtfinden können, scheinen sich nicht zu ändern.

Des weiteren ist bemerkenswert, daß es für diese Frauen und Männer in der inneren Welt keinerlei Grenzen gibt. Die Landkarten, die sie uns hinterlassen haben, zeigen keine gepunkteten Grenzlinien, keine Grenzposten, keine Zollhäuser, und es gibt keine unterschiedlichen Preise, Währungen und Gesetze. Für sie waren die drei großen Geistesdisziplinen, die wir heute als Religion, Philosophie und Psychologie kennen, noch nicht voneinander getrennt. Für sie existierte nur der Geist. Es gab nicht einmal eine Trennung zwischen Bewußtem und Unbewußtem, zwischen Schlafen und Wachen, zwischen Gedanken und Träumen. Für sie gab es nur ein allumfassendes *Wissen* oder – da der Begriff «Wissen» heute oft nur noch bloß faktisches Wissen meint – eine allumfassende Weisheit.

Die Sicht der modernen Psychologie

Im Verlaufe dieses Buches werden wir einigen dieser Frauen und Männer begegnen. Da unser modernes Bewußtsein Menschen unbedingt in Kategorien einteilen will, erkennen wir sie am besten, wenn sie den Titel eines religiösen oder spirituellen Lehrers tragen. Im Osten gehören der Buddha und andere nach der buddhistischen Tradition Praktizierende zu diesen Menschen sowie Patañjali und viele andere aus der Hindu-(und besonders der Vedānta-)Tradition. Im Nahen Osten sind es Rumi und andere Praktizierende der Sufi-Tradition, wie auch die anonymen Verfasser des *Sepher Jezira* und weiterer kabbalistischer Texte. Am Schnittpunkt von Ost und West sind es Christus und viele andere mehr, die in der christlichen, und hier insbesondere in der gnostischen Tradition wirkten, darüber hinaus der mythische Hermes Trismegistos und andere den Mysterienreligionen und der Hermetischen Tradition Verbundene.

Auch wenn es nicht so selbstverständlich scheint, können wir hier auch noch Pythagoras und die anderen Gestalten der griechischen Mysterientradition anführen. Außerdem noch jene, die in der schamanistischen und indianischen Tradition praktizierten. Das einigende Prinzip, das hinter dem Wirken all dieser Frauen und Männer steht, ist in ihren Anweisungen für eine Praxis zu sehen, die die einzelnen befähigen soll, in sich hineinzuschauen und dort in der inneren Welt die Wirklichkeit zu finden, von der alle Existenz ausgeht; eine Wirklichkeit, die zugleich unsere eigene wahre Natur ist und die schöpferische Kraft, die die äußere Welt hervorbringt und aufrechterhält.

Die Sicht der modernen Psychologie

Lassen Sie mich an dieser Stelle erläutern, warum die moderne westliche Psychologie die Lehren dieser Frauen und Männer zur Kenntnis nehmen sollte. Die Tatsache, daß ich dieser Aufgabe Zeit widmen muß, zeigt nicht nur deutlich die künstliche Unterscheidung, die wir im Westen zwischen Psychologie, Religion und Philosophie treffen, sondern auch die Beschränktheit, mit der die moderne westliche Psychologie vielfach zu Werk geht.

Diese Engstirnigkeit bringt manche Menschen (meist meine Kollegen Psychologen) dazu, mich zu fragen, warum ich mich, der ich doch

Wer bin ich?

in der westlichen Tradition der Psychologie groß geworden bin, mit etwas beschäftige, das gelegentlich als «unwissenschaftlicher, mystischer Unsinn» bezeichnet wird. Wir im Westen tun gern so, als stünden wir auf dem Gipfelpunkt menschlicher Entwicklung. Wir betrachten die Geschichte als den stetigen Aufstieg der Menschheit aus einem Abgrund des Aberglaubens und der falschen Vorstellungen von der Welt und uns selbst zu einem komplexen Wissensfundus, der uns ein wahres und objektives Bild von den Dingen, so wie sie sind, vermittelt. Um unsere Sichtweise zu rechtfertigen, verweisen wir auf die Errungenschaften der modernen Wissenschaft und Technik, auf die Weltraumraketen, die elektronischen Zaubereien, die Durchbrüche in Biologie und Medizin – auf all die hervorragenden Entdeckungen, die den Fortschritt immer weiter vorangetrieben haben, den wir bei der Manipulation und Kontrolle von nahezu jedem Aspekt unserer physischen Welt machen konnten.

Hier haben wir es jedoch mit zwei Trugschlüssen zu tun, die eng miteinander verbunden sind. Der erste ist, daß «Fortschritt» an sich bedeute, daß frühere Ideen und frühere Weisen, die Welt zu betrachten, notwendigerweise falsch sind. Vieles hängt davon ab, welche Anliegen sich hinter den jeweiligen Vorstellungen verbergen. Wollen wir zeigen, daß die Welt einfach nur eine gigantische Maschine ist, hervorgebracht durch eine Kombination von bloßem Zufall und natürlicher Selektion, dann werden wir die Daten, die unsere Wissenschaft ausstößt, diesem Interesse gemäß deuten. Wollen wir dagegen zeigen, daß die Welt noch andere Dimensionen hat und daß diese Dimensionen es sind, die unserem Leben Sinn und Bedeutung geben, dann werden wir die Daten völlig anders interpretieren.

Eine hilfreiche Analogie ist es, sich ein Auto und seinen Fahrer vorzustellen. Ist man nur an der Mechanik des Autos interessiert, verbringt man seine Zeit mit dem Kopf unter der Motorhaube und kümmert sich nicht um den Mann oder die Frau im Inneren des Wagens. Denkt man überhaupt einmal an diese Person, so wird man sie als nichtexistent abtun, denn sie ist weder aus Stahl noch aus Plastik; und die Werkzeuge sind einzig dafür konstruiert und vorgesehen, diese Materialien zu erfassen. Gilt das Interesse aber der Person, die am Steuer sitzt, so öffnet man die Tür, schaut ins Innere und beginnt, ganz andere Dinge zu entdecken.

Die Sicht der modernen Psychologie

Es wäre falsch, die Wichtigkeit zu unterschätzen, die ein Blick unter die Motorhaube hat. Unter die Motorhaube zu sehen ist ein angemessenes Verhalten, wenn es etwas an der Mechanik herumzubasteln gibt. Doch ebenso falsch wäre es, die Wichtigkeit zu unterschätzen, die ein Blick ins Innere des Wagens hat. Ins Innere des Wagens zu sehen ist ein angemessenes Vorgehen, wenn wir den Fahrer oder die Fahrerin kennenlernen wollen. Keine der beiden Verhaltensmöglichkeiten ist in einem absoluten Sinne «falsch». Beide Aktivitäten haben ihren Sinn, je nachdem welche Fragen wir stellen. Die Person, die unter die Motorhaube sieht, hat die einfachere Aufgabe zu bewältigen (denn Maschinen sind berechenbarer, und es ist leichter, mit ihnen fertigzuwerden als mit den Menschen, die sie fahren), doch die Person, die ins Innere hineinschaut, wird die wesentlichere Frage stellen, und die Antwort, die sie findet, wird sie nicht nur den Fahrer, sondern auch das Auto verstehen lassen; denn es ist der menschliche Geist, der letztlich für beides verantwortlich ist.

Der zweite Trugschluß ist, daß offenkundiger Fortschritt in *einigen* Wissensbereichen Fortschritt in *allen* Bereichen bedeute. Moderne Wissenschaft und Technologie haben bei der Erforschung der materiellen Zusammensetzung unbelebter Objekte große Fortschritte gemacht, ebenso wie die moderne Biologie bei der Erforschung der materiellen Zusammensetzung belebter Objekte. Doch vergleichbare Fortschritte sind bei der Erforschung der menschlichen Psyche nicht zu verzeichnen. Tatsächlich wissen wir nur wenig mehr (und auf einigen Gebieten sehr viel weniger) als die Frauen und Männer zur Zeit des Buddha vor 2500 Jahren oder zur Zeit der anonymen Verfasser der hinduistischen Veden, noch einige Jahrhunderte davor. Der detaillierten Kartographie des menschlichen Geistes und der menschlichen Bewußtseinszustände, die von den fernöstlichen Weisen jener vergangenen Zeiten erstellt wurde, kommt in ihrer Vielschichtigkeit und Genauigkeit nichts von dem gleich, worin sich die moderne westliche Psychologie versucht hat.

Für jene, die bei der Erwähnung des Buddhismus oder der hinduistischen Veden zurückschrecken, da ihnen beides zu sehr nach Magie und Aberglauben klingt, verweise ich statt dessen auf die großen Werke der westlichen Literatur. Obwohl wir hier nichts finden, das der östlichen Kartographie der Geisteszustände vergleichbar wäre, so

Wer bin ich?

scheinen mir doch die Einsichten eines Shakespeare, eines Goethe oder sogar eines Molière bezüglich der Beobachtung menschlichen Denkens und Verhaltens beinahe unübertrefflich. Die Werke dieser Schriftsteller haben die Jahrhunderte nicht nur wegen der Schönheit ihrer Sprache überlebt, sondern auch wegen der Einsichten in die menschlichen Verhältnisse, die sie vermitteln, und weil sie Spiegel sind, die uns die Realitäten unserer eigenen Erfahrung zurückspiegeln.

Literatur dieser Größenordnung zeigt, ebenso wie die Literatur, die in dem Jahrtausend vor Christi Geburt von griechischen Dichtern wie Sophokles und Euripides geschaffen wurde, daß diese Menschen dieselben Fragen zur menschlichen Psyche, zum Ursprung und Schicksal menschlichen Lebens stellten und zu beantworten suchten, die wir uns heute stellen und zu beantworten suchen.

Nein, es wäre falsch zu meinen, daß wir modernen Menschen, nur weil es uns gelungen ist, einen Blick in das Innere eines Atoms zu werfen oder in den Weltraum vorzudringen, auch in den menschlichen Geist hineingesehen hätten und in die Mysterien des inneren Raumes vorgedrungen wären.

Geist und Gehirn

In gewissem Sinne hat die moderne Wissenschaft überhaupt noch nicht versucht, Einblick in den menschlichen Geist zu gewinnen. Sie hat es vorgezogen, den Geist mit dem Gehirn gleichzusetzen; anders ausgedrückt: Sie hat geistige Aktivitäten ausschließlich als im Gehirn ablaufende elektrochemische Prozesse betrachtet, die mit den entsprechenden Instrumenten zu messen sind. Die Tatsache, daß wir – egal, was die elektrochemischen Vorgänge im Gehirn vielleicht sind – Gedanken als *Gedanken* erfahren, sie als geistige, nichtphysikalische Ereignisse erleben und nicht als elektrochemische Prozesse, diese Tatsache wird dabei als bedeutungslos erachtet.

Die Beweggründe, die sich hinter diesem Ansatz verbergen, sind, Menschen als biophysikalische Apparate begreifen zu wollen, die der Erforschung ebenso zugänglich sind wie mechanische Apparate. Die Schwierigkeit liegt natürlich darin, daß sich Menschen selbst nicht als Maschinen erleben und sich nicht darin beirren lassen (sehr unpraktisch für die Wissenschaftler), unvorhersehbar zu handeln, ungeordnet, unkonventionell und gelegentlich großartig.

Die Menschen fahren unbeirrt fort, sich Dinge vorzustellen, zu träumen, zu erschaffen, Neues zu ersinnen. Sie beharren darauf, initiativ zu sein, Regeln zu durchbrechen, große Werke in Literatur und Kunst hervorzubringen, gegen alle Erwartungen zu überleben und sich geistig und biologisch sogar an die Schwerelosigkeit im Weltraum anzupassen – was tatsächlich ein kniffliges Problem für die Wissenschaft ist, denn der Mensch hat in seiner Entwicklungsgeschichte niemals zuvor Schwerelosigkeit erfahren und dürfte von daher theoretisch gar nicht in der Lage sein, sich an sie anzupassen. Die Menschen fahren fort, zu erfinden und zu entdecken und sich sogar in den Lauf der genetischen Entwicklung einzumischen – eine weitere «harte Nuß» für die Wissenschaft, da die genetische Entwicklung nunmehr auch als dem Geist unterworfen betrachtet werden muß, nicht länger nur abhängig von zufälligen Mutationen und dem Gesetz der natürlichen Auslese.

Und sie beharren darauf, weiterhin dieses problematische Ding namens Bewußtsein, Selbstbewußtsein, zu haben, für das auch die zähesten Darwinisten weder eine entwicklungsgeschichtliche Erklärung noch einen entwicklungsgeschichtlichen Zweck finden können.

Die innere Welt

Deshalb, um auf die moderne westliche Psychologie zurückzukommen, ist mir eines längst klar: Will man Psychologe sein, muß man die Menschen erforschen, wie sie sind, nicht so, wie man sie gerne hätte. Wir müssen der Psychologie ihren eigenen Lauf lassen als eine Disziplin mit eigenen Regeln und Verfahren. Das bedeutet, wir müssen den Menschen zuhören und berücksichtigen, was sie über sich selbst aussagen. Wir müssen mit Introspektion arbeiten und den Menschen ermöglichen, ihre Erfahrungen zu reflektieren und über sie zu berichten. Und wir müssen diese Innenschau und Reflektion achten und anerkennen, statt den Menschen zu erzählen, die Erfahrungen, die sie in ihrem Inneren machten, seien nur das elektrochemische Wirken eines biologischen, im Schädel beheimateten Apparates.

Wer bin ich?

Letztlich bedeutet es, diese innere Welt ernstzunehmen, in der wir alle leben und von der aus wir auf die äußere Welt blicken; diese Innenwelt, innerhalb derer wir das Leben interpretieren, ihm einen Sinn geben und mit der fundamentalen Frage «Wer bin ich?» ringen.

Als ich die Notwendigkeit einer solchen Annäherung an die menschliche Psyche erkannte, machte ich mich auf die Suche nach Methoden und Techniken zur Erforschung dieser inneren Welt, und diese Suche führte mich zur Meditation. Mein erstes, ernsthaftes Interesse an Meditation wurde vor ungefähr fünfundzwanzig Jahren während meines Graduiertenstudiums geweckt. Damals traf ich im Rahmen meiner Beschäftigung mit Yoga in Desmond Dunnes Buch *Yoga Made Easy* (noch immer eine gute Einführung in den Hatha-Yoga und viel weniger vereinfachend, als der Titel Sie vielleicht glauben macht) auf die Bemerkung, daß man durch die Yogapraxis lernt, «sich wahrhaft und vollkommen seiner selbst als Einheit bewußt zu werden... nicht auf die höchst persönliche, individualistische westliche Art, die nur allzuoft zu Egozentrik und verkrampfter Selbstbezogenheit führt, sondern in einer gelassenen, losgelösten Weise, die uns gegen oberflächliche Einflüsse immun macht».

Eine Praxis, die solches leistet, so sagte ich mir, verdient die Aufmerksamkeit eines Psychologen. Alles, was den Menschen gelassener und losgelöster und «gegen oberflächliche Einflüsse immun macht», schien mir den Vergleich mit den besten modernen psychologischen Techniken und Therapien aufnehmen zu können. Je länger man auf dem Gebiet der Humanpsychologie arbeitet, desto deutlicher wird einem das Ausmaß des seelischen Leidens. Ob wir nun bereits so weit sind, daß wir unsere innere Welt näher betrachten wollen, oder ob wir noch völlig in äußere Angelegenheiten verstrickt sind: Die meisten von uns bedürfen dringend einer Gelassenheit, die uns weniger verwundbar macht gegenüber den Problemen, die uns das Leben in den Weg stellt.

Meditation, Konzentration, Sammlung

Damals, vor fünfundzwanzig Jahren, gab es weitaus weniger Material über Meditation als heute, und es gab auch sehr viel weniger Meditationslehrer. Doch ich las alles, was ich zu diesem Thema finden konnte, und erkannte bald, daß es bei der Meditation, worauf es auch immer sonst noch bei ihr ankommen mochte, auf jeden Fall um Konzentration ging. Tatsächlich schien Konzentration der erste, wesentliche Schritt zu sein. Und eine Konzentration besonderer Art. Nicht die Konzentration auf einen ständig wechselnden Reiz, wie etwa ein Buch, ein Schachproblem oder eine Symphonie, sondern die Sammlung auf einen einzigen Stimulus, entweder einen gleichbleibenden oder einen mit einem einfachen, repetitiven Rhythmus.

So lernte ich zum Beispiel, daß der Meditierende sich auf eine geometrische Form, eine leere Wand, auf einen rhythmischen Gesang, auf eine Körperbewegung oder auf das Auf und Ab des Atems sammeln kann. Und das, so schien es, war alles, worauf es ankam. Mit dieser Erkenntnis gerüstet, entschloß ich mich, die Sache auszuprobieren. Eines Abends, als ich allein zu Hause war, legte ich ein Kissen auf den Boden und setzte mich, irgendwie befangen und ziemlich unbequem, mit gekreuzten Beinen hin, schloß die Augen und versuchte mich auf meinen Atem zu konzentrieren. Ich hatte zu diesem Zeitpunkt keine Ahnung, was ich mit den Gedanken anfangen sollte, die sich in meinem Kopf drängten und beharrlich meine Konzentration zu beeinträchtigen suchten. Doch dank eines glücklichen Zufalls oder eines Gnadengeschenks gelang es mir, mich etwa zehn Minuten lang einigermaßen gut auf das Heben und Senken meiner Bauchdecke zu sammeln.

Als ich dann, durch die Geräusche einer das Haus betretenden Person gestört, meine Augen wieder öffnete, war ich überrascht (und ziemlich stolz), daß ich mich in einem ruhigen und sehr angenehmen Geisteszustand befand. Der Raum, in dem ich saß, hatte eine seltsam neue Qualität gewonnen, und die Farben und Formen der gewöhnlichen Gegenstände besaßen unter der künstlichen Beleuchtung eine besondere, zarte Schönheit. Und ich selbst schien, ohne zu wissen warum, mit etwas in mir in Berührung zu sein, das dieselbe Qualität hatte.

Kasten 1:

Konzentration und Sammlung

Was genau *ist* Konzentration? In Anbetracht ihrer großen Bedeutung für die Meditation ist es notwendig, mehr über sie zu wissen.

Psychologen definieren Konzentration als eine besondere Form disziplinierter, anhaltender Aufmerksamkeit; als eine Aufmerksamkeit, die in gewisser Weise ein Beschränken bedeutet, damit von außen kommende Reize, die uns üblicherweise ablenken, nicht eindringen können. Unser ganzes Bewußtsein ist auf *eine* Sache ausgerichtet, wird tatsächlich «eins-gerichtet».

Für unser tägliches Leben sind die positiven Auswirkungen der Konzentration ganz offensichtlich. Konzentrieren wir uns auf das, was wir gerade tun, sind wir fähig, es effektiver zu tun, und können uns an die damit verbundenen Einzelheiten besser erinnern. Gedächtnisschwächen sind oft einfach nur die Folge mangelnder Aufmerksamkeit.

Doch warum ist Konzentration für die Meditation so unerläßlich? Die Antwort lautet: Nur wenn der Geist gesammelt ist, können wir ihm den Weg zur Erfahrung seiner selbst ebnen. Normalerweise sind wir geistig und gefühlsmäßig so hin- und hergerissen, einem ständigen Bombardement von Dingen ausgesetzt, die lautstark unsere Aufmerksamkeit fordern, daß wir nie wirklich erfahren, was «Aufmerksamkeit» eigentlich ist. Wir sind so damit beschäftigt, aus dem Fenster zu blicken, daß wir nicht nur versäumt haben, unser eigenes Haus zu erforschen, sondern wir sind uns noch nicht einmal seiner bloßen Existenz bewußt. Durch Sammlung trainieren wir den Geist, sehr viel klarer und schärfer zu sein bei allem, was wir tun, und wir geben ihm den Raum, sich nach innen zu wenden und zu erkennen, was da ist.

Doch wie kann der Geist sich selbst kennenlernen? Ist das nicht so, als wollte ein Auge sich selbst betrachten? Ein Unding also? Auf jeden Fall dann, wenn wir davon ausgehen, daß es immer zwei Dinge geben muß, damit wir etwas «erkennen», einen Geist, der erkennt, und ein Objekt, das erkannt wird. Das heißt, der Geist muß sich immer auf etwas konzentrieren, das *nicht er selbst ist,* Geist und Inhalt des Geistes sind zwei getrennte Dinge. Durch Sammlung jedoch erreicht der Geist einen Punkt, wo er ohne jeden Inhalt ist. Was dann? Hat der Geist aufgehört zu existieren? Unsere eigene unmittelbare Erfahrung wird uns die Antwort darauf geben.

Die meditative Konzentration (die wir hier zur Abgrenzung gegenüber der gewöhnlichen operativen Konzentration als Sammlung bezeichnen) ist trainierbar; und wie Sammlung für die Meditation unerläßlich ist, so ist Meditation der beste Weg, die Sammlung zu trainieren. Hier sind zunächst einmal zwei hilfreiche vorbereitende Übungen:

Erste Übung: Nehmen Sie ein ganz gewöhnliches Wort wie «Wasser» oder «Baum». Schreiben Sie es auf ein Stück Papier. Schreiben Sie jetzt das erste Wort auf, das Ihnen als Assoziation dazu in den Sinn kommt, und *kehren Sie dann sofort zu dem ursprünglichen Wort zurück.* Jetzt wird Ihnen ein weiteres Wort einfallen. Schreiben Sie auch dieses auf, und kehren Sie sofort wieder zu Ihrem Ausgangspunkt zurück. Fahren Sie damit so lange fort, wie Ihnen Wortassoziationen in den Sinn kommen. Bleiben sie aus, so verweilen Sie bei Ihrem ursprünglichen Wort. Behalten Sie es im Kopf. Sammeln Sie sich darauf, ohne sich irgendwelche Gedanken darüber zu machen. Machen Sie das, so lange Sie sich damit wohlfühlen.

Zweite Übung: Führen Sie diese Übung einen Tag nach der ersten Übung durch. Beginnen Sie mit demselben Wort, und behalten Sie es im Sinn. Sobald der Geist zu einem anderen Wort aus der ersten Übung springt (oder zu einem ganz anderen

Wer bin ich?

> Wort), kehren Sie sofort zu Ihrem Ausgangswort zurück. Wiederholen Sie diese Übung mindestens fünf Minuten täglich einen Monat lang.
>
> Betrachten Sie am Ende des Monats die Verbesserung Ihrer Sammlung, das heißt Ihrer Fähigkeit, Ihre Aufmerksamkeit auf das Ausgangswort zu sammeln, ohne daß Ihr Geist zu anderen Wörtern oder Gedankengängen springt.

«Das ist es!» sagte ich mir, und vor mir sah ich ein Leben, erfüllt von regelmäßiger Meditation, durch die ich geschwind in «Gelassenheit und Losgelöstheit» hineinwachsen und meine Tage damit zubringen würde, Frieden und Freude zu verströmen. Meditation war einfach, das war klar. Ich mußte mich nur an einem ruhigen Ort niedersetzen, die Augen schließen und den Atem beobachten, das war alles.

Ich brauche wohl nicht zu sagen, daß ich am nächsten Abend, als ich wieder auf meinem Kissen saß und vertrauensvoll erwartete, denselben Zustand zu erreichen, kläglich scheiterte. Kaum hatte ich meine Augen geschlossen und versucht, mich auf meinen Atem zu konzentrieren, da sagte mein Geist sinngemäß: «Ich weiß genau, was du willst. Überlaß das mir. Ich kann uns problemlos dort hinbringen.» Zwar brachte mich mein Geist zu einem gedanklichen Schwätzchen, zu körperlichem Unwohlsein, zu Langeweile und schon bald auch zu höchster Reizbarkeit, aber *dorthin* brachte er mich sicherlich nicht. Die ganze Sitzung war ein vollkommener Fehlschlag. Oder ein vollkommener Fehlschlag in einer Hinsicht und in anderer ein großer Erfolg. Wie ich dann mit der Zeit herausfand, begann ich damals nämlich zu lernen, daß Meditation ganz sicher nichts ist, was man durch Willenskraft oder durch ein Ich erreicht, das sagt: «Überlaß das nur mir, es ist kinderleicht. Alles, was ich zu tun habe, ist, den Zustand, den wir erreichen wollen, bewußt wiederherzustellen.»

Es dauerte eine Weile, bis ich die Lektion begriff; denn bis zu diesem Zeitpunkt hatte mich meine ganze Erziehung glauben lassen, daß man bewußt hart arbeiten muß, wenn man etwas erreichen will. Es fiel mir nicht leicht, mir einzugestehen, daß ich nun mit etwas sehr viel Subtilerem begonnen hatte, das ganz anderen Gesetzen gehorchte (wenn man von «gehorchen» überhaupt sprechen kann). Und das erste dieser Gesetze lautet, daß man sich zwar niedersetzen kann, mit der *Absicht* zu meditieren; doch sobald die Sitzung beginnt, muß jede Idee einer Absicht, jede Regung des Geistes, die auf das Erreichen eines vorgegebenen Ziels gerichtet ist, fallengelassen werden. Statt dessen muß man sich auf das Objekt der Meditation sammeln, was immer es auch sein mag, und zwar so, als würde man es zum allerersten Mal tun. Man sitzt und konzentriert sich ohne Erwartung, ohne Hoffnung, ohne das Fehlen von Hoffnung, man sitzt, übt Meditation und beobachtet das, was kommt (und bleibt unberührt davon). (s. Kasten 1)

Der sich weitende Horizont eines Psychologen

Trotz des scheinbaren Scheiterns meines zweiten Meditationsversuchs (und vieler weiterer Versuche) wuchs mein Interesse an diesem Thema. Gelegentlich ahnte ich eine Stille in mir, die paradoxerweise – und der Meditierende lernt bald, mit Paradoxa zu leben – beruhigend und aufregend zugleich war. Hin und wieder spürte ich in meinem Alltagsleben etwas von der Gelassenheit und Losgelöstheit, von der Desmond Dunne gesprochen hatte; eine Gelassenheit und Losgelöstheit, die, auch wenn sie mich nicht «gegen oberflächliche Einflüsse immun» machten, mir zumindest andeuteten, daß man das Leben leben kann, ohne von äußeren Einflüssen hierher und dorthin gezogen zu werden, ohne ständig von den zahllosen Enttäuschungen und Problemen bedroht zu werden, die das Leben uns in den Weg stellt.

Als die Zeit reif war und ich mein erstes Buch schrieb, empfand ich es als sehr hilfreich, mich vor dem Schreiben ein paar Minuten zur Meditation niederzusetzen. Das half, meinen Geist zu klären und ihn zu öffnen für den Strom der Ideen aus jenem geheimnisvollen Bereich der inneren Welt, in dem die schöpferische Kraft ihren Ursprung hat. Damals war ich noch nicht meinem ersten Meditationslehrer begegnet, doch ich fand ein oder zwei Menschen, die mein Interesse teilten. Wir tauschten die Informationen aus, die wir aus Büchern gewinnen konnten, und besuchten die unregelmäßig stattfindenden Vorträge, die

Wer bin ich?

von Mitgliedern der Gemeinschaft tibetischer Lamas gehalten wurden, die nach der chinesischen Invasion ihren Weg in den Westen gefunden hatten. Beim Lesen entdeckte ich immer mehr Kostbarkeiten, etwa die Aussagen Edward Conzes, eines der führenden westlichen Übersetzer und Interpreten buddhistischer Texte:

> Natürlich ist Erleuchtung oder Nirvāna das letztendliche Ziel buddhistischer Meditationen. Auf dem Weg zum Nirvāna dienen sie dazu, die spirituelle Entwicklung zu fördern, die Last des Leidens zu mindern, den Geist zur Ruhe zu bringen und die wirklichen Tatsachen des Daseins bloßzulegen. Wachsende Sanftmut und zunehmendes Mitgefühl gehören ebenso zu ihren Nebenprodukten wie ein Sich-Öffnen für die Botschaft des Lebens und wie das Gefühl, der Tod habe seinen Stachel verloren.[1]

Das klang sogar noch besser als Desmond Dunnes Gelassenheit und Losgelöstheit, doch wie Dunne betonte auch Conze, daß Meditation »die wirklichen Tatsachen des Daseins« offenbart (und von daher die Frage «Wer bin ich?» beantworten müßte) und daß sie «die Last des Leidens» mindert. Einerseits ist Meditation also ein Weg der Selbsterkenntnis, andererseits eine Art Psychotherapie. Auf den ersten Blick schienen das zwei getrennte Wege zu sein; doch sind sie, wie ich später lernen sollte, Teil desselben Ganzen. (Der von mir hier zitierte Auszug aus Edward Conzes Buch geht übrigens weiter und beschreibt die Begriffe «Nirvāna» und «Erleuchtung»; doch diese schwierige Materie war mir zu jener Zeit noch völlig unverständlich.)

Ausgehend von diesen ersten Entdeckungen, stieß ich bald auf einen der größten westlichen Psychologen – Carl Gustav Jung. Dieser hatte Meditation, ebenso wie den ganzen Reichtum psychologischer Einsichten, den die östlichen Traditionen bereitstellten, ernst genommen, aber er berücksichtigte auch die westliche Hermetik sowie Gnostik und Alchimie. Jung betrachtete diese Einsichten als Führer zum inneren Raum. Je intensiver ich seine faszinierenden Schriften studierte, desto überzeugter wurde ich, daß uns sowohl diese Einsichten als auch die Traditionen, denen sie entstammten, die tiefsten Schätze psychologischer und spiritueller Weisheit erschließen können, die der Menschheit bekannt sind – und daß sie durchaus nicht jene Mischung

Der sich weitende Horizont eines Psychologen

aus Unwissenheit und Aberglauben sind, für die westliche Wissenschaft sie hält.

Im Lauf der Zeit konnte ich bei verschiedenen Meditationslehrern dieser unterschiedlichen Traditionen praktische Erfahrungen sammeln. Vieles von dem, was ich lernte, bildet den Gehalt dieses Buches. Und ich hoffe, dieser kurze Exkurs in persönliche Erinnerungen erklärt, warum ich die westliche Psychologie, trotz all meiner Sympathie und meines Respektes, für unzureichend halte, wenn es um unsere innere Welt und jene Geisteszustände geht, die für uns alle der Inbegriff dessen sind, was es heißt, wahrhaft wir selbst zu sein. Ich hoffe, in diesem Buch verständlich machen zu können, warum Meditation durch nichts zu übertreffen ist, wenn es darum geht, die innere Welt und diese Geisteszustände zu erkunden und die Wahrheiten aufzudecken, die nur durch diese Erkundung ans Licht kommen können.

Des weiteren hoffe ich deutlich machen zu können, warum Meditation im Rahmen einer solchen Erkundung auch positive psychologische Auswirkungen zeitigt, die, in Conzes Worten, «die Last des Leidens mindern». Trotz aller Bemühungen, trotz aller Aufmerksamkeit, die die westliche Psychologie der Linderung des seelischen Elends entgegenbringt, stecken wir noch in den Kinderschuhen, wenn es darum geht, Menschen zu helfen, mit sich in Frieden zu leben. Psychisches Leiden ist ebenso wirklich wie körperliches Leiden, und die, die sich darin verstrickt haben, suchen verzweifelt nach irgend etwas, das ihnen helfen kann, einen Ausweg aus ihrem inneren Gefängnis zu finden. Wenn Meditation ihnen dieses «etwas» geben kann, ist das ein weiterer guter Grund, warum westliche Psychologen in die Geheimnisse der Meditation vordringen und sie ergründen sollten.

2. Warum Meditation?

Wenn man bedenkt, daß die westliche Psychologie die innere Welt des Geistes ebenso ignoriert wie Meditation als Methode, diese zu erforschen, dann verwundert es kaum, daß die westliche Forschung wenig hieb- und stichfeste Forschungsergebnisse geliefert hat zu der Frage, ob Meditation den Behauptungen von Autoren wie Dunne oder Conze gerecht wird. In seinem kürzlich erschienenen Buch *The Psychology of Meditation* hat Michael West diese Ergebnisse zusammengetragen; und obwohl es ein hervorragendes Buch ist, zeugen doch viele der von ihm beschriebenen Forschungsarbeiten von der Schwierigkeit, Meditation zu erforschen.

Wie untersucht man die positiven Auswirkungen der Meditation? Wie kann man einschätzen, ob jemand «gelassener» oder «losgelöster» geworden ist und der «Last des Leidens» besser standhält? Das Einfachste wäre es, die Menschen selbst zu fragen, doch in der westlichen Psychologie wird diese Art der Befragung bedauerlicherweise nicht besonders geschätzt, denn sie schließt Introspektion ein und hängt auf diese Weise von der Genauigkeit und Ehrlichkeit derer ab, die Aussagen über sich selbst machen sollen. Aus diesem Grund beziehen sehr viele psychologische Forschungsarbeiten über Meditation physiologische Messungen mit ein. Psychologen fühlen sich im allgemeinen sicherer (was genauso bedauerlich ist), wenn sie es mit physiologischen Faktoren zu tun haben, da diese objektive Fakten aufzeigen, etwa das, was faktisch während der Meditation im physiologischen System geschieht – Blutdruck, die elektrischen Vorgänge im Gehirn und die Chemie solcher Substanzen wie Adrenalin und Noradrenalin im Blutkreislauf.

Wenn also behauptet wird, Meditation führe zu größerer Gelassenheit, wird der Psychologe fragen, ob sie die physiologischen Veränderungen hervorruft, die normalerweise mit körperlicher Entspannung

Warum Meditation?

einhergehen: verringerter Blutdruck und geringere Pulsfrequenz, ein Wechsel im elektrischen Rhythmus des Gehirns von dem üblichen Beta- zu dem langsameren Alpha-Rhythmus sowie eine Verringerung der Streßhormone Adrenalin und Noradrenalin. So weit so gut, doch was wir dabei überhaupt nicht erfahren, ist, wie die meditierende Person ihre innere Erfahrung tatsächlich *empfindet*. Zwei Personen können physiologisch gesehen gleich entspannt sein und die gleichen Veränderungen beim Blutdruck und dem Gehirnrhythmus zeigen, aber ihr Entspannungszustand kann gänzlich unterschiedliche Ursachen haben und in sehr verschiedener Weise erlebt werden. Die eine Person mag einem zerfahrenen Tagtraum nachhängen, während die andere klar und ruhig auf ihren Atem konzentriert ist. Die physiologischen Auswirkungen mögen ähnlich aussehen, doch Wesen und Qualität der inneren Erfahrungen, die diese hervorrufen, sind ganz unterschiedlich.

Angesichts der Tatsache, daß physiologische Messungen ein relativ grobes Instrumentarium sind, ist es nicht überraschend, wenn die Untersuchungen zeigen, daß Meditation den einzelnen kaum wirkungsvoller in einen körperlich ruhigen Zustand bringen kann als die einfachen Entspannungstechniken, die von den Psychologen selbst gelehrt werden. Somit scheint es auch keinen Grund zu geben, warum man Psychologen Meditation empfehlen sollte, wo es doch viel weniger «mystische» Verfahren gibt.

Eine zweite Methode, die Psychologen bei der Erforschung der Meditation verwenden, ist der Fragebogen. Psychologen fühlen sich mit Fragebögen besser als mit Introspektion, denn die Fragen können genau spezifiziert werden, und es können Fangfragen gestellt werden, um die Befragten zu überführen, wenn sie ungenaue oder falsche Angaben machen. Des weiteren können die Fragen so formuliert werden, daß sie objektive Tatsachen aufdecken – etwa ob jemand bei Nervosität mit Schweißausbrüchen oder einem unruhigen Magen reagiert –, anstatt zu eruieren, wie sich jemand ganz subjektiv fühlt.

Gegen Untersuchungen dieser Art ist nichts einzuwenden, doch sie sagen nichts darüber aus, wie der einzelne sein Innenleben tatsächlich erfährt. Zwei Personen können beispielsweise die Testfrage, ob sie vor einem Interview oder einer Rede in der Öffentlichkeit schwitzen oder einen nervösen Magen haben, mit «Ja» beantworten, doch wer-

Warum Meditation?

den uns die Antworten nichts darüber wissen lassen, in welcher Beziehung diese Personen zu ihrem Befinden stehen. Die eine identifiziert sich vielleicht damit und läßt sich von ihrem Zustand überwältigen, während die andere ihn objektiv beobachtet und in ihrem Tun erfolgreich fortfährt. Obwohl also beide Unruhe und Beklemmung erfahren, kann ihr jeweiliger Umgang damit sehr verschieden sein. Und gerade dieser Umgang ist für das Leben der Betreffenden von entscheidender Bedeutung.

Angesichts der Unzulänglichkeiten der Fragebogen-Tests ist es vorhersehbar, daß die Untersuchungen, in denen sie verwendet wurden, uns ebenfalls wenig über den Wert der Meditation zu sagen haben. Sicher, Ergebnisse zeigen, daß Menschen, die mit Meditation beginnen, im Durchschnitt zu größerer Ängstlichkeit neigen als ihre Mitmenschen und daß Meditation ihre Ängstlichkeit zu mindern scheint, aber auch hier sind die Ergebnisse nicht besser als bei denen, die ein Entspannungstraining durchführten. Man hat auch herausgefunden, daß Personen, die bei den Fragebogen-Tests als *sehr* ängstlich bewertet werden, sich eher vom Meditationstraining zurückziehen als jene, die als weniger ängstlich eingestuft werden. Das läßt darauf schließen, daß diese Personen besonderer Unterstützung bedürfen, doch die Unfähigkeit der Tests, uns zu erklären, was im Inneren dieser Personen geschieht und sie zu ihrem Rückzug veranlaßt, begrenzt den praktischen Wert dieser Tests.

Untersuchungen mittels Fragebogen zeigen für den allgemeinen Persönlichkeitsbereich, daß Introvertierte (jene, die mehr nach innen gewandt sind) eher mit Meditation beginnen als Extrovertierte (solche, die mehr aus sich herausgehen und sozial ausgerichtet sind) – was niemanden verwundert. Interessanter ist: Die Ergebnisse deuten an, daß Introvertierte als Resultat der Meditationspraxis *weniger* introvertiert werden. Das dürfte jene beruhigen, die fürchten, Meditation könne die Neigung zur Vereinzelung fördern. Doch könnte dies auch eher auf die positiven sozialen Auswirkungen einer Meditationsgruppe zurückzuführen sein (Meditierende sind eher angenehme Leute) als auf die Meditation selbst. Das Material deutet auch darauf hin, daß erfahrene Meditierende mehr Selbstwertgefühl besitzen als Nicht-Meditierende; doch da die Untersuchungen auch zeigen, daß Menschen mit wenig Selbstwertgefühl besonders dazu neigen, die

Warum Meditation?

Meditation wieder aufzugeben, kann das auch einfach nur bedeuten, daß gut entwickeltes Selbstwertgefühl die Ursache und nicht die Wirkung der Ausdauer beim Meditieren ist.

Das muß nun nicht gleich bedeuten, daß Meditierende ein Haufen eingebildeter Leute sind! Eingebildetsein ist oft eine Abwehrhaltung bei mangelndem Selbstwertgefühl, ein absurder Versuch, andere davon zu überzeugen, wie großartig man ist, während man es im Grunde selbst nicht glaubt. Die Fähigkeit, uns selbst zu schätzen, hat sehr viel mit Selbstakzeptanz zu tun, mit dem Bewußtsein, daß uns allen, unabhängig von unseren guten und schlechten Seiten, die Achtung und Wertschätzung unserer selbst zusteht, weil wir im Besitz dieses kostbaren Menschenlebens sind.

Meditation als Psychotherapie

Keine der bisher erwähnten Untersuchungen wurde mit sehr fortgeschrittenen Meditierenden durchgeführt. Die meisten Forscher untersuchen die Auswirkungen der Meditation lieber an gewöhnlichen Sterblichen als an den wenigen weit Fortgeschrittenen. Aus Indien gibt es Berichte über erfahrene Yogis, die – unter sorgfältig überwachten Laborbedingungen – in der Meditation den Stoffwechsel ihres Körpers so weit kontrollieren konnten, daß sie über einen längeren Zeitraum hinweg unter sauerstofffreien Bedingungen überleben konnten; unter Bedingungen, die uns übrige umbringen würden. Es wird von erfahrenen Meditierenden berichtet, die den entspannten Alpha-Rhythmus im Gehirn selbst dann noch beibehalten konnten, wenn sie sich mit einem komplizierten mathematischen Problem beschäftigten (eine Beschäftigung, die normalerweise das Gehirn zum Beta-Rhythmus hochschnellen läßt, gleichgültig, wie ruhig man dabei zu bleiben vermag). Einer meiner Meditationslehrer, der Ehrwürdige Ngakpa Chögyam, hat dieses Phänomen unter strengen Testbedingungen in der Neurologieabteilung eines Krankenhauses demonstriert. Eine Beschreibung dieses Experiments findet sich in der Einleitung seines Buches *Der fünffarbige Regenbogen*.

Eine weitere Beschränkung der oben dargestellten Untersuchungen liegt darin, daß sich viele von ihnen auf Meditierende bezogen, die die

Meditation als Psychotherapie

Transzendentale Meditation (TM) ausüben. Das ist eine Mantra-Technik (siehe 10. Kapitel, S. 254 ff.), die viele begeisterte Anhänger gefunden hat. Doch bei einigen Untersuchungen mit TM-Übenden wurde versäumt, die strengen Maßstäbe anzulegen, die sicherstellen, daß die berichteten Ergebnisse genau sind oder daß Ergebnisse, die einer bestimmten Ursache zugeschrieben werden, nicht auch auf etwas ganz anderes zurückzuführen sind. Zum Beispiel können die der Meditation zugeschriebenen positiven physiologischen Resultate auch einfach Folge der körperlichen Entspannung sein, da, wie wir gesehen haben, die körperliche Entspannung oftmals physiologische Ergebnisse zeitigt, die denen gleichen, die durch Meditation hervorgerufen werden. Solche Resultate könnten auch einfach nur durch den Glauben verursacht sein, daß Meditation wirkt (der sogenannte Placebo-Effekt). In dem Fall wäre das Spielen auf einer Blockflöte genauso segensreich – vorausgesetzt, es wird mit demselben starken Glauben getan.

Obwohl das Bild, das die Forschung zeichnet, ziemlich unbefriedigend bleibt, sind wir damit noch nicht am Ende. Psychologen, die bei ihrer konkreten *klinischen* Tätigkeit mit Patienten Meditation anwenden, haben Fallstudien vorgelegt, die zeigen, daß Meditation bei dafür geeigneten Personen helfen kann, Spannungen, Ängste und Schuldgefühle abzubauen, aber auch streßbedingte Anomalien wie Schlaflosigkeit, Stottern, Bluthochdruck und Herzrhythmusstörungen. Auch bei der Reduzierung von Drogenabhängigkeit hat sich Meditation als hilfreich erwiesen; sie stärkt das persönliche Identitätsgefühl, verbessert die Gesamtstimmung, erleichtert das Ausdrücken von Gefühlen und erhöht den Grad an Kreativität, Energie und allgemeiner Produktivität.

Da Ergebnisse dieser Art nicht unter strengen Versuchsbedingungen erarbeitet wurden, wissen wir nicht, ob Entspannungstraining vergleichbare Ergebnisse gezeitigt hätte. Allerdings dringen diese klinischen Studien tiefer in das Leben und die Entwicklung des einzelnen vor als die anderen, bisher erwähnten Studien. Sie beziehen Introspektion mit ein, das heißt, sie respektieren, was der einzelne über seine Erfahrungen mit der Meditationspraxis zu sagen hat. Diese klinischen Studien erzählen uns aber immer noch nicht alles, was wir wissen möchten. Doch innerhalb ihres begrenzten Rahmens unterstützen sie

Warum Meditation?

Dunnes Behauptung, Meditation führe zu wachsender Gelassenheit und Losgelöstheit, und Conzes Aussage, Meditation bringe einen ruhigeren Geist hervor und mindere den Leidensdruck. Diese klinischen Studien lassen jedoch auch erkennen, daß Meditation nicht für alle geeignet ist. Damit sie erfolgreich wirken kann, sollte der Übende über ein gewisses Maß an Selbstdisziplin verfügen (das nicht höher sein muß als das, was Entspannungstraining erfordert) und kein übertriebenes Bedürfnis nach Selbstkontrolle haben. Denn letzteres kann dazu führen, daß der Meditierende sich durch den Verlust des Gefühls, «das Kommando zu haben» (ein Verlust, den Meditation mit sich bringt), unsicher oder sogar bedroht fühlt und die Meditation aufgibt oder sich von ihr sogar spürbar geschädigt fühlt.

Ein weiterer (nicht überraschender) Eindruck ist, daß einfache Formen der Meditation wie die Sammlung auf den Atem oder auf ein Mantra eher unmittelbaren Erfolg zeitigen als komplexere Formen wie zum Beispiel Visualisierungen. Klinische Ergebnisse deuten auch darauf hin, daß Meditation gewisse Gefahren birgt, die es wert sind, hier aufgeführt zu werden. Keine von ihnen ist besonders ernst, und keine ist ein Grund, nicht mit der Meditation zu beginnen. Es sind Dinge, die geschehen *können,* nicht geschehen *müssen,* und vor denen man sich in acht nehmen sollte.

1. Meditation *kann* zu Gefühlen von persönlicher Macht und Überlegenheit führen; diese sind nicht nur an sich wenig hilfreich, sondern können auch mit dem «objektiveren» Gefühl des Meditierenden in Konflikt geraten, daß er in seinem täglichen Leben nicht gar so erfolgreich ist. Oder sie verschleiern dieses Gefühl und halten so den Meditierenden davon ab, sich ihm zu stellen und es realistisch anzugehen.

2. Der Optimismus und das Wohlbefinden, von dem viele Meditierende berichten, kann eine wirklichkeitsfremde Euphorie hervorrufen; dies kann die Bemühungen erschweren, psychische Probleme zu identifizieren und zu verringern.

3. Meditation kann dazu führen, daß sich das Tempo verlangsamt, mit dem Dinge erledigt oder bewältigt werden. Diese Verlangsamung ist vielleicht für das Leben, das der einzelne tatsächlich führen muß,

Meditation als Psychotherapie

unangemessen. Es könnte sein, daß er im Beruf oder im häuslichen Leben *weniger* leistungsfähig ist als bisher.

4. Für manche mag das Gefühl von Leichtigkeit und Wohlbefinden, das durch die Meditation auftreten kann, zu der Überzeugung führen, daß sie zu nachgiebig gegen sich selbst, zu träge geworden sind oder daß sie ihre Zeit vergeuden, statt mit den wichtigen Dingen des Lebens voranzukommen.

5. Wenn man Meditation mit unrealistisch hohen Erwartungen beginnt, kann das leicht zu einer Desillusionierung führen oder sogar zu einer Ablehnung jedweder Beschäftigung mit der inneren Welt.

Erfahrene Meditierende werden beim Lesen dieser Aufzählung sagen: «Natürlich, aber diese Dinge passieren nur, wenn man an die Meditation falsch herangeht. Man sollte beispielsweise anfangs keine zu hohen Erwartungen haben, und wenn man richtig meditiert, dürfte man eigentlich keine Machtgefühle oder keinen unrealistischen Optimismus entwickeln.» Und sie fügen vielleicht hinzu: Wenn eine langsamere Gangart im Leben bedeutet, daß man weniger erfolgreich am Arbeitsplatz ist, dann läßt das wohl darauf schließen, daß man ohnehin den falschen Beruf hat. Und selbstverständlich haben sie recht. Wenn Sie unter Anleitung eines Lehrers meditieren, wird er Sie auf diese Dinge hinweisen und Sie entsprechend beraten. Auch wenn Sie allein üben, werden Sie, wenn Sie schon zu Beginn ein richtiges Verständnis von Meditation haben, diese Fallen umgehen oder mit ihnen fertigwerden können, falls sie auftauchen.

Die oben beschriebenen Gefahren zeigen, daß es wichtig ist, neben der Praxis auch etwas über die theoretischen Hintergründe der Meditation zu wissen. Diese Theorie ist nicht besonders schwer zu verstehen, und für alle, die sich für die innere Welt, wie sie von der Meditation erforscht wird, interessieren, birgt sie eine enorme Faszination in sich. Tatsächlich sind Theorie und Praxis der Meditation zwei Seiten derselben Medaille. Die eine Seite ist unvollständig ohne die andere. Das hoffe ich im Verlaufe dieses Buches deutlich machen zu können.

Warum Meditation?

Meditierende über Meditation

Da die psychologische Forschung uns so wenig über die tatsächlichen Erfahrungen Meditierender zu sagen weiß, ist es nur vernünftig, zu diesen selbst zu gehen und sie zu bitten, mit ihren eigenen Worten über die Wirkungen der Meditation zu berichten. Hier zwei Beispiele von westlichen Schülern, die sich bei östlichen Meditationslehrern in der Meditation schulten.

Das erste stammt von Jane Hamilton-Merritt, einer amerikanischen Schriftstellerin, die eine Zeit intensiver Meditationspraxis in thailändischen Klöstern erlebte:

> Neben vielen anderen Eigenschaften besitzt die Meditation nach meiner Auffassung Eigenschaften, die es ermöglichen, das Bewußtsein zu beruhigen und zu beherrschen und die im Bewußtsein enthaltene Energie zu konzentrieren. In dieser Verdichtung seiner Energie weitet sich das Bewußtsein aus und kommt in die Lage, schärfere Erkenntnisse zu realisieren. Die Folge ist, daß nach einiger Zeit Körper und Energie in Harmonie zusammenrücken, weil die Getrenntheit oder Dualität von Körper und Geist geringer wird und zeitweilig ganz verschwindet. Es scheint also, daß diese Getrenntheit von Körper und Geist die Menschen daran hindert, ihr wahres Wesen zu erkennen. Sie scheint daher die Quelle von Kampf, Unglück und Leid zu sein. Der Prozeß der Meditation scheint ein Abschütteln der Begierden in sich zu schließen. Auch das Bedürfnis, unwichtige Besitztümer bei sich zu haben, die Forderungen des Ich zu betonen, wird abgeschüttelt... Wenn all dies entfällt, wird es mit Hilfe der Meditation möglich, etwas vom wahren Ich zu erkennen. In diesem neuen Zustand, ohne alle hindernden Ablenkungen, läßt sich das Bewußtsein konzentrieren und ein persönlicher Gleichmut erreichen.[2]

Über diesen Gleichmut sagt Hamilton-Merritt weiter, daß «in meinem Leben eine Ruhe, ein Verständnis und eine Harmonie eingekehrt sind, die sich als Ergebnis der Meditation entwickelt haben».

Das zweite Beispiel stammt von Timothy Ward, ebenfalls einem Amerikaner, der in einem thailändischen Kloster praktiziert hat und

Meditierende über Meditation

uns einen Eindruck der Erfahrung von Samādhi, einem tiefen Meditationszustand, vermittelt:

> Mein Atem kam ganz klar und leicht. Er blieb ganz gleichmäßig, mit einer vollendeten Konzentration, wie ich sie noch nie zuvor erreicht hatte. Gedanken stiegen von Zeit zu Zeit auf, konnten sich aber nicht hereindrängen. Mein Bewußtsein war nur erfüllt von Entspannung, Gleichgewicht... Es war ein überraschend aktiver, wacher Geisteszustand, weder automatisch noch tranceähnlich. Nur von einem Augenblick zum nächsten vermochte die Konzentration ihn aufrechtzuerhalten. Er erforderte Energie, erzeugte aber keinen Streß... Ich hatte das Gefühl, als könnte ich diesen Zustand endlos weiter aufrechterhalten... Ich schätzte das Gefühl von Leichtigkeit ungemein.[3]

Diese beiden Beispiele beschreiben etwas, das jenseits der Erfahrungen liegt, die mit Techniken wie dem Entspannungstraining möglich sind, ganz gleich, wie ähnlich die physiologischen Auswirkungen auch sein mögen. In der Literatur über Entspannungstraining erfährt man nichts über das Wissen um ein «wahres Ich», das Jane Hamilton-Merritt erlangte, und nichts von dem Samādhi, das Timothy Ward erfuhr. Auch die Berichte derer, die sich den verschiedensten westlichen Psychotherapien unterzogen haben, enthalten nichts direkt Vergleichbares.

Die Aufzeichnungen Meditierender sind aber reich an ähnlichen Beispielen. Je mehr man sich mit dieser Literatur befaßt, mit Praktizierenden spricht und sie beobachtet, desto deutlicher wird einem bewußt, daß dies hier eine Technik ist wie keine andere Technik und eine Praxis wie keine andere Praxis. Eine Praxis, die transformiert, die einen Reichtum an Verstehen mit sich bringt und eine Weisheit vermittelt, die schwer in Worte zu fassen ist, aber all jene, die von ihr kosten, in eine tiefere Dimension der Erfahrung versetzt.

Wie meine ersten zaghaften Meditationserfahrungen vor fünfundzwanzig Jahren die Formen und Farben des Zimmers subtil veränderten, so verändert Meditation nicht nur die Perspektive, unter der man sich selbst betrachtet und erfährt, sondern auch den Blickwinkel, aus dem man die Außenwelt sieht. Der geistige und gefühlsmäßige Zu-

Warum Meditation?

stand verändert sich ebenso wie die Sinneswahrnehmung. Man öffnet sich stärker der Umwelt, wird sich der Schönheiten, der Farben in der Natur bewußter, aber auch der Freuden und Sorgen der anderen. Man *fühlt* die Substanz des Lebens, so wie Eltern die warme, zarte Haut ihres Babys spüren oder der Töpfer den Ton auf der Töpferscheibe oder der Gärtner die Blütenblätter einer sich öffnenden Blume.

Was also ist Meditation?

Bisher habe ich von Meditation gesprochen, ohne eine eindeutige Definition von dem, was Meditation wirklich ist, anzubieten. Ich habe sie als einen Weg beschrieben, in die innere Welt hineinzublicken und eine Antwort auf die Frage «Wer bin ich?» zu finden, eine Antwort, die auch unsere Erfahrung und unser Verständnis der Außenwelt verändert. Es sollte uns nicht erstaunen, daß wir zunächst einmal nach innen sehen müssen, um zu verstehen, was um uns herum geschieht. Denn die gesamte Außenwelt ist für uns nur vorhanden, wenn wir sie mit unseren Sinnen wahrnehmen und mit unserem Geist erfassen. Daraus folgt, daß wir den Geist erfassen müssen, bevor wir die äußeren Phänomene verstehen können, denn im Zaubertheater des Geistes spielen sie uns ihr Dasein vor.

Des weiteren habe ich ausgeführt, daß der Ausgangspunkt der Meditation, dieses Prozesses der Innenschau, die alles andere ausschließende Sammlung auf einen bestimmten Stimulus ist.

Doch das definiert immer noch nicht, was Meditation nun wirklich ist. Und hier stehen wir nun vor einem Problem, das wir ganz klar sehen müssen, bevor wir weitergehen. Definitionen sind nämlich die spezifisch westliche Art, der Welt einen «Sinn» zu geben. Wir alle mögen Definitionen. «Was ist das?» fragen wir und haben sofort eine Antwort zur Hand. «Nun, das ist...» dies oder das oder jenes. Und wenn wir diese Definition gegeben haben, meinen wir, die Frage damit beantwortet und die *Essenz* dessen, worüber wir sprachen, eingefangen zu haben.

Aber haben wir das wirklich? Unsere Definition besteht nur aus einer Reihe von Wörtern. Und Wörter sind genausowenig die Sache

Was also ist Meditation?

selbst, die wir bezeichnen, wie das Wort «Pferd» das Tier ist. Geschickt haben wir uns selbst getäuscht und glauben nun, daß unsere Definition und das Objekt, das wir definieren, ein und dasselbe seien. Aber wir gehen noch weiter und meinen, daß unsere Definition gleichzeitig eine *Erklärung* sei und wir damit alles gesagt hätten, was es über das Objekt zu sagen gibt.

Nehmen wir die Definition einer ganz gewöhnlichen Substanz wie Wasser. «Was ist Wasser?» fragen wir und sagen, daß es eine farblose Flüssigkeit sei, ohne die es kein Leben geben könnte. Wir fügen hinzu, daß es sich um eine chemische Substanz handelt, die aus zwei Teilen Wasserstoff und einem Teil Sauerstoff besteht. Das alles ist sehr klug und hilfreich, wenn man Chemiker ist. Aber ist es das, was Wasser wirklich *ist*? Sehen Sie sich Wasser einmal genau an. Spritzen Sie es sich ins Gesicht. Trinken Sie davon, nehmen Sie ein Bad. *Das* ist es, was Wasser ist, diese Erfahrung des Sehens, Berührens, Schmeckens, die Erfahrung der Nässe.

Doch das ist noch nicht alles. Unser Körper besteht zum größten Teil aus Wasser. *Wir sind* größtenteils Wasser. Wir sind eine bewegliche Wassersäule. *Wir* sind das, was Wasser ist. Nehmen Sie das Wasser von innen her wahr, nicht nur von außen her. Ihr Blut ist Wasser, Ihr Gewebe, Ihr Gehirn, Ihre Haut, Ihr Herz und Ihre Lungen. Wasser ist nicht nur in der äußeren Welt; Wasser ist auch in der inneren Welt. Wäre dem nicht so, gäbe es niemanden, der diese Worte schreiben, und niemanden, der sie lesen könnte.

Beginnen wir in dieser Weise zu denken, erkennen wir schnell, wie nichtssagend es ist, Wasser als farblose Flüssigkeit oder als Substanz aus zwei Teilen Wasserstoff und einem Teil Sauerstoff zu definieren. Wir können so fortfahren und die Definition anderer Objekte in derselben Weise zerpflücken. Bleiben wir für einen Augenblick bei dem, was die Menschen des Altertums in ihrer Weisheit die vier Elemente nannten – Wasser, Luft, Feuer und Erde. Wir haben das Wasser bereits betrachtet, was ist nun mit den anderen drei Elementen? Luft ist ein Gas, besagt die chemische Definition, das aus Sauerstoff und einigen anderen Gasen besteht. Tatsächlich? Bewegen Sie Ihre Hand vorwärts und rückwärts im Raum, und nehmen Sie die Empfindungen Ihrer Haut wahr. Füllen Sie Ihre Lungen mit Luft, und konzentrieren Sie sich auf die Empfindungen in Ihrer Nase und Ihrem

Warum Meditation?

Brustkorb. Sehen Sie aus dem Fenster, und beobachten Sie, wie die Bäume sich im Wind bewegen. *Das* ist es, was Luft ist.

Und ist sie nicht auch noch mehr als das? Ihr Blut ist voller Sauerstoff, der durch jede Ader Ihres Körpers pulsiert und das Gewebe versorgt. Das ist Luft. Sie sind Luft. Ein mit Luft gefüllter Ballon. Was also ist das für eine Definition, die behauptet, Luft sei einfach Gas, aus diesen und jenen Gaskomponenten bestehend?

Was ist mit Feuer? Verbrennendes Gas? Spüren Sie die Wärme Ihres Körpers. Legen Sie die Hand auf Ihren Arm, und fühlen Sie dieses seltsame, geheimnisvolle Ding namens Wärme. Empfinden Sie das Glühen in jeder Faser Ihres Seins. Das ist Feuer. Sie sind Feuer. Ein Hochofen von sanft loderndem Feuer.

Und die Erde, das letzte der vier Elemente? Sie sind auch Erde. Eisen, Kupfer, Phosphor, Zink, Magnesium und viele andere Stoffe sind in Ihrem Körper vorhanden, und ohne sie würden Sie sterben. Jedes dieser Mineralien ist identisch mit den Mineralien der Erde. Es gibt keinen wirklichen Unterschied zwischen dem Eisen in Ihrem Körper und dem Eisen in einem Nagel oder zwischen dem Kupfer in Ihrem Körper und dem in einem Kupferrohr. Wir sind diese Mineralien, und diese Mineralien sind wir. (Sie werden sicher bemerkt haben, daß ich der Versuchung widerstanden habe zu sagen, Sie seien ein Klumpen Erde; ich tat es nur, weil es vielleicht einen falschen Eindruck hätte erwecken können!)

Je länger wir es betrachten, desto klarer wird uns, daß die Menschen des Altertums mit der Bestimmung dieser Elemente etwas sehr viel Tiefgründigeres meinten, als wir ihnen zugestehen.

Wir können sogar noch einen Schritt weitergehen. Die vier Elemente kommen buchstäblich von den Sternen. Wir sind Sternenstaub, Sternenmenschen, Sternenkinder. Wir sind die Sterne, und die Sterne sind wir. Nicht im Sinne weit hergeholter Science-fiction, sondern in einem ganz kühlen, streng wissenschaftlichen Sinn. Die Sterne sind nicht einfach nur Gebilde, die in einer klaren Nacht am Himmel funkeln; sie sind der Stoff, aus dem unser Fleisch, unsere Knochen, unser Hirn und unser Herz gemacht sind. Die Sterne sind in uns wie außerhalb von uns, und jede Definition, die das außer acht läßt, ist bestenfalls eine gefährliche Halbwahrheit.

»Definitionen« sind also eine einfache Möglichkeit, Bruchstücke

Was also ist Meditation?

von Informationen zu geben; sie sind in ihrem eng begrenzten Rahmen nützlich, aber unbrauchbar, wenn wir sie für das halten, was die Dinge wirklich *sind*. Und deshalb können Symbole, auf deren Bedeutung für die Meditation ich immer wieder zurückkommen werde, ein sehr viel überzeugenderer Weg zum Verständnis sein als die Wörter in einem Lexikon. Die Menschheit hat das immer gewußt. Eine Nationalflagge vermittelt den Menschen eine sehr viel stärkere Vorstellung von ihrem Land als jede geographische Beschreibung. Das Symbol des Kreuzes kann den Christen sehr viel mehr sagen als eine Auflistung trockener Glaubensinhalte. Symbole können die Essenz einer Sache vermitteln und eine innere Reaktion auf diese Essenz hervorrufen, wie dies durch Definition allein niemals möglich wäre.

Die moderne Psychologie versucht nun herauszufinden, warum das so ist – nur begeht sie bei diesem Versuch genau den Fehler, den die Symbole uns zu vermeiden gestatten; sie versucht nämlich eine Sache durch eine andere zu erklären, statt sie durch direkte, unmittelbare Erfahrung selbst sprechen zu lassen. Versuchen wir, Symbole auf irgendeine Art «wissenschaftlich» zu definieren, rinnt uns ihre Essenz durch die Finger. Von allen modernen Psychologen scheint einzig Jung dies vollkommen erkannt zu haben. Er schreibt:

> Ein Wort oder ein Bild ist symbolisch, wenn es mehr enthält als seine offensichtliche und unmittelbare Bedeutung. Es hat dann einen weitreichenderen «unbewußten» Aspekt, der nie genau definiert oder völlig erklärt ist. Man kann nicht einmal hoffen, ihn definieren oder erklären zu können. Denn der Geist gelangt bei der Erforschung von Symbolen zu Ideen, die sich dem Zugriff des Verstandes entziehen... Da es unzählige Dinge jenseits des menschlichen Fassungsvermögens gibt, benutzen wir ständig symbolische Vorstellungen, die wir nicht definieren oder gänzlich begreifen können. Das ist ein Grund, warum alle Religionen eine symbolische Sprache oder symbolische Bilder verwenden. Aber diese bewußte Anwendung von Symbolen ist nur ein Aspekt einer psychologischen Tatsache von großer Wichtigkeit: Der Mensch produziert Symbole auch unbewußt und spontan, in Form von Träumen.[4]

Warum Meditation?

Jungs Erwähnung des Unbewußten ist an dieser Stelle äußerst bedeutsam und erschließt uns wieder ein Stück dessen, was an der Meditation so rätselhaft erscheint. Denn das Unbewußte – dieses unermeßliche Reservoir des Geistes, voller Inhalte, die dem Bewußtsein unerreichbar sind – ist Teil der inneren Welt, die uns durch Meditation zugänglich wird. Ohne diese Erkenntnis kann niemand die Bedeutung der Meditation für unser psychisches Leben und unser seelisches Wohlbefinden begreifen. Das Bewußtsein macht nur einen geringen Teil unseres geistigen Lebens aus, es bildet die Spitze eines Eisbergs, der bis in unergründliche Tiefen reicht und sich gleichzeitig in den Himmel und das, was noch jenseits dessen liegt, erstreckt. (Ich erwähnte bereits, daß Meditierende bald lernen, mit dem Paradoxen zu leben.)

Das Paradoxon eines gleichzeitigen Sich-Erstreckens in die Höhe und in die Tiefe ist einfacher zu akzeptieren, wenn wir uns daran erinnern, daß der Begriff «unbewußt» auch nur eine Definition ist. Wir benutzen ihn aber (und wir Psychologen sind dafür verantwortlicher als irgend jemand sonst), als würde er die unermeßlichen, verborgenen Bereiche des Geistes erklären. Und natürlich tut er das nicht. Wir wissen, im wissenschaftlichen Sinne, einfach nicht, was das Unbewußte tatsächlich ist. Gedanken, Erinnerungen und Träume kommen uns aus irgendwelchen unbekannten Quellen in den Sinn, und wir sagen einfach: «Ja, da ist das Unbewußte am Werk», ganz so, als wäre das Unbewußte ein handfestes Objekt wie eine Schüssel oder ein Eimer. Benutzen wir den Begriff auf diese Weise, als erklärte er alles, so brechen wir unsere Nachforschungen praktisch ab und laufen Gefahr, den größten Teil unseres Geisteslebens zu trivialisieren (s. Kasten 2).

Aber noch weitaus schlimmer, stellt das Unbewußte für einige Psychologen lediglich unsere animalische Natur dar, den Ursprung unserer Instinkte und Triebe, von dem wir uns so schnell wie möglich befreien sollten. In der Meditation aber erkennen wir, daß dieser erdverbundene, animalische Aspekt des Unbewußten – weit davon entfernt, lediglich triebhaft und instinktiv zu sein – seine eigene Weisheit in sich trägt. Darüber hinaus entdecken wir noch einen weiteren Aspekt des Unbewußten, seine Verbundenheit mit einer tieferen Weisheit, die von manchen «spirituell», von anderen unser «höheres

Was also ist Meditation?

KASTEN 2:

Das Bewußte und das Unbewußte

Die westliche Psychologie verfügt über keine genaue Landkarte des Geistes. Eine der nützlichsten wurde von Sigmund Freud, dem Begründer der Psychoanalyse, erstellt. Sein Modell umfaßt drei Ebenen.

1. Ebene: Der bewußte Geist besteht aus dem, was unsere Aufmerksamkeit jeweils gerade beschäftigt, seien es nun Gedanken, Sinneseindrücke, Gefühle oder Empfindungen. Der bewußte Geist – das Bewußtsein – ist im Prinzip der Teil des Geistes, in dem wir uns zu Hause fühlen.

2. Ebene: Der vorbewußte Geist umfaßt alle Informationen, die in unserem Kopf gespeichert sind und die wir, auch wenn sie im Moment nicht unsere bewußte Aufmerksamkeit beanspruchen, mehr oder weniger willentlich abrufen können. Denken Sie einmal an Ihr Zuhause. Höchstwahrscheinlich haben Sie vorher nicht daran gedacht, doch kaum erinnere ich Sie daran, kommen sofort alle möglichen Vorstellungen und damit verbundenen bildlichen Eindrücke in Ihr Bewußtsein. Sie alle tauchen aus Ihrem Vorbewußten auf.

3. Ebene: Das Unbewußte besteht aus jenen geheimnisvollen Tiefen, von denen ich im Text spreche und die im allgemeinen dem bewußten Geist ohne die Anwendung geeigneter Techniken (Hypnose, Träume und vor allem Meditation) unzugänglich sind. Jung hat das Unbewußte unterteilt in *das persönliche Unbewußte,* das all jene Elemente beinhaltet, die mit der individuellen Geschichte eines Menschen zu tun haben, und *das kollektive Unbewußte,* das, einfach ausgedrückt, für die ererbten

Warum Meditation?

> Prädispositionen steht, die uns allen gemeinsam sind, für die Art und Weise des Denkens und Fühlens, die der Gattung Mensch eigen ist. Das kollektive Unbewußte scheint der Sitz unserer menschlichen Strebungen, wie zum Beispiel unserer emotionalen und spirituellen Sehnsüchte, zu sein und auch der Sitz jener Muster, der *Archetypen,* wie Jung sie nennt, aus denen wir machtvolle, universale Konzepte wie «Mutter», «Vater», «Held», «weiser alter Mann», «weise alte Frau», «gut» und so weiter ableiten. Die Archetypen sind, mit anderen Worten, die Ursymbole, die zu allen Zeiten und für alle Rassen von Bedeutung waren, wie ihr beständiges Wiederkehren in Märchen, Mythen, Legenden und den Kunstformen aller Kulturen bezeugt; diese Symbole bilden einen der Faktoren, von denen unser Weltbild und unser Umgang mit der Welt bestimmt wird.
>
> In der Meditation öffnet sich der Geist als erstes dem Vorbewußten – dem Anstrum der Gedanken und Erinnerungen, die sofort in den Geist drängen, wenn wir uns nach innen wenden. Dann, wenn sich unsere Meditation vertieft, öffnet sich der Geist dem Unbewußten. Lang vergessene Erinnerungen aus dem persönlichen Unbewußten werden als erste auftauchen; erst später treten auch die universalen Symbole und Archetypen aus dem kollektiven Unbewußten hervor.
>
> Das kollektive Unbewußte ist die Ebene, auf der sich unser Geist gewissermaßen ausdehnt und mit den vereinten psychischen und spirituellen Kräften, der gemeinsamen Basis aller Menschen, verbindet. Es ist möglich, daß außersinnliche Kräfte, die Meditierende manchmal in sich entstehen fühlen, von unserer Fähigkeit herrühren, durch das kollektive Unbewußte einen direkten Kontakt mit den Gedanken und Gefühlen anderer Männer und Frauen herzustellen.

Selbst» genannt wird. Wir stehen gleichsam mit gespreizten Beinen über einem Strom, einen Fuß in der reichen, fruchtbaren Welt der Natur, den anderen in der geläuterten Welt des Geistes. In der Meditation können wir vielleicht erkennen, daß diese zwei Welten trotz aller

Die Kraft der Symbole

Unterschiede des Erscheinungsbildes letztlich ineinander enthalten sind.

Die Kraft der Symbole

Zurück zu den Symbolen und Metaphern. Bei ihrem Versuch, Symbole zu erklären, unterstellt die westliche Psychologie, daß sie ihre Kraft durch Assoziation beziehen. Ein Kreuz bedeutet als solches gar nichts, doch es erhält sofort Bedeutung, wenn wir in unserem Geiste eine Verbindung zum Christentum herstellen. Das eine steht für das andere, so wie ein Firmen- oder Handelszeichen für ein bestimmtes Produkt steht. Doch leugnet eine solche Betrachtungsweise die Tatsache, daß Symbole, die unsere Vorstellungskraft anzuregen und tiefere Sinngehalte zu transportieren vermögen, nach Jungs Worten eher dem unbewußten als dem bewußten Geist entstammen.

Jung bezog sich dabei nicht nur auf die wenigen herausragenden Gestalten, die den Religionen der Welt ihre Grundmuster des Denkens und der Praxis gaben, sondern auf normale Männer und Frauen, die ein ganz gewöhnliches Leben führten. Bei seiner klinischen Arbeit entdeckte Jung beispielsweise, daß Patienten auf ihrer inneren Reise zu Ganzheit und geistiger Gesundheit häufig einen Zustand erreichten, in dem sie spontan Mandalas zu träumen begannen (jene symbolischen Formen und Bilder, die bei vielen Meditationsarten verwendet werden – siehe 7. Kapitel). Durch die Arbeit mit diesen Mandalas – sie zeichnen, malen, über sie meditieren – öffneten sie sich für innere Wahrheiten, die ansonsten unzugänglich geblieben wären.

Ein weiterer Beweis für die universale, archetypische Kraft gewisser Symbole ist in der Tatsache zu sehen, daß im Westen wie im Osten dieselben Symbole immer und immer wieder auftauchen. So war das Kreuz schon viele Jahrhunderte vor dem Aufkommen des Christentums als religiöses Symbol gebräuchlich. Ganz gleich, wie weit entfernt und isoliert verschiedene Völker und Kulturen voneinander waren, sie haben dieselben Symbole hervorgebracht und verehrt. Das Kreuz, der Kreis, das Dreieck und das Quadrat tauchen immer wieder auf als Stellvertreter eines inneren Sinns. Außerdem gehen diese Symbole – und hier liegt ihre besondere Bedeutung für Meditierende –

Warum Meditation?

nicht nur *aus* dem Unbewußten hervor, sondern sind auch Schlüssel *zum* Unbewußten. In der Meditation über diese universalen Symbole (darauf werde ich im 7. Kapitel näher eingehen) kann der Meditierende Türen öffnen und Pfade begehen, die sonst nur schwerlich zu entdecken wären.

Auch in den bildenden Künsten, in der Malerei, in Musik und Dichtung entdecken wir die Kraft der Symbole (bestimmte Töne und Worte tragen ebenso symbolische Bedeutung in sich wie bestimmte Formen). Das ist ein Grund, warum der Kunst eine solche Macht innewohnt, unsere Vorstellungskraft und Phantasie anzuregen und uns tiefer zu berühren, als bloße assoziative Repräsentation es je könnte. Symbole erlauben dem Künstler, Zugang zu unserem inneren Sein zu finden und unmittelbar mit uns zu kommunizieren, in einer Art innerer Kurzschrift, die uns ein tiefgehendes Gefühl von «Wissen» vermittelt, selbst wenn wir nicht genau wissen, was es eigentlich ist, das wir wissen.

Welten liegen zwischen den Worten von Schriftstellern und Dichtern und den Worten von Wissenschaftlern. In der Dichtung und den großen Romanen und Erzählungen der Menschheit liegt die Wirkung der Worte in den Metaphern, im Mythischen. Und indem wir uns von diesem Metaphorischen und Mythischen ansprechen lassen, verstehen wir, daß die letzte Wahrheit – soviel wir davon erfassen können – poetisch und nicht wissenschaftlich ist. Zweckmäßig ist die Wissenschaft bei all ihrer Macht und Nützlichkeit nur in dem Rahmen, der durch ihre eigene Sprache vorgegeben wird. Innerhalb dieses Rahmens ist sie wichtig und angemessen. Außerhalb dieses Bereichs gibt sie uns eine Rasierklinge, wenn wir um eine Blume gebeten haben.

Meditation führt uns tief in die poetische Welt der Metaphern und Symbole hinein. Aus dem Land der Rasierklingen gelangen wir in das Land der Blumen. Wir begeben uns von der rationalen, linearen, logischen Welt in die Welt der Intuition, in der sich die Wahrheit im blitzartigen Aufleuchten von Einsicht zeigt und tiefgreifende Veränderungen in unserer Art und Weise, mit Erfahrungen umzugehen, bewirkt. Es ist eine Welt des Seins und nicht des begrifflichen Denkens; eine Welt, in der Menschsein ist, was es ist, und nicht das, was uns darüber gesagt wurde; eine Welt, in der das Leben gelebt und nicht zerredet wird.

Die Kraft der Symbole

Um nun wieder zu unserer Frage «Was ist Meditation?» zurückzukehren: Es scheint mir sinnvoll, wissenschaftliche Definitionen zu vermeiden und statt dessen zu sagen, Meditation sei eine Lotosblume, die aus ruhigem Gewässer emporwächst; oder ein Mönch oder eine Nonne, in der Stille noch aufragender Berggipfel sitzend; oder eine Baumreihe, die sich gegen den Horizont abhebt; oder eine Frau, die voller Frieden inmitten einer geschäftigen Stadt sitzt, oder ein Wanderer, der auf einem Pfad dahinschreitet, der sich zwischen den Bäumen eines großen Waldes hindurchschlängelt; oder die ruhigen Töne einer Flöte an einem Sommerabend.

Ein kluger Mensch sagte einmal, die Tragödie des westlichen Menschen bestehe darin, daß «er in seinem eigenen Zimmer nicht in aller Ruhe sitzen kann». Meditation ist dieses ruhige Sitzen im eigenen Raum, sei es nun der physische Raum der äußeren Welt oder der geistige Raum der inneren Welt. Meditation ist die Erfahrung unseres Seins, die Erfahrung von dem, was hinter den tausend Gedanken und Gefühlen liegt, die normalerweise unser Leben ausfüllen. Was ist *Ihr eigenes* Symbol für Meditation? Finden Sie ein Symbol, das für Sie Meditation verkörpert, wie provisorisch es auch sein mag. Kommt Ihnen nicht sofort eins in den Sinn, legen Sie die Aufgabe beiseite, und lassen Sie das Symbol zu seiner Zeit aus dem Unbewußten hervortreten, vielleicht während Ihrer Meditation. Vergessen Sie nicht, Symbole sind die Sprache des Unbewußten, und Meditation erlaubt uns, dieser Sprache zu lauschen.

Und denken Sie schließlich daran, daß Meditation bereits in Ihnen vorhanden ist. Auch wenn wir sie aus Zweckmäßigkeit oft als Technik bezeichnen, ist sie in Wirklichkeit nichts, was darauf wartet, erlernt zu werden. Sie ist nichts Zusätzliches zu dem, was wir bereits sind, nichts, was darauf wartet, gelernt zu werden, so wie wir uns eine Computersprache aneignen oder lernen, auf Chinesisch «Guten Tag» zu sagen. Meditation bedeutet zu erfahren, wer Sie bereits sind, wer Sie immer schon waren und immer sein werden. Noch eine abschließende Metapher: Wie die Welt aussieht, wenn Sie still stehen und sie als das sehen, was sie ist, statt sie durch Ihre ständigen Bewegungen zu verschwommener Wirrnis zu machen – das ist Meditation (s. Kasten 3).

Kasten 3:

Die Sprache der Symbole

Nehmen Sie ein Stück Papier, und zeichnen Sie einen Kreis. Betrachten Sie den Kreis einen Moment, und schreiben Sie dann alle Assoziationen auf, die Ihnen einfallen. Das ist die «Sprache» des Kreises, es sind die Dinge, die er für Sie symbolisiert.

Wird diese Übung von einer ganzen Reihe von Menschen durchgeführt, ergibt sich bei ihnen unweigerlich fast dieselbe «Sprache». Der Kreis ist eines der machtvollsten universalen Symbole. Er wird nicht nur als Zeichen und Muster verwandt, sondern findet sich auch in der gelebten Erfahrung, etwa in der Tafelrunde der Artussage oder bei den Kreistänzen, die nicht nur ein Charakteristikum folkloristischen Brauchtums sind, sondern ebenfalls ein wichtiger Bestandteil schamanistischer und heiliger Rituale.

Der Kreis repräsentiert Ganzheit, Vollständigkeit, Erfüllung, Einheit, das Absolute. Er ist der Vollkommenheit so nahe, wie es in der Darstellung überhaupt möglich ist, denn er hat weder Anfang noch Ende, und alle Punkte sind gleich weit von der Mitte entfernt. Der Kreis erscheint in allen Religionen, vom keltischen Kreuz bis zum buddhistischen Rad, vom Yin-Yang-Symbol der Taoisten bis zur gewölbten Kuppel der islamischen Moschee. Kein anderes Symbol offenbart einen so reichen Strom aus dem Unbewußten oder kann so mühelos ein Gefühl von Ruhe und Frieden in die Meditation hineintragen.

Versuchen Sie, diese Übung nun nacheinander mit dem Kreuz, dem Quadrat und dem Dreieck durchzuführen. Diese Symbole sind bewegter, herausfordernder als der Kreis; auch sie beinhalten wichtige Bedeutungsebenen, die von allen großen Religionen aufgegriffen wurden.

Das Kreuz symbolisiert unter anderem den Punkt der Begeg-

Die Kraft der Symbole

nung von Himmel und Erde, den Baum des Lebens, grenzenlose Ausdehnung in alle Richtungen und die vier Elemente mit dem fünften, dem Äther, in der Mitte. Das Quadrat symbolisiert Stärke, Integrität, Standhaftigkeit; das Dreieck symbolisiert die Trinität (die in allen Religionen in unterschiedlicher Weise vorkommt), männliche Energie, wenn die Spitze des Dreiecks nach oben zeigt, und weibliche Energie, wenn sie nach unten weist, sowie die Vereinigung von Weiblichem und Männlichem, wenn ein nach oben und ein nach unten gerichtetes Dreieck übereinandergelegt werden und einen Stern bilden.

Versuchen Sie nun, zwei oder mehr dieser Zeichen zu neuen Symbolen zu kombinieren. Experimentieren Sie so lange, bis Sie etwas entdecken, das eine besondere Bedeutung für Sie hat. Das ist dann gewissermaßen Ihr eigenes Symbol. Meditieren Sie aber über ein Symbol, dann vergessen Sie die oben genannten Assoziationen. Letztlich sind sie nur Worte. Erlauben Sie den Symbolen, direkt zu Ihnen zu sprechen und ihre Wirkung auf der Ebene der Gefühle, der Ebene des Seins zu entfalten. Es ist eine Sache, über «Frieden» oder «Harmonie» zu sprechen, und eine ganz andere, in Harmonie oder in Frieden zu sein. Meditieren Sie über ein Symbol, dann schenken Sie den Wortassoziationen, die in Ihnen aufkommen, nicht mehr Aufmerksamkeit als irgendwelchen anderen Gedanken. Sie können sich später an sie erinnern und sie aufschreiben, doch während der Meditation lassen Sie das Symbol für sich sprechen.

3. Sammlung, Stille, Einsicht

Die Grundlagen der Meditation

Es ist sinnvoll, an dieser Stelle innezuhalten, sich den Grundlagen der Meditationspraxis zuzuwenden und sie zusammenzufassen. Wenn Sie gerade erst mit der Meditation beginnen, kann Ihnen das helfen herauszufinden, wie sie anfangen können. Besitzen Sie bereits einige Erfahrung, können Sie sich Ihre Praxis in Gedanken noch einmal vergegenwärtigen, wie wir alle das von Zeit zu Zeit tun sollten. Es passiert zu leicht, daß unsere Praxis mechanisch wird. Wir setzen uns aus purer Gewohnheit zum Meditieren hin und verlieren uns nur allzu schnell in Gedanken. Ein netter Zeitvertreib, vorausgesetzt, die Gedanken sind angenehmer Art; doch während die Wochen und Monate dahinziehen, werden wir nicht die geringsten Fortschritte machen. Welchen Sinn und Nutzen Meditation auch immer haben mag, sie ist nicht dazu da, daß wir unseren Gedanken nachhängen.

Wie ich bereits im ersten Kapitel erwähnte, ist die Konzentration oder besser Sammlung der erste, wesentliche Schritt für jede Meditationspraxis, ganz unabhängig davon, welche Praxis ausgeübt wird. Der Geist braucht etwas, auf das er sich sammeln und bei dem er verweilen kann. Wann immer die Aufmerksamkeit abschweift – durch eindringende Gedanken, Müdigkeit oder Langeweile –, muß sie behutsam, aber bestimmt zu ihrem «Brennpunkt» zurückgeführt werden. Alles kann praktisch zu diesem Brennpunkt werden, doch besonders in den Anfängen sollte etwas Einfaches und/oder Rhythmisches gewählt werden. Aus diesem Grunde nahm man seit der Zeit des Buddha, 500 Jahre vor Christus – und vermutlich bereits seit undenklichen Zeiten –, den Atem als Punkt der Sammlung.

Der Atem ist einfach und rhythmisch, ein ständiges Kommen und Gehen, ein Heben und Senken, ein Ein- und Ausströmen. Und da der

Sammlung, Stille, Einsicht

Atem immer bei uns ist, in guten wie in schlechten Zeiten, ist er normalerweise frei von irgendwelchen persönlichen Assoziationen. Er ist der unerkannte Hintergrund unseres Lebens, unverzichtbar für unsere Existenz, doch er ist für uns so selbstverständlich, daß wir uns seiner meist gar nicht wirklich bewußt sind. Wenn Sie unter Asthma, Bronchitis oder anderen Atembeschwerden leiden, wird Ihnen sehr viel bewußter als anderen Menschen sein, wie kostbar jeder Atemzug ist; dennoch werden Sie ihm normalerweise wenig gezielte Aufmerksamkeit zuwenden.

Mit dem Atem arbeiten

Der Atem ist also als Punkt der Sammlung sehr geeignet. In der Meditation folgen wir aber dem Atem nicht von der Nase bis hinunter in den Unterleib, sondern wählen eine dieser beiden Stellen, um dort zu verweilen. Entweder die Nasenlöcher, wo die Luft kühl ist, wenn wir einatmen, und warm, wenn wir ausatmen, oder die Stelle, an der wir das Heben und Senken des Zwerchfells spüren. Sich von einem Punkt der Aufmerksamkeit zum anderen zu bewegen, indem man den Weg des Atems verfolgt, lenkt zu sehr ab. Unsere Sammlung muß, wie der buddhistische Begriff lautet, *eins-gerichtet* sein.

Sie setzen sich zu Beginn an einem ruhigen Ort nieder, nehmen entweder die Lotoshaltung – die traditionelle asiatische Meditationshaltung mit überkreuzten Beinen – oder eine ihrer Varianten ein, oder Sie setzen sich aufrecht auf einen Stuhl. Ihr Rückgrat ist aufgerichtet, die Hände liegen ausgestreckt auf den Oberschenkeln, und die Füße stehen fest auf dem Boden. Sie richten Ihre Aufmerksamkeit auf die Nasenlöcher oder den Unterleib und belassen sie dort, ohne sich von Gedanken oder äußeren Geschehnissen ablenken zu lassen. Theoretisch läßt sich nichts Einfacheres denken. Sie spüren, wie die Luft eingesogen wird, beobachten die kleine Pause zwischen dem Ein- und Ausatmen, spüren dann, wie die Luft ausströmt, und nehmen wieder die kleine Pause wahr, die diesmal zwischen dem Aus- und dem Einatmen liegt. Bemühen Sie sich zumindest am Anfang nicht um einen bestimmten Atemrhythmus wie etwa längeres Aus- als Einatmen. Lassen Sie Ihren Atem einfach ganz natürlich kommen und

Mit dem Atem arbeiten

gehen, lassen Sie ihn ruhiger werden und immer sanfter, während ihr Geist und Körper sich in der Meditation entspannen (s. Kasten 4).

Zur Unterstützung Ihrer Sammlung können Sie die Atemzüge auch zählen. Sie zählen jedes Ausatmen, und zwar von eins bis zehn, dann kehren Sie zu eins zurück und beginnen von vorn. Sollten Sie beim Zählen den Faden verlieren, gehen Sie jedesmal wieder zu eins zurück.

Wenn Sie gerade erst mit der Meditation beginnen, sollte jede Sitzung nur fünf oder zehn Minuten dauern. Versuchen Sie, jeden Tag zur selben Zeit zu sitzen, am Morgen oder am Abend, wie es Ihnen am besten paßt. Dehnen Sie Ihre Sitzzeit im Laufe der Wochen auf fünfzehn oder zwanzig Minuten aus, doch versuchen Sie nichts zu erzwingen. Bei der Meditation geht es nicht darum, daß Sie entschlossen die Zähne zusammenbeißen. Es geht darum, ruhig mit sich zu sitzen. Zwar erfordert Meditation ihre eigene Disziplin, doch hat diese weniger mit Zähigkeit als mit Nachgeben und Loslassen zu tun.

Tauchen die unvermeidlichen Gefühle und Gedanken auf, so lassen Sie sie durch Ihr Bewußtsein ziehen wie Wolken, die sich auf einer Wasserfläche spiegeln. Versuchen Sie nicht, sie zu vertreiben, sondern lassen Sie sie von alleine gehen. Ganz gleich, wie «wichtig» die Gedanken oder wie bedrängend und beunruhigend die Gefühle zu sein scheinen, klammern Sie sich nicht an sie. Lassen Sie sich auch von keinem Gedanken oder Gefühl zu neuen Gedanken oder Gefühlen leiten, die dann wieder andere wachrufen, bis Sie endgültig im Reich der Träume angelangt sind und sich immer weiter von der einfachen Sache des Einatmens und Ausatmens entfernen. Geschieht das trotzdem, dann kehren Sie, sobald Sie es bemerken, behutsam, aber bestimmt zu Ihrer Atmung zurück. Seien Sie nicht ungeduldig mit sich, und reden Sie sich nicht ein, daß Sie Meditation niemals lernen werden. Ihr umherschweifender Geist beweist Ihnen nur, wie sehr Sie Meditation brauchen. Er hilft Ihnen zu erkennen, wie wenig Kontrolle Sie über Ihr eigenes Denken haben. Die richtige Reaktion darauf ist Dankbarkeit gegenüber dem Teil Ihres Geistes, der bemerkt, daß Sie vor sich hinträumen, und der Sie daran erinnert, zu Ihrem Brennpunkt zurückzukehren (s. Kasten 5).

Ich kann nicht genug betonen, wie wichtig diese Haltung der Dankbarkeit ist. Wenn Sie sich für jedes Abschweifen selbst verdammen, werden Sie nicht nur das Gefühl der Selbstverachtung wecken, son-

KASTEN 4:

Prānāyāma

Die Übung der Sammlung auf den Atem bei der Meditation führte viele zu der Frage, ob sie auf irgendeine besondere Art atmen sollten. Der beste Rat ist, ganz natürlich zu atmen und sich bewußt zu werden, wie der Atem bei vertiefter Meditation immer sanfter und subtiler wird, bis er schließlich fast nicht mehr wahrnehmbar ist. Es gibt jedoch auch eine Reihe besonderer Atemtechniken, die im Yoga gelehrt werden und als *Prānāyāma* bekannt sind. Hierbei handelt es sich um Techniken, mit deren Hilfe der Meditierende zunehmende Kontrolle über die Lebenskräfte des Körpers erreichen kann und die er nicht nur zur Förderung der physischen Gesundheit, sondern auch zur Umwandlung von physischer in spirituelle Energie einsetzen kann (siehe 4. Kapitel). Es ist aber davon abzuraten, die fortgeschritteneren Techniken ohne Lehrer anzuwenden, denn sie können sich durchaus als gefährlich erweisen (etwa durch Beeinflussung des Herzrhythmus); doch es gibt einige einführende Techniken, die Körper und Geist rascher in die Meditation eintreten lassen. Nachstehend gebe ich einige Beispiele. Üben Sie täglich, wenn Sie wollen, für ein paar Minuten, nachdem Sie sich auf Ihr Kissen oder Ihren Stuhl gesetzt haben, und lassen Sie Ihren Atem danach wieder zu seinem natürlichen Rhythmus zurückfinden.

- Die einfachste Form von Prānāyāma besteht darin, daß Sie durch den Mund einatmen, bis die Lungen ganz angefüllt sind; die Lippen sind dabei leicht gespitzt, als wollten Sie pfeifen. Dann schlucken Sie, schließen den Mund und atmen genauso langsam durch die Nase wieder aus. Diese Übung soll zu einer liebenswürdigen Art, einem freundlichen, hei-

Mit dem Atem arbeiten

teren Wesens, zu Schönheit und Glauben und einem langen Leben verhelfen.

- Eine der entspannendsten Formen von Prāṇāyāma ist, das Ausatmen länger andauern zu lassen als das Einatmen. Beim Ausatmen sollte man still bis acht zählen, beim Einatmen bis vier. Anfänglich reicht es auch, einfach nur darauf zu achten, daß das eine länger währt als das andere.

- Eine entwickeltere Form dieser Übung besteht darin, den Atem doppelt so lange anzuhalten, als das Ausatmen dauert. Der Rhythmus ist also 4 – 16 – 8, der bei einiger Übung auf 6 – 24 – 12 verlängert werden kann. Man sollte sich dabei aber nicht anstrengen, und zwischen dem Aus- und Einatmen sollte keine deutliche Pause liegen. Um die Wohltat dieser Übung ganz auszuschöpfen, schließen Sie Ihr rechtes Nasenloch mit Ihrem rechten Daumen, atmen durch das linke ein und schließen beide Nasenlöcher, während Sie den Atem halten. Dann schließen Sie das linke Nasenloch mit dem linken Daumen und atmen durch das rechte aus. Beim folgenden Atemzug kehren Sie den Vorgang um; atmen Sie durch das rechte Nasenloch ein und durch das linke aus. Bei jedem Atemzug kehren Sie die Reihenfolge wieder um. (Übrigens ist diese Nord-Süd-Atmung, wie sie genannt wird, die beste Methode, die ich kenne, um eine Erkältung abzuwehren oder die Nebenhöhlen zu reinigen.)

Denken Sie daran, daß bei diesen Atemübungen niemals irgendwelche Anspannungen auftreten sollten. Kommt es zu negativen Auswirkungen (Benommenheit, Zittern, Gefühlen von Kurzatmigkeit), dann hören Sie sofort auf. Sie haben sich zu sehr angestrengt. Gehen Sie das nächste Mal entspannter an die Übung heran.

dern Sie werden auch Ihren Geist trainieren, Sie *nicht* mehr aufmerksam zu machen, wenn er wieder abschweift. Sie strafen ihn dann dafür, daß er Sie erinnert, und so wird er Sie immer seltener aufmerksam machen, und Sie werden es immer schwieriger finden, sich zu konzentrieren. Als Reaktion auf diese Enttäuschung wird Ihr Geist Ihnen einzuflüstern versuchen, daß Meditation eine völlige Energieverschwendung sei und Sie gut beraten wären, etwas Besseres mit Ihrer Zeit anzufangen.

Meditation ist nicht intellektfeindlich

Keine meiner bisherigen Ausführungen besagt, daß Meditation intellektfeindlich und nur für anspruchslose Gemüter geeignet wäre. Im Gegenteil, Meditation erfordert alles, was Sie sind, auch Ihren Intellekt. Sie müssen ihn nicht jedesmal an der Tür abliefern, wenn Sie einen Meditationsraum betreten. Der Intellekt ist ein sehr machtvolles Instrument, und er ist uns gegeben, damit wir ihn benutzen. Doch während der eigentlichen Meditation ist der Intellekt nicht in dem Sinne gefragt, daß er ein intellektuelles Problem zu lösen hätte, an dem er mit rationalem, logisch-analytischem Denken arbeiten soll. Natürlich ist der Intellekt bei der Meditation gegenwärtig. Wo sonst sollte er auch sein? Bezweifeln Sie das, so achten Sie einmal auf die subtilen Veränderungen in Ihrem Intellekt, die sich als Resultat der Meditation ergeben; bemerken Sie, wie Ihr Intellekt offener wird für neue Ideen, wie er fruchtbarer, schöpferischer, ausgeglichener und weniger starr in seinen Einstellungen wird.

In der Zeit, in der Sie nicht meditieren, können Sie natürlich Ihren Intellekt benutzen, um über Wesen und Bedeutung der Meditation nachzudenken. Aber während der Meditation hat der Geist die Aufgabe, eins-gerichtete Sammlung zu üben und sich nicht von den aufkommenden Gedanken, seien sie nun belanglos oder tiefgründig, ablenken zu lassen. Wir alle müssen das lernen, und wir müssen ebenfalls lernen, daß wir alle gleich sind, wenn wir uns zur Meditation niedersetzen. Unsere akademischen Qualifikationen, die Höhe unseres Bankguthabens, unsere Stellung in Beruf und Gesellschaft zählen nichts. Wir sind wieder da, wo wir begonnen haben, und fangen noch einmal ganz von vorne an.

Sammlung und Stille

Lassen Sie uns nun auf die Zusammenfassung der wesentlichen Elemente der Meditationspraxis zurückkommen. Eins-gerichtete Aufmerksamkeit auf den Atem, ohne Ärger über den umherschweifenden Geist, ohne Erwartungen und überhöhte Zielsetzungen, entwickelt und fördert Ihre Sammlung. Nach einer gewissen Zeit wird diese Sammlung allmählich klarer, und der Geist wandert weniger umher. Das geht nicht immer gradlinig vor sich. An manchen Tagen glauben Sie voranzukommen, an anderen haben Sie das Gefühl, Rückschritte zu machen. An manchen Tagen bleibt Ihr Geist wach und zentriert, an anderen plappert er wie eine Wagenladung Affen. Doch selbst die schlimmste Sitzung kann zu einer bestärkenden Erfahrung werden, wenn Sie sie als Mahnung dafür betrachten, wieviel Sie noch üben müssen, und wenn Sie bereit sind, die Sitzung noch einmal zu überdenken und zu erkennen, warum und inwiefern es mit Ihrer Sammlung so haperte. Ist diese Überprüfung erfolgreich, kann eine «schlechte» Sitzung manchmal hilfreicher sein als eine «gute». Und natürlich kann genau dieses Ringen um Sammlung während einer «schlechten» Sitzung mehr zur Entwicklung Ihrer Fähigkeit beitragen als eine Sitzung, in welcher der Geist die ganze Zeit über dem Atem gehorsam folgt. So gesehen können «schlechte» Sitzungen zu Ihren besten Lehrmeistern zählen.

Wenn Sie Ihre Konzentration beibehalten können, und sei es nur für einige Minuten, wird sich ganz von allein – fast wie ein Gnadengeschenk – ein Gefühl der Ruhe einstellen. Ihr Geist und Ihr Körper gelangen in einen Zustand ruhigen, stillen Friedens. Ihr Atem, Ihr Herzschlag und Ihr Stoffwechsel werden ruhiger. Der Rhythmus Ihres Seins verlangsamt sich, während Sie sitzen; er wird sanfter, leichter, subtiler. Das ist die zweite Stufe der Meditation, das Stadium der *Stille*. Aber es ist eine besondere Stille. Im ersten Kapitel habe ich die psychologischen Untersuchungsergebnisse erwähnt, denen zufolge Meditation keinen größeren physiologischen Nutzen haben soll als Entspannungstraining. Das mag sein. Doch wenn Sie erst einmal den Zustand meditativer Stille erfahren, werden Sie sehen, daß er etwas grundsätzlich anderes ist als bloße Entspannung.

In der meditativen Stille nimmt der Geist wahr, daß er die Ablen-

KASTEN 5:

Wie man mit Ablenkungen umgeht

Haben wir erst einmal mit der Meditation begonnen, wird uns bald deutlich bewußt, wie viele Ablenkungen es in jedem Moment unseres Lebens gibt, die unsere Aufmerksamkeit von dem abzubringen versuchen, was wir gerade tun: körperliches Unbehagen (wie Schmerzen im Bein oder ein Jucken an der Nase), von außen kommende Geräusche (der Fernseher nebenan, Kinderstimmen), ein knurrender Magen oder das Auftauchen von Gedanken und Gefühlen.

Wie soll man damit umgehen? Diese Ablenkungen sind allzeit gegenwärtig, aber bei der Meditation werden sie offenkundiger, manchmal so sehr, daß wir schreien könnten. Ein kleiner Juckreiz wächst sich zu einer fürchterlichen Reizung aus, Stimmengemurmel erscheint uns wie das Brüllen wilder Tiere, die Erinnerung an eine bekannte Melodie verwandelt diese in eine schmetternde Militärkapelle, und ein Aufflackern von Ärger wird zu einem Wutanfall.

Der übliche Rat – und der einzige – ist der, diese Dinge einfach nur zur Kenntnis zu nehmen und mit unserer Meditation fortzufahren. Doch ist das leichter gesagt als getan. Wie können Sie etwas «einfach zur Kenntnis nehmen», das nach Ihrer Aufmerksamkeit schreit? Die Antwort liegt in der geistigen Haltung, mit der Sie «zur Kenntnis nehmen». Wilde, grimmige Entschlossenheit, sich *nicht* von den, wie Sie meinen, ungerechtfertigten Störungen ablenken zu lassen, macht die Sache nur noch schlimmer. Die richtige Haltung besteht darin, diese Ablenkungen als ganz natürlichen Bestandteil unseres Lebens zu betrachten. Der normale Alltag wird nicht Feierabend machen, die Sachen packen und nach Hause gehen, nur weil Sie jetzt meditieren wollen. Wahre Meditation ist die Fähigkeit, inmitten des alltäglichen Lebens zentriert zu bleiben und nicht vor ihm

Mit dem Atem arbeiten

davonzulaufen. Diese Ablenkungen sind also Teil dessen, was *ist;* Teil eines fortwährend ablaufenden Geschehens in der inneren wie der äußeren Welt.

Wenn Sie die Dinge erst einmal in diesem Licht sehen, erkennen Sie, daß all diese Ablenkungen paradoxerweise dazu da sind, Ihnen zu helfen, indem sie die Tiefe Ihrer Sammlung auf die Probe stellen.

Versuchen Sie niemals, äußere Ablenkungen auszuschließen. Lassen Sie sie durch Ihr Bewußtsein hindurchziehen, wie alle anderen Dinge auch, die von Ihrem Geist wahrgenommen werden. Verfahren Sie ebenso bei leichten körperlichen Beschwerden. Ärgern Sie sich nicht über sie und trachten Sie nicht danach, sie sofort zu beheben. Gewöhnen Sie sich daran, sich zu bewegen und zu kratzen, werden Sie es immer häufiger tun müssen. Bleiben Sie aber bei körperlichem Unbehagen ruhig sitzen, wird es meist, wie alles andere auch, wieder aus Ihrem Bewußtsein verschwinden. Sorgen Sie für Abhilfe, wenn etwas Sie wirklich stark beeinträchtigt, doch bedenken Sie, die Ruhe des Körpers wirkt sich auch auf die Ruhe des Geistes aus, und mit einem gewissen Maß an Unbehagen zu sitzen läßt Sie das Gefühl verlieren, Sie müßten sich unentwegt darum bemühen, Ihre Umgebung zu verändern, nur damit sie Ihnen paßt.

All dies wird leichter, wenn Sie sich mit den Ablenkungen – genau wie mit den Gedanken und Gefühlen – nicht *identifizieren*. Beobachten Sie sie, aber trennen Sie sie von Ihrem Geist. Sie sind ein vorübergehender Inhalt des Geistes, nicht aber der Geist selbst. Je weniger Sie sich mit ihnen identifizieren, desto deutlicher wird Ihnen dies bewußt und desto weniger werden Ablenkungen Ihr Gewahrsein an sich reißen können.

Sammlung, Stille, Einsicht

kungen losläßt, die sich zwischen ihn und seinen Frieden drängen, daß er sich selbst findet, statt sich in den Verirrungen seines Denkens zu verlieren, und daß er klarer und schärfer wird, wie das Sonnenlicht, das die Wolken zerteilt. Im Gegensatz dazu wandert der Geist bei gewöhnlicher Entspannung normalerweise frei durch alle geistigen Erlebnisse, die angenehme, friedvolle Gefühle wecken, seien es nun imaginäre oder erinnerte Erlebnisse. Der Geist befindet sich in einem verträumten, tranceähnlichen Zustand, und dieser unterscheidet sich deutlich von der aufmerksamen, wachen Gelassenheit bei der Meditation. Beim Entspannungstraining ist es dem Geist meist erlaubt, frei umherzuschweifen, sich auszuschalten, während er bei der Meditation eingeschaltet bleibt und eines neuen, viel subtileren Bewußtseins gewahr wird, das wir selbst in den wachsten Momenten unseres normalen Lebens nicht erfahren können.

Im Anfangsstadium des Meditationstrainings stellt sich diese Ruhe natürlich nur selten ein, so wie auch Anfänger des Entspannungstrainings nur kurze Phasen tiefer Entspannung erleben. Meditative Stille festigt sich nicht ohne ausdauerndes Üben, und oft ist es rätselhaft, warum sie sich bei einigen Sitzungen leicht einstellt, kaum daß die Sammlung da ist, während sie sich bei anderen Sitzungen nur flüchtig zeigt, obwohl die Sammlung tief und anhaltend zu sein scheint. Es gibt auch unterschiedliche Ebenen der Stille, bis hin zu jenen tiefen Glückszuständen, von denen erfahrene Meditierende zu berichten wissen. Doch ist diese Stille zunächst eher die Abwesenheit von Gefühlen, als das Erleben tiefer Ebenen existentieller Freude. Diese Ebenen können sich eines Tages einstellen, müssen es aber nicht. Durch die Erfahrung der Meditation wird dem Meditierenden bewußt, daß die Meditation an sich das Ziel ist und nicht ein Mittel, das zum Ziel führt. Sie mag zwar eines Tages zu einem unvorstellbaren, unbekannten Ziel führen, doch im Augenblick ist es nur die Praxis selbst, die zählt. Und über ein solches Ziel nachzudenken, wenn man mit der Praxis beginnt, bedeutet, es noch unerreichbarer zu machen.

Sammlung, Stille und Einsicht

Für manche Menschen ist die in der Meditation erlangte Stille – auf welcher Ebene auch immer – bereits das Ziel. Ohne jeden Zweifel ist diese Stille für einen gelasseneren, produktiveren und ausgeglicheneren Umgang mit dem Leben von großem Wert. Doch es gibt noch eine dritte Stufe der Meditation, und sie ist es, die den Meditierenden zum Kern meditativer Erfahrung führt. Es ist die Stufe der *Einsicht,* das Stadium, in dem wir jene Entdeckungen machen, die die Frage «Wer bin ich?» beantworten. Manchmal wird diese Ebene in der Meditation ganz spontan, wie dank einer Gnade, erreicht, doch normalerweise erfordert ihr Erlangen eine eindeutige Verpflichtung; eine Verpflichtung, die manche als hohe Forderung empfinden und von daher nur ungern eingehen wollen.

Diese Verpflichtung besteht darin, ganz genau zu betrachten, was in Ihrem Geist geschieht, was immer das auch sein mag. Das erfordert eine Art *Aktivität,* im Gegensatz zu dem eher passiven Zustand, der in der Stille erfahren wird. Doch kann diese Form der Aktivität nur erreicht werden, nachdem der Zustand der Stille eingetreten ist (hier stoßen wir erneut auf ein Paradoxon). Der Versuch, diese Stufe vorzeitig zu erreichen, rührt den Geist nur auf – es ist so, als würde man den Schlamm am Boden eines Teiches aufwühlen. Ist die Stille eingetreten, wird diese Aktivität den Geist nicht mehr stören, und sie erfordert keine größeren geistigen Energien als die Beobachtung des Atems. Diese Aktivität ist weit davon entfernt, den Schlamm am Grund des Teiches aufzuwühlen – es ist eher so, als bewegten Sie Ihre Hand in klarem Wasser und beobachteten, wie sich die kleinen, kristallklaren Wellen in alle Richtungen hin ausbreiten.

Sie können aber diese Aktivität der Einsicht üben, während Sie bei der Atembeobachtung bleiben. Dies hat der Buddha im *Satipatthāna-Sutta (Sūtra der Vier Grundlagen der Achtsamkeit)* beschrieben. Dabei beobachten Sie Ihre Ein- und Ausatmung auf das Genaueste, um zu erkennen, ob sie lang oder kurz, schnell oder langsam, grob oder fein ist, und ebenso genau beobachten Sie die Empfindungen, die durch den Atem hervorgerufen werden (letztlich untersuchen Sie, was diese Empfindungen *sind*). Es mag seltsam erscheinen, aber diese scheinbar so simple Übung erschließt letzten Endes das Geheimnis des Wahr-

Sammlung, Stille, Einsicht

nehmenden *und* des Wahrgenommenen und enthüllt die Wirklichkeit selbst.

Eine andere Möglichkeit, die Aktivität der Einsicht zu üben, liegt darin, die Aufmerksamkeit vom Atem auf die Gedanken zu lenken. Bisher sind die Gedanken bei der Meditation im Hintergrund verblieben, während der Atem in den Mittelpunkt der Aufmerksamkeit gerückt war. Nun werden Ihre Gedanken selbst zum Mittelpunkt. Aber Sie müssen weiterhin darauf achten, sich weder geistig noch emotional in sie zu verstricken und sich von ihnen nicht auf ihre Tagtraumreisen mitnehmen zu lassen. Sie beobachten sie einfach, mit derselben aufmerksamen Losgelöstheit, mit der Sie zuvor den Atem beobachtet haben. Sie lassen die Gedanken auch hier wieder, ähnlich den Wolkenspiegelungen auf dem Wasser, vorüberziehen, doch jetzt ist Ihre Aufmerksamkeit genau auf den Punkt gerichtet, aus dem sie aufsteigen und in den sie wieder verschwinden, sowie auf den Raum zwischen den Gedanken, wenn der Geist leer wird und einfach nur er selbst ist in seinem bloßen Für-sich-Sein.

Es gibt keine Worte, die dem Wert dieses Erlebens, dieser tatsächlichen Erfahrung der Einsicht, auch nur annähernd gerecht werden könnten. Auf dieser Ebene beginnen sich nun die verschiedenen Meditationspraktiken voneinander zu unterscheiden – in ihren Techniken, nicht in der Richtung –, denn es gibt viele andere Objekte, außer dem Atem und den Gedanken, auf die man sich konzentrieren kann. Mit einigen von ihnen und den damit verbundenen Techniken werde ich mich im nächsten Abschnitt beschäftigen; ihre detaillierte Erörterung bildet einen großen Teil der folgenden Kapitel. Doch bevor ich die Zusammenfassung zur Meditationspraxis abschließe, möchte ich noch einmal die drei Stufen hervorheben, die das Herzstück aller Meditation sind:

Sammlung
Stille
Einsicht

Oder, um es anders auszudrücken:

Verschiedene Arten der Meditation

Sammeln Sie Ihren Geist
Lassen Sie ihn still sein
Erkennen Sie, was ist

Verschiedene Arten der Meditation

Es wäre falsch, die Unterschiede der verschiedenen Meditationstechniken auf der Einsichtsebene zu sehr zu betonen, doch um einen Gesamteindruck von diesem weiten und unglaublich reichen Gegenstand zu bekommen, scheint es mir unerläßlich, diese Unterschiede zu klassifizieren. Claudio Naranjo, ein chilenischer Psychiater, der eine besondere Studie über Meditation angefertigt hat, schlägt in seinem Buch *How to Be* folgende praktische Methode der Klassifikation vor. Er geht von zwei bipolaren Dimensionen aus (zwei Dimensionen mit jeweils zwei Polen oder Extremen). Die eine nennt er *Stop-Go*-Dimension, die andere *Achtsamkeit-Gott-Achtsamkeit*-Dimension. Werfen wir einen Blick auf diese beiden Dimensionen.

Die Stop-Go-Dimension: Sie umfaßt an ihrem «Stop»-Extrem das, was Patañjali in seinen *Yoga-Sūtras* (siehe 4. Kapitel) als die «Aufhebung der Bewegung des Geistes» bezeichnet hat. Der Geist bleibt auf den ursprünglichen Gegenstand gesammelt und verweilt nur dort, während sich die Einsicht eigenständig entwickelt. Am «Go»-Extrem dieser Dimension beobachtet der Meditierende die aufkommenden Gedanken und folgt mit seiner Aufmerksamkeit den Einsichten und Offenbarungen, die ihm möglicherweise durch innere Stimmen, Gefühle oder Eingebungen zuteil werden, etwa so, wie Christen oder Muslime der Stimme Gottes lauschen oder die Schamanen den Stimmen der Geister.

Die Achtsamkeit-Gott-Achtsamkeit-Dimension: Das «Achtsamkeit»-Extrem dieser Dimension bezieht sich auf die Einsicht, die durch bewußte Wahrnehmung des unmittelbar Erfahrenen gewonnen wird, sei es durch die Wahrnehmung der Körperempfindungen, der Gefühle oder der Gedanken, die kommen und gehen. Am «Gott-Achtsamkeit»-Extrem erlangt der Meditierende Einsicht durch die Sammlung

Sammlung, Stille, Einsicht

auf ein äußeres Symbol, sei es ein Mandala, ein Mantra, die Attribute Gottes oder eine Kerzenflamme, und dieses Symbol läßt er dann als Schlüssel wirken zu dem Teil der inneren Welt, der jenseits der unmittelbaren Erfahrung liegt. Mit Hilfe dieses Schlüssels stößt der Meditierende zu neuen Dimensionen vor und folgt bislang unbetretenen Pfaden. (Naranjo verwendet zwar den Begriff «Gott», das bedeutet aber nicht, daß man einem theistischen Glauben folgen muß, um in dieser Weise vorzugehen; «Gott» bezeichnet hier etwas, das der Meditierende anfangs als «verschieden» von sich selbst und «außerhalb» seiner selbst erfährt.)

Naranjos zwei Dimensionen entsprechen der von mir bevorzugten Kartographierung der Meditationssysteme, wenngleich ich diese Dimensionen anders benenne, nämlich *ruhend-fließend* und *subjektiv-objektiv*. Diese beiden bipolaren Dimensionen schließen sich nicht gegenseitig aus. Man kann zum Beispiel am «Ruhend»-Pol der Ruhend-fließend-Dimension beginnen und zum «Objektiv»-Pol der Subjektiv-objektiv-Dimension übergehen. Oder man beginnt am «Subjektiv»-Pol der Subjektiv-objektiv-Dimension und geht über zum «Fließend»-Pol der Ruhend-fließend-Dimension. Man kann diese Dimensionen sogar miteinander kombinieren und sich gleichzeitig im Bereich des Objektiv-Pols und des Fließend-Pols befinden (dies geschieht, wenn wir über ein Symbol Gottes meditieren und dann Gottes Stimme hören, wie dies gläubige Hindus erleben). Aber man kann sich nicht gleichzeitig an den entgegengesetzten Enden *derselben* Dimensionen befinden, also sowohl am Ruhend-Pol als auch am Fließend-Pol oder sowohl am Subjektiv-Pol als auch am Objektiv-Pol, denn damit würde man die eins-gerichtete Sammlung, ohne die ein Vorankommen unmöglich ist, aufsplittern. Eine solche Gleichzeitigkeit wird erst dann möglich, wenn die höchste Wahrheit erreicht ist, denn hier, so heißt es, verschwinden alle Gegensätze.

Wir können in der Meditation also von einer Dimension zur anderen übergehen, aber wir sollten dies nicht absichtsvoll tun. Für jede meditative Praxis ist es wichtig, daß man sich am Beginn jeder Meditation darüber im klaren ist, wie man meditieren will und daß man dabei bleiben wird. Manche Menschen bleiben ihr ganzes Leben bei einer bestimmten Form, andere bleiben so lange bei einer, bis sie mit

Verschiedene Arten der Meditation

einer anderen vertraut werden, die ihnen geeigneter erscheint. Jedenfalls wird kein erfahrener Meditierender während einer Sitzung wechseln; doch für Anfänger mag die Versuchung groß sein. Ein Anfänger, der meint, zu geringe Fortschritte zu machen, wird die Sitzung vielleicht schon halb entmutigt und mit dem Gefühl beginnen, andere Techniken seien «besser» als die von ihm benutzte. Vor diesem Hintergrund ist es dann kaum erstaunlich, wenn nach wenigen Minuten ein Gefühl der Mutlosigkeit die Oberhand gewinnt und der Meditierende mit seiner Aufmerksamkeit auf andere Objekte umschaltet – vom Atem vielleicht zu den Gedanken, oder von den Gedanken zu einem Mantra, oder von einem Mantra zu einem Mandala.

Das Ergebnis wird ein noch geringerer Fortschritt sein, und am Ende ist der Meditierende völlig entmutigt und gibt verärgert auf. Doch es gibt in der Meditation keine Abkürzungen. Wenn Sie Sammlung und Stille entwickelt und die Ebene der Einsicht erreicht haben, erscheint Ihnen vielleicht eine Form der Meditation annehmbarer als eine andere, weil sie besser zu Ihrem Glauben, Ihrem Temperament oder Ihren Interessen paßt; doch sind alle Meditationen auf denselben Grundmauern errichtet – Sammlung und Stille –, und diese entwickeln sich nur durch die Selbstdisziplin des beharrlichen Übens mit ein und demselben Brennpunkt der Aufmerksamkeit.

Ich möchte diesen Gedanken durch ein Zitat Conzes über Sammlung unterstreichen:

> Sammlung ist eine Verengung des Feldes der Aufmerksamkeit in einer Weise und für eine Zeit, die vom Willen bestimmt ist. Der Geist wird eins-gerichtet, er schwankt nicht, zerstreut sich nicht, und er wird ruhig wie die Flamme einer Leuchte bei Windstille... Es ist die Sammlung, die für eine gewisse Stabilität im ständigen Fluß des Geistes sorgt, indem sie den Geist befähigt, ohne Ablenkung bei ein und demselben Ort zu verweilen.[5]

Dieses durch nichts abgelenkte Verweilen bei ein und demselben Objekt der Aufmerksamkeit ist das Wesentliche der Meditation, welche Form Sie auch anwenden und welchen Pol der beiden Dimensionen ruhend-fließend und subjektiv-objektiv Sie auch wählen.

Sammlung, Stille, Einsicht

Eine Zuordnung der verschiedenen Meditationswege

Unter Berücksichtigung der beiden Dimensionen möchte ich einige Beispiele großer Meditationstraditionen auflisten:

ruhend
Vipassanā
Hatha-Yoga
T'ai-chi (Taiji)

fließend
Ekstatisches Gebet
Quietismus der Quäker
Schamanismus
Christliche Mystik

subjektiv
Zazen
Kōan-Meditation
Shikantaza

objektiv
Mysterienreligionen
Die Kabbala
Bhakti-Yoga
Jñāna-Yoga

Bei dieser Einteilung müssen drei Dinge betont werden:

1. Sie sollte nicht allzu genau genommen werden. Der Meditierende kann zwar nicht *innerhalb* einer Technik an beiden Polen einer Dimension gleichzeitig sein, doch es gibt keine strengen Grenzen zwischen den Techniken und keine starre Regel, nach der jede Technik einer der beiden Dimensionen definitiv zuzurechnen ist. Die Techniken überschneiden sich an vielen Punkten und gehen ineinander über, und es können sehr vernünftige Gründe für vollkommen andere Zuordnungen vorgebracht werden. Meine Zuordnung ist lediglich ein Versuch, unser Denken zu klären. Je mehr wir uns um eine solche Klarstellung bemühen, desto besser erkennen wir ein allen Techniken zugrunde liegendes Muster, und wir sehen, daß das Verbindende weitaus wichtiger ist als das Trennende.

Ich werde noch verschiedentlich auf dieses allen gemeinsame Muster zurückkommen, auf das zugrunde liegende Thema, das die verschiedenen Traditionen verbindet, und zwar auf der praktischen wie der theoretischen Ebene. Dieses Erkennen der Einheit ist das, was das Studium der verschiedenen Traditionen so unerläßlich macht. Tat-

Eine Zuordnung der verschiedenen Meditationswege

sächlich ist dieses ganze Buch der Versuch, die Frage zu beantworten, warum ein Meditierender den Wunsch haben sollte, andere Traditionen als die eigene zu erforschen. Ich hoffe, die Antwort wird eines zeigen: Wie Reisen in andere Länder nicht nur unser Verständnis von anderen Kulturen, sondern auch das Verständnis unserer eigenen vertiefen, so kann das Studium anderer Meditationstraditionen uns dazu verhelfen, die Tradition besser zu verstehen, die unserem Herzen am nächsten steht.

2. Keine der Praktiken, die hier den zwei Dimensionen zugeordnet sind, ist notwendigerweise weniger «wirkungsvoll» oder weniger «fortgeschritten» als eine der anderen. Es ist die Art und Weise, wie wir sie studieren und praktizieren, die ihre Wirksamkeit und unser Wachstum bestimmen. Auch das spricht noch einmal dafür, daß Sie, um die Meditation voll auszuschöpfen, die Theorie ebenso wie die Praxis studieren sollten. Der Buddha hat unter den acht Vorbedingungen des spirituellen/psychischen Fortschritts (das heißt in seiner Lehre vom «Edlen Achtfachen Pfad») sowohl *rechte Anschauung* als auch *rechte Meditation* genannt. Das eine ist unvollständig ohne das andere. Es ist nur von begrenztem Wert, an Meditation mit der falschen Anschauung heranzugehen, gleichgültig, ob es sich nun um ein bloßes Mißverstehen handelt oder um das Verlangen, durch die Entwicklung von Siddhis (siehe 9. Kapitel) Macht über andere zu gewinnen. Von ähnlich begrenztem Wert ist eine rechte Anschauung, die nicht durch die unmittelbare Erfahrung rechter Meditation genährt ist.

«Rechte Anschauung» ist im wesentlichen rechtes Verstehen, eine Lebensphilosophie, die danach strebt, die Dinge nicht durch den Schleier der Selbsttäuschung zu sehen, sondern so, wie sie sind. Jede der großen spirituellen Lehren (in ihrer unverfälschten Form), die unserem Temperament und unserem kulturellen Hintergrund entspricht, kann uns zu dieser rechten Anschauung führen. Und diese rechte Anschauung besitzt zwei kennzeichnende Züge, die wohl darauf hindeuten, daß alle diese profunden Lehren denselben Ursprung haben – nämlich daß man das eigene Ich nie über andere erheben und nicht als ein vom Rest der Schöpfung verschiedenes, gesondertes individuelles Ego ansehen darf.

Doch wie entschieden man auch an der rechten Anschauung festhalten mag, so wirkt sie doch so lange nur auf einer theoretischen Ebene –

Sammlung, Stille, Einsicht

gleichgültig, wie stark sie mit fundierten Argumenten, durch Glauben oder gute Werke abgestützt ist –, bis man die unmittelbare Erfahrung ihrer Wirklichkeit gemacht hat. Eine solche Erfahrung wird durch Meditation möglich, durch jenes unmittelbare Hindeuten auf die Wirklichkeit, in dem die Rätselfrage «Wer bin ich?» direkt angesprochen ist.

3. Wie jedes System, das versucht, verschiedene innere Erfahrungsebenen voneinander abzugrenzen, spiegelt auch meine Zuordnung eine dualistische Denkweise wider. Diesen wichtigen Punkt werde ich zu Beginn des 8. Kapitels eingehender behandeln. Doch lassen Sie mich an dieser Stelle betonen, daß bereits die Dimensionen eine grundlegende Unterscheidung treffen zwischen dem, was «Ich» und dem was «Nicht-Ich» ist (ob mit dem «Nicht-Ich» nun Gott oder die übrige Welt gemeint ist). Das liegt vor allem daran, daß wir in einer Welt aufgewachsen sind, die diese Unterscheidung ständig trifft und die uns konditioniert hat, diese Unterscheidung, auf der alle anderen beruhen, als grundlegend zu akzeptieren. Doch wie Buddhismus, Hinduismus und christliche Mystik deutlich machen, gibt es eine innere Erfahrungsebene, auf der diese Unterscheidung aufgelöst ist. Der christliche Mystiker Meister Eckhart sagt:

> *Gott* muß schlechthin *ich* werden und *ich* schlechthin *Gott,* so völlig eins, daß dieses «Er» und dieses «Ich» Eins ist, werden und sind und in dieser Seinsheit ewig *ein* Werk wirken... Gottes Sein ist mein Leben. Ist denn mein Leben Gottes Sein, so muß Gottes Sein mein sein und Gottes Wesenheit meine Wesenheit, nicht weniger und nicht mehr. Sie [die Gerechten] leben ewig «bei Gott», ganz gleich *bei* Gott, weder darunter noch darüber. Sie wirken alle ihre Werke bei Gott und Gott bei ihnen.[6]

Vielleicht haben wir das Gefühl, wir verstünden, was Meister Eckhart meint, vielleicht auch nicht. Er versucht uns die unmittelbare Erfahrung des Mystikers vom Einssein aller Dinge zu vermitteln. Doch ob wir nun wissen, wovon Eckhart spricht, oder nicht, es fällt uns vielleicht schwer, bei einer objektiven Form der Meditation von der Vorstellung loszukommen, daß der objektive Brennpunkt unserer Meditation – etwa die Gestalt des Buddha oder Christi oder Krishnas –

Eine Zuordnung der verschiedenen Meditationswege

«nicht ich» sei, also nicht «hier drinnen», sondern «da draußen», ein ungleichartiges, personalisiertes Objekt mit einem gesonderten Ich und einem eigenen Dasein, das von unserem Dasein getrennt ist.

Haben wir uns aber von dieser Idee freimachen können, verfangen wir uns vielleicht in die entgegengesetzte Vorstellung, daß nämlich Buddha, Christus oder Krishna «hier drinnen» sind und nicht «da draußen», mit anderen Worten also, daß sie eine Schöpfung unseres eigenen Geistes sind und über keinerlei objektive Realität verfügen. Damit sind wir in die Falle unseres westlichen Entweder-Oder-Denkens geraten: Das Objekt der Meditation kann nur *entweder* da draußen *oder* da drinnen sein; beides zugleich ist nicht möglich. Eckhart und andere weit fortgeschrittene Lehrer sagen uns nun, daß wir ein «Sowohl-als-auch-Denken» entwickeln müssen. Das Objekt der Meditation ist *sowohl* dies *als auch* jenes, *sowohl* «da drinnen» *als auch* «da draußen», und zwar auf eine Weise, die den Unterschied zwischen beiden Zuständen auflöst.

Während meines frühen Studiums des tibetischen Buddhismus wurde der uns unterrichtende Lama einmal gefragt, ob die Buddhas und Bodhisattvas (erleuchtete Wesen), die als Objekte der Meditation benutzt wurden, nur im Geiste oder aber wirklich existierten. Sogleich versicherte er uns: «Ja, ja, im Geiste.» Dann, einen Augenblick später, als ihm klarwurde, daß die Menschen aus dem Westen die Welt anders wahrnehmen als die Tibeter, fügte er, um uns nicht in die falsche Richtung zu führen, mit einem Zwinkern hinzu: «Und wirklich, und wirklich.»

Vielleicht ist es hilfreich, wenn Sie sich die innere Welt als eine gemeinsame Welt vorstellen. Weder ist sie nur Ihre eigene Welt, noch ist die innere Welt eines anderen Menschen ausschließlich seine eigene innere Welt. C. G. Jung nennt diese Vorstellung das kollektive Unbewußte (siehe Kasten 2, S. 47f.). Er beschreibt es in biologischen und psychologischen Begriffen als ein gemeinsames, inneres Erbe, als einen Bereich des Geistes, den wir gleichzeitig mit unseren Genen von den Ahnen unserer Gattung erwerben und der das Grundmuster, die Anlage unseres Denkens festlegt. Dieser Aspekt des Geistes vermittelt uns die grundlegenden Vorstellungen, aus denen die Menschheit ihr Geschick geformt hat, so unsere Vorstellungen von Mut, Ehrlichkeit, Aufopferung, wahrer Liebe und Ritterlichkeit. Auf einer tieferen

Sammlung, Stille, Einsicht

Ebene vermittelt er uns die archetypischen Bilder von Göttern, Heldinnen und Helden, von weisen Frauen und Männern, mit denen wir unsere Pantheons und unsere Literatur bevölkern.

Joseph Campbell faßt das wie folgt zusammen:

> Sie werden zu Trägern von etwas, das Ihnen von denen, die als Musen bezeichnet werden – oder, biblisch ausgedrückt, von «Gott» – geschenkt wurde. Das ist keine Einbildung, es ist eine Tatsache. Da die Inspiration aus dem Unbewußten kommt und da das Unbewußte der Angehörigen kleiner Gesellschaften in vielem bei allem gleich ist, wartet das, was Seher und Schamanen hervorbringen, bei jedem darauf, ans Licht gebracht zu werden. Wenn man also hört, was ein Seher zu sagen hat, antwortet man: «Ja! Das ist meine Geschichte. Das wollte ich immer schon sagen, aber ich war nicht dazu in der Lage.»[7]

Ich stimme nicht mit Campbell überein, daß nur die Mitglieder einzelner kleiner Gemeinschaften dieses gemeinsame innere Erbe teilen, sondern denke, daß es bei der Menschheit insgesamt so ist. Auch wenn es Aspekte des kollektiven Unbewußten gibt, die von Kultur zu Kultur unterschiedlich sind, so bestätigt uns die Beständigkeit, mit der wir immer wieder dieselben Themen finden, daß die Inhalte des kollektiven Unbewußten auf einer tieferen Ebene uns allen gemein sind.

Wenn ich also bei Einteilungen wie der von mir gewählten von «Dualismus» spreche, so meine ich, daß wir uns letzten Endes immer auf dasselbe sammeln, ob wir nun «ruhende» oder «fließende», «subjektive» oder «objektive» Meditation üben. Der Geist und der Inhalt des Geistes sind ein und dasselbe. Damit soll weder gesagt werden, daß der Inhalt – das Objekt, ein Symbol oder der Buddha, auf das oder den wir uns konzentrieren – dem Geist unterworfen oder bloße Einbildung sei, noch daß der Geist dem Inhalt unterworfen sei. Sie haben beide teil an der Einen Wirklichkeit.

Bei meiner Arbeit mit Studenten stelle ich immer wieder fest, daß sie mit dieser Sache große Schwierigkeiten haben. Das überrascht mich nicht. Manchmal habe ich selbst damit große Probleme, denn wir alle sind so verstrickt in die Vorstellung von Grenzen, von «Ich»

Eine Zuordnung der verschiedenen Meditationswege

und «Nicht-Ich». Mit Hilfe einer Analogie versuche ich meinen Studenten die Sache klarer zu machen. Ich frage sie, wo «sie» aufhören und «die übrige Welt» anfängt. In jedem Moment nehmen wir einen Teil von der «übrigen Welt» in uns auf, indem wir atmen. Dasselbe tun wir, wenn wir essen. Und in jedem Augenblick geben wir der Welt etwas, indem wir Feuchtigkeit absondern, Hautzellen verlieren, ausatmen und die Abfallstoffe unseres Körpers ausscheiden. Wenn sie soweit zustimmen, gehe ich weiter und erinnere sie an die Punkte, die ich im 2. Kapitel ausgeführt habe, daß nämlich unser Körper aus den Elementen «gemacht» ist und es keinen Unterschied gibt zwischen den Wasser-, Luft-, Erde- und Feuer-Elementen unseres Körpers und den Wasser-, Luft-, Erde- und Feuer-Elementen der Außenwelt. Noch weiter gehend, sage ich ihnen, daß wir die «übrige Welt» jedesmal in uns aufnehmen, wenn wir unsere Augen und Ohren benutzen, und wir der übrigen Welt jedesmal dann etwas geben, wenn wir unsere Umwelt ändern und umformen.

Denken wir erst einmal in diese Richtung, werden wir rechte Anschauung erlangen, nur die Grenze zwischen «mir» und der «übrigen Welt» wird verschwimmen. Dann gibt es Meditationen – etwa die im 10. Kapitel beschriebenen –, die den Prozeß noch bis zu dem Punkt weiterführen, von dem an die Einsicht, daß die Welt anders ist, als wir angenommen hatten, nicht mehr bloß intellektueller Natur ist, sondern tatsächliche Erfahrung wird.

Obwohl wir also aufgrund unserer begrenzten Sammlungskraft nicht gleichzeitig an beiden Polen einer Meditationsdimension sein können, sind wir es in gewissem Sinne doch immer schon. Ein weiteres Paradoxon, mit dem Meditierende zu leben lernen und durch das sie schließlich bis auf den Grund sehen werden.

Ich bin mir der genannten Unzulänglichkeiten meiner Einteilung der Meditationssysteme wohl bewußt, wenn ich nun näher auf die einzelnen Traditionen eingehe.

4. Ruhende Meditation: Den Geist anhalten

Ein Ch'an-Meditationslehrer (Ch'an ist die chinesische Urform des Zen), unter dessen Anleitung ich mit dem «Sag mir, wer du bist» übte (näheres dazu im 8. Kapitel), sagte einmal zu mir: «Ich möchte, daß alles einfach aufhört.» Als er das sagte, schien er in tiefer Versenkung zu sein. Sein Blick war auf den Boden gerichtet, die Lider halb geschlossen. Die Worte kamen sehr langsam, sehr bedächtig, als würden sie nicht von ihm, sondern durch ihn gesprochen. Wir saßen Seite an Seite auf dem Boden des stillen Meditationsraumes; das Licht, das durch das einzige Fenster fiel, umhüllte die geschmückte, goldene Figur des Buddha, der mit uns saß. Hinter dem Buddha, vom Fenster gerahmt, sah man die gewellten Hügel, gekrönt von den vorüberziehenden blaugrauen Wolken.

Wir saßen da, und das Schweigen dehnte sich aus, wurde tiefer und unterstrich die Stille und Zeitlosigkeit dieses Momentes. Ich erinnere mich, wie ich eine große Liebe zu meinem Lehrer spürte, als wären er und ich eins, und ich wußte nicht, ob die Traurigkeit, die ebenfalls Teil dieses Augenblicks war, aus ihm oder aus mir kam. Eine Traurigkeit, geboren aus unserer Verletzlichkeit als Sterbliche auf diesem sich wandelnden, sich drehenden Planeten in der unendlichen Ewigkeit des Weltalls. «Ich möchte, daß alles einfach... aufhört.» Einfach aufhört.

Und was, fragte mein Geist, sollte dieses «Aufhören», von dem er sprach, sein? Auslöschung? Bewußtlosigkeit? Das Ende von allem oder das Ende der eigenen Erfahrungen (was auf dasselbe hinausläuft)? Das Ende von Zeit und Raum, das Ende des Lebens, das wir kennen, aber nicht verstehen, das Ende der Hügel da draußen, des geschmückten Buddha mit seinem unergründlichen Gesichtsausdruck und geheimnisvollen Lächeln? Was würde passieren, wenn alles aufhörte? Was könnte noch geschehen, wenn nichts mehr übrigbliebe, das geschehen könnte, und niemand mehr existierte, dem es geschehen

Ruhende Meditation

könnte? Wünschte sich dieser weise, freundliche Ch'an-Meister ein Ende seines Daseins, ein Ende seines Reisens und Suchens, das ihn von seiner Kindheit zum Erwachsenenalter bis nun in seine mittleren Jahre geführt hatte? Welch inneres Leid, welch innere Stille konnten diesen Wunsch entstehen lassen?

Dann erkannte ich auf einmal, wie begrenzt meine Auffassung von diesem «Aufhören» war, wie leicht ich mich in die Vorstellung verfangen hatte, das «Aufhören», von dem mein Lehrer sprach, habe etwas mit Sein oder Nicht-Sein zu tun, mit dem Leben oder seiner Auslöschung. Seinem buddhistischen Pfad zufolge ist das «Festhalten an Extremen» die zweite von fünf falschen Ansichten; sie besteht darin, entweder an Beständigkeit zu glauben (daß sich das, was wir das «Ich» nennen, nicht von Moment zu Moment verändert) oder an Auslöschung (daß das, was wir Ich nennen, nicht mit einer zukünftigen Lebenszeit in Verbindung steht).

Nein, was mein Lehrer wollte, war ein Zur-Ruhe-Kommen, und zwar nicht nur für sich, sondern für alle Wesen, für die ganze unermeßliche Existenz. Ein Innehalten, das Beständigkeit und Auslöschung transzendiert und damit Sein und Nicht-Sein, Werden und Nicht-Werden, Entstehen und Vergehen. Ein Ruhen, das mit Stagnation so wenig zu tun hat wie mit Aktivität, mit Langeweile so wenig wie mit Aufregung, mit Kommen so wenig wie mit Gehen, mit Leben so wenig wie mit Tod – es liegt jenseits von Definitionen und dem Fehlen von Definitionen, jenseits von paradox und orthodox.

Ist solch ein Zustand möglich? Sicherlich ist es schwierig, ihn sich überhaupt nur vorzustellen, und erst recht, ihn zu beschreiben. Deshalb gebrauchen die Hindus für solch einen Zustand den Ausdruck Neti, Neti – «Nicht dies, nicht das»; sie sagen also eher, was er nicht ist, als was er ist. Im Buddhismus wird dieser Zustand Nirvāna genannt, und man betont, daß Nirvāna «etwas» sei, über das man «nichts» aussagen könne; wie auch die Hindus behaupten, nichts könne über Brahman gesagt werden, den absoluten Grund unseres Seins. Auch die christliche Mystik hebt hervor, daß nichts über Gott gesagt werden könne («Alles das, was in der Gottheit ist», schreibt Meister Eckhart, «das ist Eins, und davon kann man nicht reden»); die Taoisten behaupten, nichts könne über das Tao gesagt werden («Das Tao, von dem gesprochen werden kann, ist nicht das unwandelbare

In Ruhe sein

Tao. Der Name, der genannt werden kann, ist nicht der ewige Name», so heißt es im *Tao-te ching (Daodejing);* und die jüdische Mystik der Kabbala bezeichnet das En-Sof als «Nicht-Etwas... jenseits jedes Begreifens und jeder Klassifikation... es existiert in seiner Nicht-Existenz, und in seiner Nicht-Existenz existiert es (Poncé: *Kabbalah,* S. 95).

Frauen und Männer haben seit den Anfängen der Geschichte von diesem nicht beschreibbaren Zustand berichtet, dessen Verwirklichung wir Erleuchtung nennen. Sie haben als Reisende gesprochen, als Menschen, die diesen Zustand gut kennen und in ihrem gegenwärtigen Leben in ihm weilen, anstatt darauf zu warten, daß er ihnen im Jenseits zuteil wird. Und wenn wir in der Meditation voranschreiten, finden ihre Lehren eines Tages plötzlich einen Widerhall in uns: «Ach ja, *natürlich.*» Ohne daß wir wüßten, wie es geschieht, vermittelt uns Meditation ein Bewußtsein von der Wahrheit ihrer Aussagen; als hätten wir, ohne uns daran erinnern zu können, tatsächlich das Territorium gesehen, von dem sie sprechen, oder zumindest Spuren gefunden, ein Raunen gehört, als wir den geheimnisvollen Wegen unserer Träume folgten.

Als also mein Lehrer sagte, er wünsche sich, daß alles «einfach aufhört», war es dieses Territorium, von dem er sprach. Ein Gebiet, zu dem alle Meditationsübungen hinführen; ein Gebiet, das sowohl die Mitte dessen ist, was wir sind, als auch die Mitte der Schöpfung selbst.

In Ruhe sein

An was läßt das Wort «Ruhe» Sie denken? Dieses Wort ist ein machtvolles Symbol für den inneren Zustand, den Zustand jenseits aller Zustände, von dem ich zu sprechen versuche. Es läßt vielleicht an Stille denken, doch erinnern Sie sich, daß Stille ein Zustand ist, den wir bei der Meditation auf unserem Weg zur Einsicht erreichen. Dieses In-Ruhe-Sein ist mehr als Stillsein – es ist die Einsicht selbst. Aber – und hier stoßen wir wieder auf ein Paradoxon – Stille ist gleichzeitig Teil der Praxis, die uns zur Einsicht führt, Teil der Sammlung und Stille, die unsere ersten beiden Stadien sind. Denn letzten

Ruhende Meditation

Endes gibt es keinen Unterschied zwischen der Praxis und dem Zustand, zu dem die Praxis führt. Wie könnte es auch einen solchen geben, wenn dieser Zustand doch alles umfaßt, wenn er die alle Einheiten umschließende Einheit ist, von der die Mystiker aller großen Religionen gesprochen haben?

Das Fehlen einer Kluft zwischen der Meditationspraxis und dem Zustand, in den diese Praxis münden soll, ist eine der tiefgründigsten Lehren des Ch'an und des Zen (von nun an verwende ich das Wort «Zen» für beide Begriffe). Der japanische Meister Dōgen (13. Jh.), der die Tradition des Sōtō-Zen von China nach Japan übertrug, legte besonderen Nachdruck auf diesen Sachverhalt. In seinen Übersetzungen und Kommentaren zu Dōgens Hauptwerken faßt Yuho Yokoi dies zusammen, wenn er sagt, daß in Dōgens Lehre

> ... keine Kluft besteht zwischen Praxis und Erleuchtung und daher... keins dem anderen vorausgeht oder folgt. Das heißt, Erleuchtung wird nicht als Resultat der Praxis *erlangt;* sie ist von Beginn an in der Praxis verkörpert.[8]

Damit dies nicht zu Selbstgefälligkeit führen kann, fügt Yokoi warnend hinzu, daß «diese Wahrheit nur durch ein unbeirrtes, beharrliches Üben des Weges vollkommen erfaßt werden kann».

Damit meint Yokoi eine beharrliche Hingabe an das Von-Moment-zu-Moment der Meditation. Beginnen wir unsere Meditation mit der Vorstellung von einem «Ziel» im Kopf, dann haben wir eine *Vorstellung* von der Ruhe und Erleuchtung, die wir zu erlangen hoffen. Und unweigerlich stellt sich diese Vorstellung, die nur ein weiteres Geisteskonstrukt ist, diesem Erlangen in den Weg. Unsere vorgefaßten Ideen von einem «Ziel» sind Erfindungen unseres Denkens, und das Wesentliche der Meditation besteht gerade in der Aufgabe vorgefaßter Ansichten. An ihre Stelle soll die reine Erfahrung dessen treten, was jenseits unserer vorgefaßten Anschauungen liegt und jenseits der Gedanken, aus denen sie bestehen.

Dōgen drückt das in seinem Buch *Gakudō Yōjin-shū* («Sammlung von der Hinwendung des Geistes zum Studium des Weges») folgendermaßen aus: «Den Weg üben heißt eins mit ihm werden – jeden noch so geringen Gedanken an Erleuchtung vergessen» (in Yokoi: *Zen*

Master Dogen, S. 57). Anders ausgedrückt, wir meditieren nicht, um erleuchtet zu werden; wir meditieren, weil es das ist, was erleuchtete Menschen tun. Meditation ist sowohl der Weg als auch die Frucht des Weges. «Der Weg ist vollkommen gegenwärtig, wo du auch bist, und wenn du das vergißt», warnt uns Dōgen im *Fukan Zazen-gi* («Allgemeine Lehren zur Förderung des Zazen»), «und am Anfang den geringsten Unterschied zwischen dir und dem Weg zuläßt, wird das Ergebnis eine größere Trennung sein, als die zwischen Himmel und Erde» (in Yokois Übersetzung S. 47).

Vipassanā

Das In-Ruhe-Sein spielt zwar in der Zen-Schulung eine wichtige Rolle, doch die meisten Menschen empfinden es als besonders charakteristisch für die Vipassanā-Praxis des Therarāda-Buddhismus. Die Vipassanā-Meditation legt großen Wert auf reine (oder bloße) Aufmerksamkeit. Wenn man mit der Vipassanā-Praxis beginnt, ist es hilfreich, das In-Ruhe-Sein symbolisch als das wachsame, unbewegte Gewahrsein zum Ausdruck zu bringen, das das Kommen und Gehen des Atems verfolgt. Ohne zu bezeichnen, ohne wertend zwischen «gut» und «schlecht» zu unterscheiden, beobachtet der Geist den Atem und die Umschlagspunkte zwischen Einatmen und Ausatmen. Diese Momente sind so wichtig – und so leicht verlieren wir unsere Sammlung in diesen Augenblicken –, daß einige Lehrer von ihnen als den Momenten sprechen, in denen sich die Wahrheit offenbart.

Auch das ist symbolisch, denn die Wahrheit offenbart sich in jedem Augenblick, in dem wir die Unwissenheit (bei der Meditation durch das Geplapper des Geistes vertreten) fallenlassen, die die Wahrheit verschleiert. Doch die Symbolik ist hilfreich, weil sie uns zum einen darauf hinweist, daß sich unsere Sammlung vertiefen wird, wenn wir in diesen Momenten gesammelt bleiben, und zum anderen darauf, daß in ihnen der Körper zur Ruhe kommt und in dieser körperlichen Ruhe auch der Geist leichter zum Innehalten findet. Ein solcher Moment ist, bildhaft veranschaulicht, wie der Augenblick, in dem sich der Wind in den Bäumen vollkommen gelegt hat und die Zweige, die Blätter, die ganze Landschaft sich für einen Moment so bar jeder Bewegung

Ruhende Meditation

zeigen, als offenbarte die Leere selbst sich darin. Auf genau diese Weise läßt die Ruhe des Körpers zwischen den Atemzügen die Ruhe des Geistes offenbar werden – so offen und klar wie der Raum, der die bewegungslosen Bäume enthält und zugleich bildet.

Durch die äußere Ruhe des Körpers und des Geistes kann die innere Ruhe der Einsicht (Ein-Sicht, *in* die wahre Natur aller Dinge hineinsehen) hervortreten. In der Vipassanā-Meditation kann dieser Prozeß noch weiter gefördert werden durch das, was wir in Ermangelung eines besseren Begriffs als «grobe Einsicht» bezeichnen können. Dabei ist die Aufmerksamkeit des Meditierenden nicht mehr bei den Nasenlöchern und dem Atem, sondern sie wird behutsam, sanft und langsam nacheinander auf alle Teile des Körpers gerichtet. In unserem alltäglichen Leben ist uns unser Körper bewußt und gleichzeitig auch wieder nicht bewußt. Wir wissen, er ist da, doch solange keine Beschwerde oder angenehmen Empfindungen unsere Aufmerksamkeit auf ihn lenken, lassen wir ihn, von unserem Geist unbeachtet, seinen Aufgaben nachgehen (s. Kasten 6).

Das ist soweit ganz in Ordnung. Der Geist hat andere Dinge zu tun, mit denen er sich beschäftigt. Doch der Körper sendet unentwegt subtile Signale aus. Ignorieren wir sie, stumpfen wir unser Gewahrsein ihnen gegenüber ab und damit auch unser Gewahrsein dafür, wer wir, körperlich gesehen, sind. In der Vipassanā-Meditation kann dieses Gewahrsein wiedererweckt werden, indem wir unsere Aufmerksamkeit, ganz genau und Zentimeter für Zentimeter, zuerst auf das Gesicht und den Kopf richten, dann die Arme hinabwandern, allmählich den ganzen Körper bis zu den Füßen hinunter und dann aufwärts wieder zurück zu den Nasenlöchern und dem Atem. An jeder Stelle des Körpers werden wir uns der körperlichen Empfindungen bewußt, der Wärme oder Kälte, des Prickelns der Haut, der Berührung durch die Kleidung. Und durch diese erwachende Einsicht in unser physisches Sein gelangen wir von der groben zur subtilen Einsicht und schließlich in die Ruhe, in jene Leerheit, der alle physischen Empfindungen – ja der Körper selbst und das Spiel der Gedanken im Geist – entspringen und in die hinein sie verschwinden.

Kasten 6:

Vipassanā-Meditation

Vipassanā- oder «Einsichts»-Meditation ist eine vom Buddha selbst gelehrte Methode, bei der es unter anderem um die Sammlung auf den Atem geht. Der Buddha empfahl dem Meditierenden: «Achtsam atme ein, achtsam atme aus.» In diesen einfachen Worten liegt der Kern der Übung. Man nimmt den Atem so «achtsam» wahr, daß kein Atemhauch unbemerkt ein- oder ausströmt. Der Meditierende beobachtet den Atem mit völliger Aufmerksamkeit, so wie ein Wächter das Kommen und Gehen beim großen Stadttor überwacht.

Üblicherweise konzentriert man sich auf die Stelle ganz vorn am Naseneingang, wo man am empfindsamsten für die kalte einströmende und die warme ausströmende Luft ist. Man kann seine Aufmerksamkeit aber auch auf das sanfte Heben und Senken des Unterleibs richten. Beide Stellen sind gleichermaßen geeignet. Die erste ist etwas subtiler, die zweite steht in engerer Verbindung zum ganzen Körper. Wählen Sie die Stelle aus, die Ihnen angenehmer ist, aber wechseln Sie nicht. Entscheiden Sie sich für die Nasenlöcher, dann achten Sie darauf, dem Atem nicht bis in die Lungen zu folgen. Der Wächter verläßt seinen Posten nicht ohne Erlaubnis.

Haben Sie erst einmal die Achtsamkeit für das Kommen und Gehen des Atems gefestigt, dann entwickeln Sie Einsicht in den Atemvorgang. Der Buddha sagte: «Lang ausatmend, weiß er: ‹Ich atme lang aus›; lang einatmend, weiß er: ‹Ich atme lang ein.›» Dies gilt ebenso bei kurzen Atemzügen. Was der Buddha hervorhob, war ein Gewahrsein für die *Qualität* der Atmung. Hat sich die Sammlung des Meditierenden bis zu diesem Punkt vertieft, kann er dem Wächter schließlich erlauben, das Stadttor zu verlassen. Der Übende kann, die Technik des «Abtastens»

> (*bodyscan*) benutzend, seine Bewußtheit reisen lassen, ganz langsam und genau, das Gesicht hinunter, dann die Arme, den Körper und die Beine entlang und schließlich wieder zurück zu den Nasenlöchern; eine Reise, die unendlich langsam vor sich geht und bei der noch die kleinste Empfindung wahrgenommen wird.
>
> Gewinnt man auf diese Weise Einsicht, stärkt das die Kraft der Sammlung und Wahrnehmung unermeßlich, und im Laufe der Zeit kann man seine Aufmerksamkeit dann auch auf den Geist richten und ebenso genau und objektiv untersuchen, was dort geschieht.

Vipassanā und T'ai-chi

Vipassanā ist also eine Übung der Ruhe. Aber da man in Ruhe bleibt, während die Aufmerksamkeit den Körper «abtastet», ist diese Meditation auch eine Übung des Ruhens in der Bewegung. Ruhe in der Bewegung. Ein weiteres Paradoxon. Ein Paradoxon, das sich für mich nicht nur in der Vipassanā-Praxis auflöste, sondern auch im T'ai-chi (Taiji), jener Abfolge langsamer, konzentrierter, bewußter Bewegungen, die manche als eine Art Yoga in der Bewegung beschreiben. In einem der ersten Jahre meines T'ai-chi-Trainings bat mich mein Lehrer einmal, ihn mit der Videokamera zu filmen, während er die ganze Abfolge der T'ai-chi-Bewegungen ausführte. Wir waren allein in einem stillen, leeren Raum, und in meinem Eifer, eine gute Aufnahme zu machen, konzentrierte ich mich auf jeden Aspekt seiner Bewegungen, auf die kleinsten Nuancen. Mit ganz besonderer Intensität beobachtete ich, wie seine schwarz gekleidete Gestalt sich vor den hellen Wänden bewegte, seine weichen Schuhe über den gefliesten Boden schritten und sich lautlos drehten, seine Arme und Hände sich nach außen drehten und wieder nach innen kehrten, wie er den Raum ausfüllte und sich in ihn zurückzog, wie er ruhend Muster formte, bis ich nicht mehr sicher war, ob die Muster die Ruhe waren oder die Ruhe die Muster war.

In diesem Augenblick des Nicht-mehr-Wissens wurden Ruhe und

Vipassanā und T'ai-chi

Bewegung eins, wurden Teil der einen Einheit. Der Unterschied zwischen beiden fiel ab, wie ein Kieselstein ins Wasser fällt. Es gab keine Begrenzungen mehr, nicht mehr das eine und das andere, nur ein Gefühl von unterschiedsloser Präsenz, von Dingen an ihrem Platz. Oder, wenn Sie so wollen, von Absenz, von keinen Dingen und keinem Platz, an dem sie sich befinden könnten.

Eine Erfahrung wie diese ist überhaupt nicht einzigartig oder unglaublich mystisch. Sie kann sich schon einstellen, wenn unsere Aufmerksamkeit sich eine Zeitlang auf ein und dieselbe Stelle gesammelt hat. Manche Menschen machen diese Erfahrung, wenn sie intensiv einer Musik lauschen; andere, wenn sie ein Kunstwerk länger betrachten. Das Charakteristikum dieses Zustands ist der Fortfall von Grenzen, zunächst einmal der Grenze zwischen der Musik und der Stille, in die hinein sie erklingt, oder zwischen dem Kunstwerk und dem Raum, in dem es geschaffen wurde, und schließlich dann zwischen dem Ich, das ganz Ohr, ganz Auge ist, und dem Gegenstand, dem es sich zuwendet.

Was geschieht, ist ein Bewußtwerden (man *weiß*), daß die Musik und das Kunstwerk nicht «da draußen», in einem abgetrennten Raum existieren, sondern in dem Geist, der sie wahrnimmt. Ihre Realität ist nichts dem Geist Fremdes, sie ist etwas, woran er teilhat. Und nur auf diese Weise können Dinge überhaupt sein.

Die Grenzen, die sich bei der Vipassanā-Meditation und bei den T'ai-chi-Bewegungsabläufen auflösen, sind die zwischen Geist und Atem und zwischen Geist und Körperbewegungen. An diesem Punkt wird der Dualismus zwischen dem Geist und seinen Inhalten aufgehoben. Zuerst beobachtet der Geist den Atem oder empfindet die Körperbewegungen; dann werden Geist und Atem oder Geist und Körperbewegungen eins. Dieser Zustand ist die Realisation der Wahrheit, daß alles, was wir erfahren – die Außenwelt, unsere Körperempfindungen –, für uns nur dadurch überhaupt *ist,* daß wir es in der inneren Welt unseres Geistes erfassen. Und deshalb kann es zwischen dem erfassenden Geist und den erfaßten Objekten in der unmittelbaren Erfahrung keinen Unterschied geben.

Eine Analogie ist das Fehlen eines Unterschieds zwischen einem Spiegel und den Bildern, die er reflektiert. Gäbe es einen solchen Unterschied, dann existierten die Bilder unabhängig vom Spiegel und der Spiegel unabhängig von den Bildern. Wäre dem so, wo sind dann diese beiden unabhängigen Existenzen? Kann ich Ihnen das Spiegelbild zeigen, ohne Ihnen damit auch den Spiegel zu zeigen? Kann ich Ihnen den Spiegel zeigen, ohne Ihnen damit auch das Bild zu zeigen? Solange der Spiegel das Bild reflektiert, sind sie nicht zwei getrennte Wirklichkeiten, sondern Teile einer Realität, und es gibt keine Grenzen zwischen ihnen.

In der Meditation wird das Wissen, daß es keinen Unterschied gibt zwischen dem Geist und den Objekten, die er erfaßt, unmittelbar und von innen heraus gewonnen. Es wird so zur Wahrheit unserer eigenen Erfahrung, statt ein Glaube zu sein, den wir von anderen übernommen haben. Sind wir erst einmal bei dieser Wahrheit angelangt, dann sehen wir, daß sie facettenreich wie ein Diamant ist und daß ihre Bedeutung in jeden Winkel dessen hineinreicht, was wir als Wirklichkeit verstehen.

T'ai-chi als Meditation in Ruhe

T'ai-chi (oder T'ai-chi-ch'uan bzw. Taijichuan, wie der volle Name lautet) beinhaltet eine Abfolge miteinander verbundener Bewegungen und Haltungen, die je nach der Form, welche man übt, zwischen 10 und 20 Minuten dauert. Normalerweise werden diese Bewegungen sehr langsam ausgeführt, fast wie ein Ballett in Zeitlupe, und der Übende bewegt sich auf einer Fläche von nicht mehr als einem Quadratmeter. Ein Zuschauer mag wie gebannt sein von der Schönheit der gemessenen Bewegungen, während er zugleich rätselt, wozu um alles in der Welt sie gut sein mögen. Ist T'ai-chi Gymnastik, Tanz, Zeitlupen-Kampfkunst? Oder ist der Übende nur jemand, der seinen Verstand verloren hat?

In all diesen Möglichkeiten steckt ein Körnchen Wahrheit. T'ai-chi ist eine Art Gymnastik, eine Art Tanz, eine Form der Kampfkunst und ein Weg, seinen Verstand zu verlieren. Aber es ist eine ganz besondere Art der Gymnastik, des Tanzes oder der Kampfkunst; und es ist ein ganz besonderer Weg, den Verstand zu verlieren, denn das, was man verliert, ist der abgestumpfte, müde Alltagsverstand. T'ai-chi ist nämlich im Grunde eine Bewegungsmeditation; eine Meditation, in der

T'ai-chi als Meditation in Ruhe

der Geist die mit dem Atem synchronisierten Körperbewegungen und/oder das Kraftzentrum des Körpers zum Brennpunkt seiner Sammlung macht, das einige Zentimeter unterhalb des Nabels gelegene Tan-t'ien, um das die Bewegungen kreisen, dem sie entströmen und in das sie zurückmünden.

Das T'ai-chi soll im dreizehnten Jahrhundert, zur Zeit der Yüan-Dynastie, von dem taoistischen Priester Chang San-feng entwickelt worden sein, doch manche Legenden behaupten, es sei noch älteren Ursprungs und seine Anfänge reichten bis ins siebte Jahrhundert, bis in die Zeit der T'ang-Dynastie, zurück. Was immer daran stimmen mag, das T'ai-chi, das wir heute kennen, entstand im achtzehnten Jahrhundert zur Zeit der Ch'ing-Dynastie. Ursprünglich als Kampfkunst gelehrt – es wurde als «Langes Boxen» bezeichnet, da ein Körperkontakt zwischen den Gegnern nicht zulässig war –, unterschied es sich gleichwohl von anderen Kampfkünsten, da es eher «weich» als «hart» war. Das heißt, es basierte auf der Entwicklung und Anwendung «innerer» Energie statt auf der «äußeren» Energie gestählter, harter Muskeln und Sehnen.

Diese «innere» Energie, im Chinesischen als Ch'i (Qi) bezeichnet, gilt als die grundlegende Lebenskraft, als die immaterielle Substanz, die das ganze Universum durchdringt und alles Lebende mit Leben erfüllt. Sie soll, ähnlich wie das Prāna der Yogis, in den nicht-körperlichen Meridianen durch den Körper fließen, und sie gilt als die Energie, deren Fluß durch Akupunktur gelenkt und ausgeglichen werden kann. Es heißt, die T'ai-chi-Bewegungen seien eine innere Form der Akupunktur, eine Folge von Haltungen, die dem Fluß des Ch'i selbst folgen. Sie sollen diesen Fluß aber nicht nur ausgleichen, sondern ihn unter die bewußte Kontrolle des Übenden bringen können, so daß dieser die Kraft der Energie in jeden Teil des Körpers lenken kann, um entweder den Gegner mit einer, wie es dem Zuschauer erscheinen muß, sanften und doch blitzschnellen Berührung aus dem Gleichgewicht zu bringen oder Teile des Körpers widerstandsfähig gegen Messer, Speere und physischen Druck zu machen.

Das sind außergewöhnliche Behauptungen. Doch ich habe mit eigenen Augen die außergewöhnlichsten «Kunststücke» chinesischer T'ai-chi-Meister gesehen, die mit gewöhnlichen Mitteln kaum nachzumachen wären, selbst wenn man mit den größten Tricks arbeiten

Ruhende Meditation

würde. Beispielsweise sah ich, wie einer der Meister auf seiner Kehle einen spitzen Speer balancierte, auf dessen oberem Ende dann ein Stuhl mit einer jungen Frau ausbalanciert wurde. Das war kein Trick, um Leichtgläubige zu animieren, ihm ihre Münzen hinzuwerfen, sondern es war die seriöse Demonstration einer Technik, die nur von sehr erfahrenen Übenden ausgeführt werden kann.

Die Beherrschung des Ch'i zur Erlangung von Stärke und Gesundheit bildet immer noch die Grundlage der traditionellen chinesischen Medizin. Auf sie wird schon in Chinas ältestem medizinischen Handbuch, dem *Huang-ti Nei-ching* («Des Gelben Kaisers klassisches Buch der Inneren Medizin»), hingewiesen, das 300 Jahre v. Chr. verfaßt worden sein soll. Verweise auf den Wert der Kontrolle des Ch'i für die Kampfkunst lassen sich ähnlich weit zurückverfolgen. Diese Kontrolle wird als Ying Ch'i-Kung (Yingqigong) bezeichnet, während die konkrete, bewußte Lenkung des Ch'i in die jeweiligen Teile des Körpers Ch'i-kung (Qigong) genannt wird. Sie ist gleichermaßen von der Willenskraft wie der Kontrolle des Atems abhängig, die beide durch die T'ai-chi-Bewegungen, ergänzt durch einige mehr statische Übungen, gefördert werden.

Man sollte T'ai-chi-ch'uan bei einem Lehrer erlernen; Beschreibungen und Bilder in einem Buch genügen nicht, wenn man die Bewegungen wirklich beherrschen will. Dasselbe gilt für die eher statischen Übungen. Die meditative Philosophie, aus der T'ai-chi hervorgeht, ist die taoistische Lehre, daß das Leben selbst Bewegung ist. Alles Lebendige bewegt sich auf die eine oder andere Weise, mag die Bewegung nun als Ortsveränderung, als der Atem oder als der Vorgang des körperlichen Wachstums zum Ausdruck kommen. Wollen wir also wahre Ruhe erfahren, müssen wir lernen, sie nicht nur in der Bewegungslosigkeit, sondern mitten in der Bewegung selbst zu erleben. Bei der Meditation im Sitzen ist der Körper bis auf die schwache Atembewegung ohne Bewegung. Dies läßt uns Konzentration, Stille und Einsicht verwirklichen, doch was geschieht, wenn wir wieder aufstehen und umhergehen? Wir laufen Gefahr, das alles zu verlieren, wenn unser Geist durch körperliche Aktivität abgelenkt wird.

T'ai-chi-ch'uan ist daher ein Weg, körperliches Tun zu üben und gleichzeitig in einem meditativen Zustand verankert zu bleiben. Es hilft uns, mitten im Drunter und Drüber des täglichen Lebens der

T'ai-chi als Meditation in Ruhe

Ruhe bewußt zu bleiben. Und da es uns lehrt, uns auf ein Tun zu konzentrieren, verhilft es uns zur *Achtsamkeit* im täglichen Leben, das heißt zur Konzentration auf das, was wir gerade tun, statt uns ablenken zu lassen von den zahlreichen inneren und äußeren Reizen, mit denen wir geradezu bombardiert werden. Auf der Ebene der Einsicht ermöglicht uns T'ai-chi, sowohl des In-Ruhe-Seins, aus dem alle Bewegung hervorgeht, gewahr zu werden, als auch der Art und Weise, in der diese Bewegung bei unserem Umgang mit der Außenwelt zum Ausdruck kommt.

Es hilft uns auch, das mit dieser Bewegung einhergehenden kaum merklichen Strömens innerer Energie gewahrt zu werden, das durch körperliche Spannungen so leicht unterbunden wird. Beobachten Sie einmal einen erfahrenen Praktiker des T'ai-chi-ch'uan beim Durchqueren eines Raumes, beim Sitzen oder Stehen. Achten Sie auf seine Haltung, den sparsamen Kraftaufwand, mit dem er sich bewegt, und die ruhige Aufmerksamkeit, mit der er sich den Dingen zuwendet. Dann beobachten Sie einen Durchschnittsmenschen, und achten Sie auf den Unterschied. Die Praxis des T'ai-chi-ch'uan führt zu einem selbstsicheren, einem entspannten, gelassenen Herangehen an das Leben und gleichzeitig zu einem höchst effizienten Einsatz des Ich und der Raum-Zeit, in der es existiert. Die klassische Schrift des T'ai-chi-ch'uan, ein schmales Bändchen, überliefert von den frühen T'ai-chi-ch'uan-Meistern, sagt, daß bei jeder Bewegung des Übenden «der ganze Körper leicht und beweglich sein soll, und alle seine Teile sollen wie die Perlen auf einer Schnur miteinander verbunden sein . . . Füße, Beine und Hüfte müssen als Einheit handeln» (siehe Cheng und Smith: *Tai Chi*).

Diese Bewegung des Körpers als Einheit und nicht als Abfolge getrennter, nur von Fleisch und Knochen zusammengehaltener körperlicher Vorgänge ist das, was dem Betrachter einen Eindruck von jener Ruhe und meditativen Bewußtheit vermittelt, die ein wesentliches Merkmal fortgeschrittener T'ai-chi-Übender sind. Kein Körperteil agiert unkoordiniert, keiner liegt mit einem anderen im Streit. Statt dessen herrscht Einheit. Bei der Ausführung der einzelnen Bewegungsbilder gibt es keine Grenzen, keine Trennungen zwischen ihnen. Wie uns ein großer zeitgenössischer T'ai-chi-Meister, der verstorbene Cheng Man-ch'ing, sagt: «Die Bewegungsbilder fließen ebenmäßig vom Beginn bis zum Ende. Das Ch'i ist blockiert, wenn der Fluß

Ruhende Meditation

behindert wird... Führt die Übung durch, als ‹löstet ihr Seide von einem Kokon›...» (Cheng und Smith: *Tai Chi*).

Aber T'ai-chi umfaßt noch eine tiefere Ebene; eine Ebene, auf der der Übende noch größere Einsicht in die Ruhe erlangt. Denn im Zentrum des T'ai-chi steht das Aufgeben des persönlichen Ich, des Gefühls, von der übrigen Existenz getrennt zu sein. T'ai-chi ist eine Meditation, die direkte Einsicht in die Künstlichkeit dieses Ego gewährt, in die ganze Anmaßung, mit der es unser Leben beherrscht und von uns fordert, es zu schützen und mit dem Gefühl seiner eigenen Bedeutsamkeit zu päppeln. Von den T'ai-chi-Stellungen heißt es, sie folgten der Bewegung, mit der die Lebenskraft in die Welt und in unseren Körper einströmt; deshalb wird die Anschauung vertreten, sie selbst schälten nach und nach all die Selbsttäuschungen ab, mit denen wir dieses Ego aufbauen, von dem wir schließlich glauben, es repräsentiere das, was wir wirklich sind. Die Stellungen folgen dem «Bauplan», der unserem Sein tatsächlich zugrunde liegt, und wenn wir sie ausführen, kommt dieser ursprüngliche Plan unter unserem vertuschenden Gekritzel zum Vorschein und erzieht uns um, zunächst auf einer unbewußten, später auch auf einer bewußten Ebene.

Eine andere (vielleicht ergänzende) Erklärung besagt, daß wir uns bei der Übung des T'ai-chi der Spannungen in unserem Körper und der Künstlichkeit vieler unserer Bewegungen bewußt werden. Wir entdecken auch das› verworrene, beschränkte Denken, das sich unserem Körper aufgeprägt und zu dieser Künstlichkeit geführt hat, in jener unerbittlichen Weise, in der unser psychisches Leben seine Spuren in unserem Körper hinterläßt. Wenn T'ai-chi uns zu natürlicheren Bewegungen umerzieht, kehrt sich dieser Prozeß um, und unser Körper beginnt, unseren Geist umzuerziehen; und allmählich wandeln sich unsere Ansichten über uns, unsere Beziehungen, unser ganzes Sein. Durch das Erlernen natürlicher Körperbewegungen werden wir auch in unseren geistigen Funktionen allmählich natürlicher – etwa so, wie manche geistig behinderte Kinder allmählich geistige Fähigkeiten wiedererlangen können, wenn ihre Glieder über längere Zeit hinweg von Betreuern in einer ganz bestimmten Weise bewegt wurden.

Vielleicht sagt Ihnen auch die Erklärung zu, daß wir von Angesicht zu Angesicht dem verzogenen Kind in uns gegenüberstehen, wenn wir Zeugen unserer eigenen anfänglichen Schwerfälligkeit bei der

T'ai-chi als Meditation in Ruhe

Ausführung der Übungen werden (besonders vor anderen!) oder wenn wir unsere Unbeholfenheit bei der Übung «schiebende Hände» mitansehen müssen (bei dieser Übung arbeiten Sie mit einem Partner, und jeder versucht, den Punkt zu finden, an dem der andere die Balance verliert) – jenem verzogenen Kind, das alles besser machen will als andere, das nicht «doof» oder unzulänglich erscheinen will. Das verzogene Kind, das wir bis in unser Erwachsenenleben mit uns herumtragen und das einen bedeutenden Teil unseres Ego ausmacht. Vielleicht begegnen wir auch dem ängstlichen, verletzlichen Kind, das wir ebenfalls in uns tragen, oder dem zornigen, gereizten und rebellischen Kind.

Bei der Schiebende-Hände-Übung ist es beispielsweise fast unvermeidlich, daß Ihr Lehrer, kraft seiner größeren Erfahrung, bei der Erforschung Ihrer Körperbalance den Punkt finden wird, an dem Sie Ihr Gleichgewicht verlieren. Sie stehen bei dieser Übung Ihrem Lehrer gegenüber, und Sie berühren sich nur mit den Händen. Ihr Lehrer hält eine Hand, mit der Handfläche nach innen, ein paar Zentimeter vor seiner Brust, und Sie schieben diese Hand sanft gegen die Brust, bis Sie den Punkt erreichen, an dem Ihr Lehrer – da bei dieser Übung die Füße nicht bewegt werden dürfen – seinem Körper erlauben muß, nachzugeben und sich zu drehen, da er sonst das Gleichgewicht verlieren und nach hinten fallen würde.

Haben Sie Ihr Schieben abgeschlossen (es endet dann, wenn Sie bei der Vorwärtsbewegung selbst Gefahr laufen, Ihre Balance zu verlieren), tauschen Sie die Position der Hände. Jetzt ist Ihr Lehrer an der Reihe, Ihre Hand in Ihre Richtung zu schieben und zu erforschen, wo sich Ihr schwacher Punkt befindet. Denn so sehr Sie auch versuchen, den Körper so zu drehen, wie Sie das eben bei Ihrem Lehrer gesehen haben, Ihr Lehrer wird sanft, aber treffsicher die Stelle in Ihrer Brust finden, die sich nicht zu entspannen vermag, die nicht weich werden und nachgeben kann. Es ist die Stelle, die sich in die Enge getrieben fühlt oder wütend ist und die auf einer körperlichen Ebene manifestiert, was Sie in Ihrem Geist erfahren.

Nur wenn Sie lernen, diesen Bereich zu entspannen, wenn Sie alle Gedanken an Ihr Ich aufgeben und Ihre ganze meditative Sammlung auf den Druck der anderen Hand richten, wird Ihr Körper leicht nachgeben, er wird sich drehen und bewegen, und Sie werden nicht mehr so leicht umfallen. Erst dann haben Sie gelernt, das Ich und das, was es repräsentiert, loszulassen, und Sie werden vollkommen gegenwärtig sein in jedem Moment und in all dem, was in jedem Augenblick geschieht.

Und in dieser vollkommenen Präsenz im Augenblick werden Sie bei dieser Übung das In-Ruhe-Sein finden. Im *Mumonkan* («Die torlose Schranke»), einer Sammlung von Zen-Kōan (mehr über Kōan im 8. Kapitel), wird von zwei Mönchen erzählt, die eine im Wind flatternde Fahne beobachten. Der erste Mönch vertritt den Standpunkt, es sei die Fahne, die sich bewege; doch der zweite behauptet, es sei der Wind. E'nō, der sechste Patriarch des Zen, kommt zufällig an den beiden vorbei, und ihre Auseinandersetzung mit anhörend sagt er: «Nicht die Fahne, nicht der Wind; der Geist bewegt sich.» Von allen Zen-Kōan ist dies eines der zugänglichsten. Es ist tatsächlich der Geist, der sich bewegt, und nur wenn der Geist in Ruhe ist, kann wahre Einsicht emporsteigen. Der Buddha lehrte:

> Tue Gutes,
> enthalte dich des Bösen,
> befriede den Geist.
> Das ist der Weg des Buddhas.

Ruhe im Yoga

Ich möchte mich nun einer dem T'ai-chi ähnlichen, das heißt ebenfalls körperlich orientierten meditativen Disziplin zuwenden, dem Hatha-Yoga.

Im 3. Kapitel zitierte ich Patañjali, der das Zur-Ruhe-Kommen des Geistes als «Aufhebung der Bewegung des Geistes» bezeichnete. Patañjalis *Yoga-Sūtras*, die irgendwann zwischen 400 v. Chr. und 400 n. Chr. niedergeschrieben wurden (die Ansichten der Gelehrten unterscheiden sich hier beträchtlich), stellen einen der besten kurzen Leitfäden der Meditation dar, die jemals geschrieben wurden. Der Begriff *Yoga* (der aus derselben Sanskrit-Wurzel hervorgegangen ist wie das englische Wort *yoke* und das deutsche Wort «Joch» und hier «Vereinigung mit dem Göttlichen» bedeutet) bezieht sich nicht nur

Ruhe im Yoga

auf den Hatha-Yoga, sondern auf mehrere vielfach ineinandergreifende spirituelle Wege.

Hatha-Yoga: Der Yoga des Körpers; hierbei praktiziert man die bekannten Yoga-Āsanas, um Kontrolle über die Ströme der Lebensenergie im Körper zu erlangen und um dem Geist einen Brennpunkt der Sammlung zu geben.

Karma-Yoga: Der Yoga der guten Werke; hierbei gibt man sich ganz dem Dienst an anderen hin, ohne einen Gedanken an Belohnung zu hegen.

Bhakti-Yoga: Der Yoga der Hingabe; hierbei gibt man sich unbeirrbar der Verehrung Gottes hin.

Jñāna-Yoga: Der Yoga der Erkenntnis; hierbei arbeitet man zunächst daran, die tieferen spirituellen Wahrheiten zu erlernen und zu verstehen, und daran anschließend sucht man die eigene den Wahrheiten entsprechende intuitive Weisheit zu erwecken.

Jeder dieser Yoga-Wege führt, wenn er mit Hingabe geübt wird, zu demselben Ziel: dem Aufgeben des individuellen Ich und der Einsicht, daß man selbst Teil jener Einheit ist, die die gesamte Schöpfung umfaßt. Und jeder dieser Wege birgt Rāja-Yoga in sich, den Yoga der Meditation. Unabhängig davon, ob man mit dem Körper arbeitet, anderen dient, sich der Verehrung Gottes hingibt oder der intuitiven Weisheit widmet, sammelt man den Geist auf einen alles überragenden, alles umfassenden Punkt und bringt auf diese Weise die unablässige Beschäftigung mit dem eigenen Ich zur Ruhe.

Yogacarya Krpālvanand vertritt in seinem Buch *Science of Meditation* die Meinung, daß Hatha-Yoga und Karma-Yoga die notwendigen Voraussetzungen für die Entwicklung der höheren Ebene des Jñāna-Yoga schaffen, das sie zur Beherrschung der Sinnesorgane führen. Er meint damit, daß man sein geistiges oder spirituelles Ich nicht entfalten kann, bevor man das körperliche Ich beherrscht, denn das körperliche Ich – die Sinne und die damit einhergehenden sinnlichen Begierden – wird den Suchenden unweigerlich ablenken und Lebensenergien

Ruhende Meditation

verbrauchen, die dem Streben nach spirituellem Wachstum gewidmet sein sollten.

In der Sprache der westlichen Psychologie würden wir sagen, daß das Verlangen nach sinnlicher Befriedigung die Kraft unserer Motivation und Aufmerksamkeit von der geistigen, spirituellen Seite des Lebens ablenkt. Doch ganz gleich, welche Sprache wir benutzen, die Botschaft ist eindeutig. Die Praxis von Karma- und/oder Hatha-Yoga entwickelt die Sammlung, Stille und Einsicht, durch die es zu spiritueller Entwicklung kommt, in deren Gefolge sich die Weisheit einstellt.

Ob wir nun unser sinnliches Verlangen durch Dienst an anderen besiegen wie im Karma-Yoga oder ob wir wie beim Hatha-Yoga direkt daran arbeiten, sinnliche Energie in spirituelle umzuwandeln, wir müssen erkennen, daß wir in einer physischen Welt leben und Teil von ihr sind. Wir müssen uns in rechter Weise darum bemühen, unser Leben in dieser Welt in Ordnung zu bringen, wenn wir zu den höheren Ebenen geistiger und spiritueller Wahrheit aufsteigen wollen.

Es gibt eine direkte Parallele zwischen dieser Lehre und der Empfehlung des Buddha, die ich im letzten Abschnitt zitiert habe. Dort sind «Tue Gutes» und «Enthalte dich des Bösen» dem «Befriede deinen Geist» vorangestellt. Um Ihr geistiges Ich reinigen zu können, müssen Sie an Ihrem körperlichen Ich arbeiten und es reinigen. Unterlassen Sie das, wird dies nicht nur das Fortschreiten erschweren, sondern kann auch zu einer falschen Art von Fortschritt führen. Viele spirituelle Pilger, die mit den besten Absichten aufbrachen, sind aus der Gnade gefallen, weil sie die besonderen Kräfte, die sie im Laufe ihrer spirituellen Praxis erwarben (siehe 9. Kapitel), anwendeten, ohne sichergestellt zu haben, auch auf der ethischen Ebene so weit zu sein, diese Kräfte in rechter Weise anzuwenden.

Die Anleitung des Buddha ist besonders hilfreich, weil sie als ersten Schritt «Tue Gutes» nennt. Selbst wenn es Ihnen noch nicht möglich ist, vom Bösen (das heißt von unbesonnenem, ichbezogenen Verhalten) abzulassen, so können Sie daneben doch wenigstens Gutes tun. Allmählich werden dann die guten Taten den Geist umerziehen und ihn den verblendeten Charakter und die Sinnlosigkeit des bösen Tuns erkennen lassen; und diese Taten werden ihren Einfluß verlieren. Anhänger des Vedānta wie zum Beispiel Kripālvanand vermitteln uns dieselbe Lehre; nur daß uns beim Hatha-Yoga wie beim T'ai-chi eine

Reihe von Körperhaltungen zur Verfügung stehen, die den Prozeß der Transformation beschleunigen sollen.

Hatha-Yoga

Im 1. Kapitel erwähnte ich Desmond Dunnes Buch über Hatha-Yoga, *Yoga Made Easy*, das mein aktives Interesse an der Meditation weckte. Doch so seltsam, wie es manchmal im Leben zugeht, war es schließlich ein T'ai-chi-Lehrer, nicht ein Yoga-Lehrer, der mich in die ruhende Meditation, die durch die Bewegung des Körpers erlangt wird, einführte. Doch ich war trotzdem über viele Jahre hinweg sehr eng mit dem Hatha-Yoga, mit Hatha-Yoga-Lehrern und Übenden verbunden, und ich entdeckte, daß sich zwar die Sprache und die Symbole des T'ai-chi und des Hatha-Yoga voneinander unterscheiden, es aber große Ähnlichkeiten gibt in dem, was sie anstreben. (Es gibt sogar eine Abfolge bewegter Hatha-Yoga-Stellungen – das «Sonnengebet» –, die dem T'ai-chi in einigen seiner subtileren Aspekte ähnelt.)

Im Hatha-Yoga wird besonderer Nachdruck darauf gelegt, uns ein Bild davon zu geben, wie diese Lebensenergie – das Ch'i oder Prāna – sich im Körper tatsächlich verhält. Dieses Bild zeigt uns sieben nichtphysische Energiezentren, Chakras genannt (*chakra*, ein Sanskrit-Wort, bedeutet «Rad»), die sich am unteren Ende der Wirbelsäule, über der Milz, über dem Solarplexus, in der Herzgegend, vorn am Kehlkopf, zwischen den Augenbrauen und über dem Scheitelpunkt des Kopfes befinden. Diese Zentren sind nicht nur Brennpunkte des Prāna, sondern sie sind auch die Verbindung zwischen dem physischen und dem feinstofflich-ätherischen Körper, von dem die Yoga-Philosophie sagt, daß er den physischen Körper durchdringe und das Medium sei, durch das die Lebensenergie tatsächlich hindurchströmt. (Darüber hinaus heißt es von diesem ätherischen Körper, daß er die Brücke bilde zwischen dem physischen und dem spirituellen Körper. Seine Existenz ist seit undenklichen Zeiten in vielen Kulturen bekannt – die alten Ägypter nannten ihn Ka und stellten ihn symbolisch als einen Vogel mit Menschenkopf dar.)

Vom Standpunkt der Meditation aus betrachtet, ist es von noch größerer Bedeutung, daß ein großer Teil der Lebenskraft durch das

Ruhende Meditation

Mūlādhāra-Chakra am unteren Ende der Wirbelsäule eintritt. Dieses Chakra kontrolliert unsere «gröberen» körperlichen und sexuellen Energien. Um den Körper zu erhalten, fließt die Lebenskraft von dort aus durch zwei Kanäle, Idā und Pingalā, durch die Mitte des Körpers hinauf zu den anderen Chakras. Ist der Energiefluß in diesen beiden Kanälen im Gleichgewicht, dann bleibt der Körper gesund. Die Yoga-Āsanas dienen zum Teil dazu, dieses Gleichgewicht aufrechtzuerhalten. Es gibt aber noch einen dritten Kanal, Sushumnā genannt, der zwischen Idā und Pingalā emporsteigt und um den herum die beiden sich winden, fast wie die Schlange, die sich um den Caduceus oder Merkurstab winden (der im Westen zum Emblem der Heilkunst wurde).

Die Lebenskraft, die durch das Mūlādhāra-Chakra in den Körper gelangt, enthält mehr Energie, als der Körper tatsächlich braucht. Diese Energie wird am unteren Ende der Wirbelsäule gespeichert und von den Yogis als zusammengerollte, schlafende Schlange symbolisiert. Durch das intensive Üben der Āsanas, verbunden mit der Kontrolle des Atems *(prāṇāyāma)* und bestimmten Visualisierungen (mehr über diese Übungen im 7. Kapitel), kann diese schlummernde Energiereserve, die Kundalinī, erweckt werden und durch die Sushumnā emporsteigen. Sie läßt nacheinander alle Chakras erstrahlen, bis sie schließlich im Scheitel-Chakra, dem «Tausendblättrigen Lotos», zur Erleuchtung aufblüht.

Diese Begriffe sind natürlich symbolisch zu verstehen. In unserer westlichen Sprache würden wir sagen, daß die Energie, die im allgemeinen nur im physischen Bereich Anwendung findet, in spirituelle Energie umgewandelt wird und es so dem einzelnen möglich wird, sich von der animalischen zur spirituellen Seite seiner Natur zu erheben.

In dieser Umwandlung liegen aber auch Gefahren, wie uns im Yoga gelehrt wird. Steigen diese gespeicherten Energien nicht durch die Sushumnā, sondern durch Idā oder Pingalā auf, dann ist keine dieser beiden Kanäle stark genug, sie aufzunehmen, und das kann zum Wahnsinn oder zum Tode führen. Dies scheint ein eigenartiger Aspekt der Yoga-Lehre sein, aber er basiert auf jahrtausendelanger Beobachtung. Wir können diesen Aspekt verwerfen, wenn wir wollen, doch zumindest ist er für uns eine hilfreiche symbolische Erinnerung daran, daß wir unsere niedere, physische Natur vorbereiten müssen, wenn wir zu höheren, spirituellen Ebenen aufsteigen wollen. Wir müssen Gutes tun und uns des Bösen enthalten; wir müssen Hatha- und Karma-Yoga praktizieren – in welcher Weise wir diese beiden Yoga-Formen der körperlichen Aktivität auch immer interpretieren mögen –, ehe der Körper zu einem geeigneten Gefäß für das ganze Reservoir der spirituellen Kraft werden kann.

Kundalinī-Meditation

Angesichts der Gefahren, die ein allzu jähes und die Regeln mißachtendes Wecken der Kundalinī-Energie in sich birgt, sollte jede intensive Beschäftigung damit nur unter der Anleitung eines erfahrenen Lehrers erfolgen. Aber es gibt eine sanfte Kundalinī-Übung, die ohne Risiko durchgeführt werden kann. Sie will ich im folgenden beschreiben. Um sie anwenden zu können, muß allerdings die Fähigkeit zur Visualisierung gut entwickelt sein (siehe 7. Kapitel).

Nehmen Sie Ihre gewohnte Sitzhaltung für die Meditation ein, und führen Sie die zweite Prāṇāyāma-Übung (siehe Kasten 4, S. 58 f.) aus. Sind Sie gesammelt und zentriert, so fahren Sie mit der Übung fort, während Sie gleichzeitig einen leuchtenden Kanal (die Sushumnā) visualisieren, der vom unteren Ende Ihrer Wirbelsäule her – visualisiert als ein Punkt tief in Ihrem Unterleib, etwa vier Fingerbreit unterhalb des Nabels – an deren Vorderseite entlang bis hinauf zum Scheitelpunkt führt. Fügen Sie nun noch eine W-förmige Abzweigung am unteren Ende der Wirbelsäule hinzu; sie besteht aus Idā und Pingalā, den beiden äußeren Kanälen, und Sushumnā in der Mitte. Idā und Pingalā führen vom rechten und linken Nasenloch her aufwärts zum Scheitel und abwärts zur Vereinigung mit der Sushumnā (siehe Abbildung 1). Spüren Sie, wie die Energie mit jedem Atemzug durch diese beiden Kanäle fließt und den Bereich öffnet, wo beide Kanäle mit der Sushumnā zusammentreffen, während Sie gleichzeitig die schlafende Kundalinī zu einem Stückchen Glut von Samenkorngröße erwecken.

Haben Sie diese Visualisierung klar vor Augen, ziehen Sie sachte die Muskeln des Afters und des Beckenbodens zusammen, und halten Sie die Spannung. Schlucken Sie unmittelbar nach dem nächsten Einat-

Ruhende Meditation

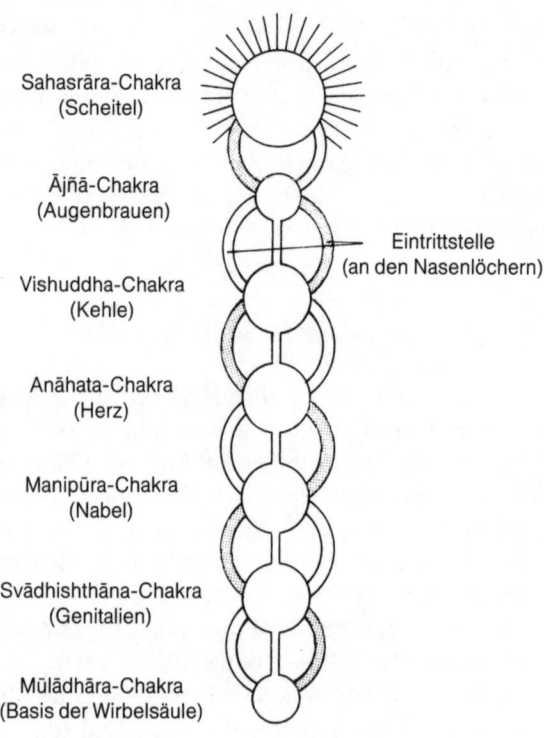

Abbildung 1: *Sushumnā, Idā und Pingalā mit den sieben Chakras.*
(Bei der Visualisierung kann man sich die beiden äußeren Kanäle an jeder Seite der Wirbelsäule aufsteigend vorstellen, statt daß sie sich um diese winden.)

men, und drücken Sie sanft mit den Muskeln des Zwerchfells nach unten. Dabei halten Sie den Atem so lange an, wie es Ihnen angenehm ist. Visualisieren Sie nun, wie die Hitze der Kundalinī-Glut infolge dieser komprimierten eingeatmeten Energie immer größer wird.

Entspannen Sie beim nächsten Ausatmen alle Muskeln, während Ihre Konzentration weiterhin auf die heiße Glut am unteren Ende der Wirbelsäule gerichtet bleibt. Nehmen Sie wahr, wie die erhitzte Luftenergie durch die Sushumnā bis zu Ihrem Scheitel aufsteigt und dabei alle Hindernisse auflöst. Wiederholen Sie diesen Vorgang bei den folgenden sechs Ein- und Ausatmungen, wobei die Glut am Ende der Wirbelsäule mit jedem Mal heißer wird. Beim siebten Ausatmen

Kundalinī-Meditation

visualisieren Sie, wie die Glut aufflammt und diese Flamme langsam durch die Sushumnā nach oben steigt, nacheinander durch alle Chakras, die Sie sich als hängende Lotosblumen mit geschlossenen Blüten vorstellen. In dem Augenblick, in dem die Kundalinī eine der Lotosblumen erreicht, richtet sich diese auf, und die Blüten öffnen sich dann in der folgenden Reihenfolge (die angegebenen Farben weichen in den verschiedenen Systemen voneinander ab):

Das *Mūlādhāra*-Chakra: Es liegt minimal über dem unteren Ende der Wirbelsäule. Die sich öffnende Lotosblume enthüllt in der Mitte eine Scheibe, die von vier Blütenblättern umgeben ist; alle in einem leuchtenden Rot.

Das *Svādhishthāna*-Chakra: Es liegt im Bereich der Genitalien; die Lotosblüte ist sechsblättrig und zinnoberrot.

Das *Manipūra*-Chakra: Es liegt in der Nabelgegend; die zehnblättrige Lotosblume ist scharlachrot und grün.

Das *Anāhata*-Chakra: Es liegt in der Herzgegend; die Lotosblume ist zwölfblättrig und aus strahlendem Gold; sie erweckt Ihre spirituellen Kräfte.

Das *Vishuddha*-Chakra: Es liegt im Bereich des Kehlkopfs; der Lotos ist sechzehnblättrig, silbrig-blau und weckt Ihre mystischen Kräfte.

Das *Ājñā*-Chakra: Es liegt etwas oberhalb der Augen zwischen den Augenbrauen; die zweiblättrige Blüte ist von strahlendem Weiß und sendet Licht aus, das um Ihren Kopf eine Aura bildet; sie weckt Ihr göttliches Verstehen.

Das *Sahasrāra*-Chakra: Es liegt über dem Scheitelpunkt des Kopfes; hier endet die Sushumnā, und die Kundalinī explodiert zu einem tausendblättrigen Lotos, einem Meer von Licht, in dem der Meditierende sein kleines Ich abstreift und eins wird mit der universalen Wahrheit.

Ruhende Meditation

Die Erfahrung dieser letzten Stufe hält einige Sekunden, vielleicht aber auch bis zum Ende der Meditation an. Verblaßt sie, steigt das silberne Licht durch die Sushumnā wieder hinunter, bis es auf die feurige Glut im Unterleib trifft. Nun kommt es zu einem zweiten Ausbruch von Glückseligkeit, der den Meditierenden erdet, mit Energie erfüllt und für die Rückkehr ins normale Leben bereit macht.

Diese Übung muß normalerweise über mehrere Monate hinweg regelmäßig wiederholt werden, bevor der Meditierende das eben beschriebene Gefühl aufsteigender Energie erlebt. Versuchen Sie nicht, diesen Prozeß gedanklich vorwegzunehmen. Konzentrieren Sie sich zunächst darauf, das Gefühl der heißen Glut in Ihrem Unterleib stärker werden zu lassen, und richten Sie Ihre Aufmerksamkeit auf das Gefühl der Hitze, die aufsteigt und die Sushumnā von Blockierungen befreit. Erst wenn diese Visualisierung (mit den sie begleitenden Wärmeempfindungen) ganz deutlich ist, sollten Sie sich dem tatsächlichen Aufsteigen der Energie zuwenden.

Es ist interessant festzustellen, daß in vielen großen Religionen die Vorstellung von einer aufsteigenden physischen Energie besteht, die sich mit spiritueller Energie vereinigt und ein plötzliches Aufbrechen der Erleuchtung hervorbringt. Weitere Beispiele finden Sie im 9. Kapitel, in dem die westlichen Traditionen der Alchimie und der Kabbala beschrieben werden. Andere Beispiele finden Sie in dem hier anschließenden Kasten. In allen Fällen kann aber die Übung nur dann erfolgreich verlaufen, wenn der Meditierende zuerst durch die Entwicklung von Sammlung und Stille Körper und Geist reinigt und dem Rat des Buddha folgt, Gutes zu tun und sich des Bösen zu enthalten.

Andere Formen des Körper-Yoga

Es gibt viele andere Möglichkeiten, die Körperhaltungen zu üben, die die spirituelle Philosophie des Hatha-Yoga widerspiegeln. Neben T'ai-chi erfüllen andere Kampfkünste wie Aikidō diesen Zweck (siehe dazu Peter Payne: *Martial Arts: The Spiritual Dimension*). Auch im tibetischen Buddhismus werden entsprechende Haltungen gelehrt, wie von Ngakpa Chögyam in *Reise in den inneren Raum* und Peter

Andere Formen des Körper-Yoga

KASTEN 7:

Die innere Hitze aufsteigen lassen

Die tibetische Tumo-Praxis, das «Aufsteigenlassen der inneren Hitze», hat große Ähnlichkeit mit der Kundalinī-Meditation und wird auch als «Göttin Kundalinī» bezeichnet. Die schlafende göttliche weibliche Kraft vereinigt sich mit dem männlichen Devatā-Prinzip, das im Tausendblättrigen Lotos seinen Sitz hat. Wird die Übung erfolgreich durchgeführt, verwandelt sich der grobstoffliche Körper in den *Regenbogenkörper*. Dieser bezeichnet einen Zustand, in dem das Bewußtsein den Körper nach Belieben verlassen können soll, besonders im Augenblick des Todes. (Denken Sie an den biblischen Propheten Elia, der in einem «feurigen Wagen», dem Symbol strahlender Herrlichkeit der verwandelten Form, zum Himmel auffuhr.)

Es gibt objektive Beweise für die physische Wirksamkeit der Tumo-Praxis. Man hat Mönche nach dem Abschluß dieser Schulung «getestet»: Sie saßen über Nacht auf dem Eis eines zugefrorenen Flusses, während bis zu neun in eiskaltes Wasser getauchte Tücher auf ihren nackten Körpern trockneten. Die sehr komplexe Tumo-Praxis (deren Erlernen einen geeigneten Lehrer erfordert), ist in W. Evans-Wentz' monumentalen Werk *Tibetan Yoga and Secret Doctrines* ausführlich beschrieben. Die Details sind zu umfangreich, um sie hier wiederzugeben. Sie beschreiben, wie die Energie am unteren Ende der Wirbelsäule geweckt wird und durch die Chakras aufsteigt, bis sie über dem Scheitelpunkt den Tausendblättrigen Lotos erreicht. Eine ähnliche Praxis wird in dem taoistischen Text *Geheimnis der Goldenen Blüte* (übersetzt von Richard Wilhelm) dargestellt. Die Sprache dieses Buches ist sehr poetisch. Hier ein Beispiel:

Ruhende Meditation

> Indem das lodernde Feuer das Wasser des Abgründigen verdampft, so wird der Wasserdampf erhitzt, und wenn er den Siedegrad überschritten, so steigt er in die Höhe wie fliegender Schnee... Der Weg führt vom Kreuzbein nach oben in rückläufiger Weise bis zum Gipfel des Schöpferischen... dann geht er abwärts... in rechtläufiger Weise in das Sonnengeflecht... Darum heißt es: »Am Himmel wandelnd ißt man die Geisteskraft des Empfangenden« ... wie sollte es sonst gelingen, diese Reise ins Weite antreten zu können?... Darum heißt es: «Und des Geheimnisses noch tieferes Geheimnis: Das Land, das nirgends ist, das ist die wahre Heimat.»[9]

Carl Gustav Jung schreibt in seinem Vorwort zum *Geheimnis der Goldenen Blüte,* er habe, bevor Wilhelm dieses Buch dem westlichen Leser zugänglich machte, «keinen annehmbaren Vergleich» mit seiner Theorie vom kollektiven Unbewußten (siehe 2. Kapitel) finden können, außer einigen wenigen verstreuten Hinweisen in der Literatur des Gnostizismus. Wilhelms Text, so schreibt er, enthielt «genau jene Teile, nach denen ich vergeblich gesucht hatte». Für Jung ist das Geheimnis der Goldenen Blüte und damit das Geheimnis der symbolischen Wahrheit, die dem Kundalinī-Yoga zugrunde liegt, die Vereinigung des individuellen Bewußtseins mit dem kollektiven Unbewußten. Es ist der Zusammenbruch der Schranke, die Frauen und Männer von ihrem spirituellen Geburtsrecht fernhält; jener Schranke, die die Illusion des voneinander Getrenntseins aufrechterhält.

Jung äußerte sich in ähnlicher Weise über die tibetischen Schriften, die dem Westen ein paar Jahre später von Evans-Wentz zugänglich gemacht wurden. Die Notwendigkeit, diese profunden östlichen Meditationspraktiken ernstzunehmen, kann von Seiten der westlichen Psychologen kaum deutlicher und eindringlicher unterstrichen werden.

Andere Formen des Körper-Yoga

Kelder in *Die fünf Tibeter* beschrieben (auch wenn Kelders Behauptungen von den außergewöhnlichen körperlichen Erfolgen bei den beschriebenen Übungen nicht unbedingt für bare Münze genommen werden sollten).

Ein weiteres Beispiel ist das Sich-im-Kreise-Drehen und Herumwirbeln der Derwische (eine der Schulen des islamischen Sufismus). Diejenigen, die diese drehenden Bewegungen einmal beobachten konnten, berichten nicht nur von der Faszination dieser Bewegungen, sondern auch von einer stark empfundenen Ruhe in der Bewegung. Meine eigene Reaktion war ein Gewahrwerden der ruhenden Mitte, die das Herz all des wirbelnden Geschehens in der Schöpfung ist, die unwandelbare Achse, um welche diese vergängliche Welt des Wandels, Wachstums und Verfalls sich ewig dreht, das Eine, aus dem die Vielheit hervorgeht, der Quell, der immerfort Bewegung ausstrahlt und in sich zurücknimmt.

Reshad Feild, einer der wenigen westlichen Menschen, welche die Derwisch-Tradition aus erster Hand kennenlernen konnten, berichtet im folgenden von dem Wirbeltanz eines Derwisch:

> Er begann sich zu drehen; zuerst langsam, während seine Arme vor der Brust gekreuzt waren. Ganz allmählich wurde die Drehung schneller. Als der junge Mann seine Arme ausbreitete, steigerte sich der Rhythmus, und das Trommeln wurde immer intensiver... (er) war vollkommen im Gleichgewicht, sein Kopf war leicht nach hinten, etwas zur linken Seite geneigt. Seine Augen glühten... auf dem Höhepunkt der Intensität hörte der Derwisch ganz plötzlich auf, sich zu drehen. Ihm schien überhaupt nicht schwindlig zu sein. Er hielt nur einfach an, kreuzte seine Arme vor der Brust und verbeugte sich tief.[10]

Feild beschreibt, daß der Derwisch, sobald er schneller wird, die verschränkten Arme öffnet und ausbreitet; die linke Handfläche weist nach oben, um Gottes Gnade zu empfangen, und die rechte Handfläche nach unten, um diese Gnade an die Erde weiterzuleiten. Während der Derwisch sich dreht, ist sein Geist in meditativer Sammlung auf Gott gerichtet und auf das Bewußtsein, daß er sich mit seinen Drehungen – vollkommen in Ruhe und vollkommen in seiner Ausrichtung – immer Gott entgegendreht... immer Gott entgegen.

Bewegung – die östliche und die westliche Sicht

Es ist interessant, einmal die östliche und die westliche Einstellung zur körperlichen Bewegung miteinander zu vergleichen: Hier ein meditativer Hintergrund, wie er uns an den Derwischen und Yogis und anderen östlichen Schulen erkennbar wird, dort die Auffassung, körperliche Übung sei vor allem dazu da, Muskeln und Gelenke gebrauchsfähig zu halten und den Körper zu ertüchtigen. Eine geistige oder spirituelle Dimension können wir noch am ehesten da entdecken, wo Körperübungen zur Förderung der Entspannung und zur Streßverminderung eingesetzt werden. Das spiegelt nicht nur unsere materialistische Lebensanschauung wider, sondern auch die Tatsache, daß westliches religiöses Denken den Körper vornehmlich als Hindernis auf dem Weg zu spirituellem Wachstum betrachtet hat und ihn durch Askese, Verleugnung und sogar durch die Exzesse der Selbstgeißelung und «Ertötung» zu unterwerfen suchte.

Die Vorstellung, den Körper durch körperliche Übungen zu bestrafen, ist so tief in die westliche Psyche eingegraben, daß wir immer noch meinen, das Üben müsse wehtun, wenn es helfen soll. Vom Sportunterricht in den Schulen bis zu den Leistungen der Sportler bei den Olympischen Spielen – der Körper muß hart rangenommen werden, bis er aufschreit; er muß an die Grenzen seines Vermögens getrieben und auf den ihm zustehenden Platz als Sklave des Willens verwiesen werden. Es wird kaum gesehen, daß Körperbewegungen zu allermindest leicht und vergnüglich sein können und im günstigsten Fall eine Art Meditation sind, die zu psychischem und spirituellem Wachstum führt. Selbst da, wo die Schönheit der Bewegung besonders betont wird wie im Ballett, muß sich der Übende immer noch einem intensiven, geisttötenden Training unterziehen, um den geforderten «Standard» zu erreichen.

Es stimmt zwar, daß körperliche Betätigung bei den kälteren klimatischen Bedingungen, unter denen die westlichen Zivilisationen im allgemeinen leben, dazu dient, den Körper warmzuhalten, was zum

Bewegung – die östliche und die westliche Sicht

Beispiel in Indien, der Heimat des Hatha-Yoga, nicht nötig ist. Doch wird niemand die Notwendigkeit bestreiten, sich in einem Land wie Tibet warmzuhalten; die Tibeter aber haben niemals die westliche Philosophie der Bewegung als – im wesentlichen – Selbstbestrafung geteilt. Selbst da, wo das Training größere körperliche Disziplin und Hingabe erfordert (wie in den Kampfkünsten des Fernen Ostens), wurde stets anerkannt, daß darin eine spirituelle Dimension liegt, in der es um Tun im Nicht-Tun, um Ruhe in der Bewegung geht. Auch in den «harten» Kampfkünsten wie Kendō oder Karate wird dem Übenden vermittelt, daß die Quelle, aus der alles Tun hervorgeht, die vollkommene Ruhe des Geistes ist. Der Übende konzentriert sich in intensiver, gedankenfreier Bewußtheit auf den Gegner, bereit, um den Bruchteil einer Sekunde eher in Bewegung zu sein als dieser.

Joe Hyams, ein Amerikaner, der 25 Jahre bei führenden Kampfkunst-Spezialisten lernte, zitiert einen seiner Lehrer, der ihm sagte: «Geduld und innere Stille müssen Übereifer und hektischen Aktionismus ablösen. Unter den besten Kampfkünstlern entscheidet ein einziger Fehler.» Hyams beobachtete zwei dieser Meister, und er schreibt:

> Ich war gekommen in Erwartung eines großartigen Schauspiels wirbelnder Akrobatik und fliegender Gliedmaßen. Statt dessen sah ich zwei Männer in Kampfposition, die einander minutenlang wachsam studierten. Anders als beim Boxen gab es keine Finten oder Probeschläge. Die meiste Zeit standen die Meister still wie Marmorfiguren. Plötzlich machte einer von beiden eine so schnelle Bewegung, daß ich nicht mitbekam, was geschehen war, obwohl der andere rückwärts flog. Der Kampf war beendet, und die beiden Meister verbeugten sich voreinander.[11]

C. W. Nicol, ein Waliser, der in Japan fünf Jahre lang intensiv Judō und Karate trainierte, beschreibt das Verhalten der Meister, bei denen er lernte, auf ganz ähnliche Weise:

> In vollkommener Ruhe strahlten sie Kraft aus... Ich dachte an Reiher in der regungslosen Haltung der Bereitschaft, im nächsten Moment einen Fisch aufzuspießen; an Falken hoch in der Luft, zum Sturzflug bereit, an eine Katze, die geduldig vor einem Mauseloch

Ruhende Meditation

wartet. Was meine Lehrer demonstrierten, war Kraft in der Ruhe, und doch war es mehr, viel mehr. Ich versuche es mit Worten festzuhalten, aber es entzieht sich mir. «Vollkommener Schliff» ... «reiner Geist bleiben» ... das muß ausreichen.[12]

Neben der notwendigen tiefen Sammlung, die hinter dieser Ruhe liegt, wird hier, wie im T'ai-chi, die Lenkung der inneren Energie, des Ch'i (japanisch Ki), betont. Beobachten Sie die Ruhe, in der ein Karate-Übender verharrt, bevor er blitzschnell in Aktion tritt und einen Ziegelstein mit der bloßen Handkante zerschmettert. In diesem Augenblick der Ruhe leitet der Geist die Energie zu diesem einen Moment der Kraftentladung. Die Bewegung kommt aus der Ruhe, und einen Augenblick später, wenn die Aufgabe vollbracht ist, wird sie wieder von der Ruhe aufgesogen.

Es wäre falsch anzunehmen, diese Demonstration von Energie in den Kampfkünsten deute darauf hin, daß der Übende bereits die tiefe Ruhe auf der Ebene der meditativen Einsicht erlangt hätte, das «Aufhören», von dem mein Ch'an-Lehrer sprach. Die Stille hier ist der Pfad, die Methode, nicht so sehr die Frucht, das Resultat des Pfades.

Denken wir jedoch an Dōgens Lehre, wie sie weiter oben beschrieben wurde, so werden wir uns daran erinnern, daß der Pfad und die Frucht des Pfades nicht als verschieden angesehen werden dürfen. Im Zur-Ruhe-Kommen des Geistes, das in der Kampfkunst erreicht wird, erfährt der Übende auch etwas von der Ruhe, die alle Ruhe umfaßt, von der Frucht, die den Pfad hervorbringt, dem Ziel, das gleichzeitig der Weg zum Ziel ist.

Ausblick

Bei der ruhenden Meditation liegt die Betonung auf einer Verlangsamung der fieberhaften Aktivität des Geistes und damit auf dem Erlangen von Stille, dem die Einsicht in das In-Ruhe-Sein selbst folgt. Ruhe ist die undifferenzierte Einheit, an der wir alle teilhaben, und sie ist deshalb so in Ruhe, weil es keine relative Bewegung zwischen den Dingen gibt. Sie sind alle in *einer* Bewegung oder alle in *einem* Zustand der Ruhe – wie man es betrachtet. Natürlich ist «Ruhe» nur eine

Ausblick

Metapher; doch ist sie gut geeignet, einen Zustand zu bezeichnen, in dem alles bereits vorhanden ist, vollständig in sich selbst und vollkommen in seiner Vollständigkeit. Es gibt nichts, was diesen Zustand stören könnte – keinen Aufruhr, keine Verwirrung, keine Unsicherheit. Wie könnte das auch sein, da es nichts gibt, das sich nicht in diesem Zustand befindet.

Wenn Sie mit dieser Metapher nicht recht glücklich sind, dann macht das nichts. Es ist nur eine Metapher. Und letztlich müssen wir alle unsere eigene Metapher finden. In dem Augenblick, in dem wir uns mit unserem menschlichen Bewußtsein etwas vorstellen, beschränken wir es schon. Und daher ist unsere Vorstellung niemals der Gegenstand selbst, noch kann sie es jemals werden. Metaphern, Mythen und Legenden sind – so sieht es der Osten – einfach nur der Finger, der zum Mond weist; ein Finger, der niemals mit dem Mond verwechselt werden darf. Das ist nun eine weitere Metapher; sie bewahrt uns aber davor, in das Dogma zurückzufallen, das behauptet zu *wissen*.

Der Buddha, der größte aller Meditationslehrer, hat, soviel ist deutlich, ein solches Dogma stets vermieden und statt dessen einen Weg, eine Praxis gelehrt, durch die wir eigenständig die Wahrheit finden können. Probiert sie aus, sagte er, und seht, was geschieht. Wenn sie euch hilft, dann nutzt sie. Hilft sie euch nicht, dann verwerft sie und sucht anderswo. Meditation ist diese Praxis. «Seid stille und erkennet, daß ich Gott bin», das ist eine andere Art, davon zu sprechen. In unserer hektischen, destruktiven Welt können wir uns nicht oft genug darauf besinnen.

5. Fließende Meditation I: Innere Stimme und Barmherzigkeit

Die fließende Meditation unterscheidet sich von der ruhenden Meditation insofern, als der Übende mit einer Folge von Stimuli arbeitet, seine Sammlung also nicht auf einen einzigen Brennpunkt ausrichtet. Sie umfaßt beispielsweise die Form der Meditation, bei der sich der Übende seiner «inneren Stimme» öffnet, der Kette von Gedanken und Vorstellungen, die tiefer und immer tiefer in die innere Welt führen, bis er die Einsichten dessen zu erfahren (oder gar die Stimme dessen zu hören) beginnt, was in manchen Traditionen «Gott», in anderen «Geist-Führer» oder «das eigene höhere Ich» genannt wird (diese Begriffe beziehen sich aber nicht unbedingt auf denselben Aspekt der inneren Wirklichkeit). Sie umfaßt des weiteren Übungen wie die Meditation der liebenden Güte (oder Barmherzigkeit) und die Reinigungs-Meditationen des tibetischen Buddhismus.

Ich möchte mit ersterem beginnen, also mit der Praxis, bei der sich der Meditierende seiner inneren Stimme öffnet. Meditationen dieser Art sind ein Charakteristikum aller großen, die Lebenskraft als göttlichen Vater oder göttliche Mutter personalisierenden theistischen Religionen wie Christentum, Hinduismus und Islam. Für den Buddhismus dagegen, der zumindest theoretisch abstraktere Symbole für die Lebenskraft verwendet – etwa Nirvāna oder das, was wir im Westen mit «Leerheit» oder «Leere» übersetzen –, ist diese Praxis weniger kennzeichnend. Doch wir begegnen ihr auch im Schamanismus, in jenen spirituellen und mystischen Praktiken, die einst überall in Asien und Europa verbreitet waren und noch heute in unterschiedlicher Form in afrikanischen und indianischen Kulturen weiterbestehen – sogar, wie man behaupten (und bestreiten) könnte, im westlichen Spiritualismus, im brasilianischen Spiritismus und sogar noch in der gegenwärtig populären Praxis des «Channelling», bei der eine Person als Kanal für die Weisheit eines körperlosen Wesens fungiert (siehe

Fließende Meditation I

zum Beispiel *Das Seth-Material* von Jane Roberts und andere ihrer Veröffentlichungen).

Bevor wir uns den Praktiken zur Meditation mit der Inneren Stimme zuwenden, scheint mir eine warnende Bemerkung angebracht. Fließende Meditation, in welcher Form auch immer, bedeutet nicht, sich einfach hinzusetzen und sich dem freien, ungelenkten Gedankenstrom zu überlassen. Eine solche Übung mag, ähnlich wie Tagträumerei, Entspannung bewirken, zu kreativerem Denken und der Lösung von Problemen führen, doch wäre das mit Sicherheit keine fließende Meditation. Soll fließende Meditation Wirkungen zeigen, muß sie so konzentriert und diszipliniert geübt werden wie ruhende Meditation. Sie ist ganz sicher keine Form spirituellen Herumträumens. Von allen Meditationspraktiken birgt sie vielleicht für den Übenden die größten Risiken in sich, nämlich abzugleiten in das geistige Geplapper, das durch die Meditation gerade aufgelöst werden soll, und darüber hinaus die eigenen Geistesprodukte als von irgendwelchen höheren Wesen mitgeteilte profunde Einsichten anzusehen.

Die Innere-Stimme-Meditation

Wo die Innere-Stimme-Meditation in rechter Weise geübt wird, spielen disziplinierte Sammlung und Stille die gleiche Rolle wie bei allen anderen Formen der Meditation. Der wesentliche Unterschied besteht darin, daß man sich in ihr auf eine bestimmte Vorstellung (etwa «Gott ist die Liebe» oder «Allah ist groß») oder auf ein bestimmtes Symbol (z. B. das Kreuz) konzentriert und Einsichten, Visionen oder ekstatische Seinszustände zuläßt, die als Reaktion darauf entstehen können. Aus diesem Grund wird sie auch als «Meditation mit Samen» bezeichnet. Genau wie bei der ruhenden Meditation wird die Aufmerksamkeit jedesmal, wenn sie sich im geistigen Geplapper verloren hat, entschlossen wieder zum Gegenstand der Meditation zurückgeführt. Und genau wie bei der ruhenden Meditation muß der Übende vielleicht Monate oder sogar Jahre mit großem Eifer meditieren, bevor sich wahre Einsicht zeigt.

Dieser letzte Punkt ist besonders bedeutsam. Beim Pfad der Inneren Stimme liegt eine besondere Gefahr in der Erwartung des Medi-

Die Innere-Stimme-Meditation

tierenden, Gott, das höhere Ich oder wer auch immer würde von Anfang an zu ihm sprechen. Diese falsche Erwartung läßt ihn nicht nur die eigenen Gedanken für Worte Gottes halten, sondern sie verhindert auch wirklichen Fortschritt. Für jede Meditation gibt es eine goldene Regel gegen zu hohe Erwartungen: Man meditiert, wie Dōgen (siehe 4. Kapitel) durchblicken läßt, *weil man meditiert.* Hochfliegende Erwartungen sind nichts als geistige Vorstellungen, und die sind genau das, was der Einsicht im Wege steht. Solche Vorstellungen sind tatsächlich Vorurteile – Vorab-Urteile –, nicht mehr und nicht weniger, und die meisten von uns wissen nur zu gut, wie sehr Vorurteile uns daran hindern, die Dinge auf allen Ebenen des Lebens so zu sehen, wie sie sind.

Der Meditierende konzentriert sich also in der Innere-Stimme-Meditation ohne Vorurteile auf den gewählten Gegenstand und läßt alles, was schließlich entsteht, aus sich heraus entstehen. Man kann dies nicht geschehen «machen» wollen. Die Innere-Stimme-Meditation ist eine Art «Warten auf den Herrn», wie die Christen es ausdrücken würden. Wahre Einsicht, wenn sie sich zeigt, wird immer als ein Gnadengeschenk empfunden. Sie ist nichts, was Sie selbst erwirkt hätten. Sie ist Ihnen geschenkt worden, auf dieselbe großzügige Art, auf die uns, ohne daß wir etwas dazu beigetragen haben, das Leben geschenkt wurde.

Manchmal wird für diese Form der Meditation der Begriff *Kontemplation* verwendet. Viele Menschen begreifen Kontemplation als einen eher unstrukturierten Vorgang, doch für den ernsthaft Meditierenden ist sie eine besondere Form, das Ich der Offenbarung zugänglich zu machen. So kann Ihnen zum Beispiel durch die Kontemplation der Aussage «Gott ist die Liebe» die wahre Bedeutung der Liebe – und die Weise, in der diese Liebe ein Ausdruck Gottes ist – offenbar werden. Auch wenn Sie vielleicht keine Stimmen hören oder Visionen haben, können Sie doch ein tiefgreifendes Verstehen erlangen, entweder allmählich oder in jenem plötzlichen Aufblitzen, mit dem die Gnade bisweilen empfangen wird. Dieses tiefgreifende Verstehen wird nicht einfach eine Formel sein, eine Reihe von Worten, die anderen wortwörtlich übermittelt werden können, oder ein neues Dogma, das anderen im Namen Gottes aufgezwungen werden kann. Statt dessen wird es «eine Umkehr am Grund des Geistes» sein, wie die christli-

Fließende Meditation I

chen Mystiker sagen, ein tiefgehender Wandel nicht nur in unserem Verständnis von Liebe, sondern darüber hinausgehend in der Art und Weise, in der diese Liebe tatsächlich *gelebt* wird.

Dieser Wandel wird so grundlegend sein, daß Sie sich nicht länger in erster Linie auf Ihre eigenen Bemühungen, mit all den Schwächen, Schwierigkeiten und Rückfällen, die das eigene Mühen mit sich bringt, verlassen müssen, um dem spirituellen Pfad zu folgen; vielmehr wird der spirituelle Pfad nun durch Sie gelebt. Sie werden wirklich zu einem Weg, auf dem Gottes Gnade in die Welt gelangt. Es gibt kein kleines, habgieriges Ich mehr, dem es um persönliche Macht, Selbstverherrlichung und sozialen Status geht. Das kleine Ich ist verschwunden, aufgelöst im Strom der Gnade, dem sich das Herz geöffnet hat (s. Kasten 8).

Innere-Stimme-Meditation im Christentum

Wie diese Ausdrucksweise vermuten läßt, ist die Innere-Stimme-Meditation besonders für das Christentum kennzeichnend. Der Grund dafür liegt in der sehr persönlichen Art der Beziehung, die viele Christen zu Gott, verkörpert in Jesus Christus, haben. Mit Ausnahme der östlich-orthodoxen Tradition und der Quäker hat das Christentum jedoch die meditative Praxis nicht besonders gefördert; am wenigsten bei den Laien, und zwar hauptsächlich aus dem Glauben heraus, die Kirche sei Vertreterin und Deuterin der göttlichen Autorität und daher Mittler zwischen den Gläubigen und Gott. Seit der Zeit des heiligen Petrus besitzt die Kirche aufgrund der apostolischen Nachfolge den Schlüssel zum Himmelreich. Und deshalb ist sie es, die entscheidet, woran geglaubt werden muß und woran nicht geglaubt werden darf, welche Texte in die Heiligen Schriften aufgenommen und welche ausgeschlossen werden, wen die Kirche in ihren Reihen akzeptiert und wen sie verstößt und schließlich, wer für den Himmel bestimmt ist und wer für die Hölle.

KASTEN 8:

Das Ich

Alle großen religiösen Traditionen sprechen von der Notwendigkeit, das Ich zu «verlieren». Man verliert es entweder durch völlige Hingabe an Gott oder ein göttliches Prinzip (wie in den theistischen Religionen) oder indem man in sich hineinschaut und entdeckt, daß dieses Ich nie wirklich existiert hat (wie im Buddhismus und der hinduistischen Advaita-Philosophie).

Aber was ist dieses «Ich», das wir verlieren sollen? Und wenn wir es verlieren, geben wir dann unsere Individualität auf, wie es in gewissen im Hinduismus so beliebten Aussagen wie «Der Tautropfen gleitet in das glänzende Meer» angedeutet scheint? Wenn wir aber unsere Individualität verlieren, ob in diesem oder im nächsten Leben, kommt das nicht einer Auslöschung gleich? Wenn nichts von «mir» übrigbleibt, dann scheint es, als gäbe es keine Unsterblichkeit (das heißt nichts, das nicht sterblich wäre).

Diese Fragen sind so tiefgreifend, daß sie selbst dann nicht leicht zu beantworten wären, wenn wir über eine Sprache verfügten, in der das möglich wäre. Doch sie werden in diesem Buch häufig gestreift, insbesondere wenn ich über «Formlosigkeit» spreche und über die höchste Wirklichkeit, die nicht Vielheit, sondern Einheit ist. Einige einführende Hinweise können jedoch hilfreich sein.

Von einer psychologischen wie auch einer spirituellen Warte aus gesehen, ist das Ich, diese Ansammlung von Eigenschaften, Merkmalen, Einstellungen und so weiter, die von mir als «ich» anerkannt wird, ein erlerntes Konstrukt. *Andere Menschen sagen mir, wer ich bin.* Anfangs sind es Eltern und Lehrer, später Partner und Freunde. Doch was sie sagen, beinhaltet keinerlei absolute Wahrheit. Es ist einfach ihr Bild von mir, gefärbt von ihren eigenen Vorurteilen, ihren Illusionen und ihrer subjektiven Sicht des Lebens. Und welches Ich ist überhaupt das wirkliche Ich? Das meiner Kindheit, das vor zehn Jahren oder vor fünf; oder das heutige?

Dennoch identifizieren wir uns alle mit diesem kleinen Ich und verbringen sehr viel Zeit damit, es voller Angst und Wut zu verteidigen, so als existierte es wirklich. Und wir verteidigen es nicht nur, wir be- und verurteilen es auch, entweder mit Stolz oder mit Schuldgefühlen. Beides trägt aber auf unterschiedliche Art und Weise dazu bei, die Illusion der Existenz eines Ich zu verstärken. Meditation ist, ebenso wie die tiefgreifenden Arten der Psychotherapie, eine Möglichkeit, dieses kleine Ich zu durchschauen und am Ende abzulegen.

Doch was bleibt, wenn es verschwunden ist? Es ist an Ihnen, das herauszufinden. Doch wenn Sie Ihr Ich verlieren, so verlieren Sie in Wirklichkeit nichts. Wie könnten Sie auch etwas verlieren, das überhaupt nicht existiert? Sie lassen ganz einfach nur eine Reihe von Vorstellungen fallen, jenen Schleier der Unwissenheit, durch den Sie Ihr Sein bisher betrachtet haben. Die Mystiker sprechen sogar von einer gewaltigen Ausdehnung des Seins, wenn die Unwissenheit abgestreift ist. Eine Ausdehnung, die alles in einer vollkommenen Verwirklichung von Liebe und Einheit umfaßt. «Es ist nicht, daß ich nichts bin», sagt der Mystiker, «sondern daß ich alles bin.»

Fassen Sie Mut. Eines können wir uns sicher sein: Wenn die Erleuchtung erwacht, wird sie Ausdehnung und nicht Verlust mit sich bringen.

Gnostizismus

So war es jedoch nicht immer. Während der ersten beiden Jahrhunderte des Christentums entwickelte sich Seite an Seite mit der Bewegung, die im Laufe der Zeit zu der anerkannten Kirche wurde, eine andere Tradition – die Gnosis (griech. *gnôsis,* Erkennen, Kenntnis, Einsicht). Die gnostische Lehre unterschied sich von ersterer dadurch,

Gnostizismus

daß sie behauptete, jeder Mensch könne die unmittelbare Erkenntnis Gottes erlangen und bedürfe daher nicht der Priesterschaft als vermittelnder Instanz. Die einzigen «Priester» in der gnostischen Tradition waren Menschen, die andere durch die Klarheit ihrer spirituellen Visionen anzogen und von ihnen um spirituelle Führung und Hilfe gebeten wurden. Die Beziehung zwischen Führer und Geführtem war aber selbst dann eine freiwillige und basierte eher auf Wertschätzung als auf Autorität. Nicht im Aufzwingen von Dogmen oder der Ausübung von Macht lag die Aufgabe des Führers, sondern darin, die Menschen bis zu dem Punkt zu begleiten und zu fördern, von dem aus sie in der Lage waren, ihre spirituelle Reise ohne Unterstützung fortzusetzen. In dieser Beziehung gab es keine Formalität, keine Struktur oder Hierarchie und vor allem keine Bestrafung eines Menschen durch einen anderen.

Diejenigen, die das Christentum dafür kritisieren, daß es über keine meditative Tradition für Laienanhänger verfügt, sollten die Menschen dafür verantwortlich machen, die Macht über ihre Mitmenschen ausübten, indem sie sich die Autorität anmaßten, die eigentlich der in jedem von uns liegenden Spiritualität zukommt. Die unterschiedlichsten Gründe sind für diese Vereinnahmung des Christentums genannt worden, und der plausibelste ist wohl der, daß das kaiserliche Rom es zu seiner offiziellen Religion ernannte. Nachdem die Kirche zu einem stabilen Organ des Staates geworden war, übernahm sie in ihren eigenen Reihen die Machtstrukturen des Staates. Sie benutzte die Autorität, die Religion über den Geist der Menschen besaß, um die Autorität des Staates über ihre Körper zu stützen.

Gnostizismus, das Streben nach direkter Erkenntnis Gottes, mußte unter diesen Umständen als Bedrohung angesehen werden. Wenn Männer und Frauen Gott alleine finden konnten, dann brauchten sie die Kirche nicht. Was aber würde dann aus der Macht der Kirche? Das einzige Mittel gegen diese Bedrohung war Unterdrückung. Und genau das setzte die Kirche ein, und sie war dabei fast so effizient wie eine Geheimpolizei. Es gibt keine genauen Zahlen über die Abertausenden, die im Laufe der Jahrhunderte wegen ihrer unorthodoxen Ansichten sterben mußten. Die Leser, die es interessiert, sollten sich einmal die Geschichte des Albigenser-Kreuzzugs ansehen, jenen Ausbruch von Haß und Grausamkeit, mit dem die Kirche des dreizehnten Jahrhun-

Fließende Meditation I

derts im Verbund mit dem König von Frankreich das Wiederaufleben des Gnostizismus in der Languedoc niederschlug (siehe zum Beispiel Arthur Guirdhams *The Great Heresy*). Nach vorsichtiger Schätzung wurden allein in der Stadt Béziers etwa 30 000 Menschen durch das Schwert getötet. Die Kreuzritter mordeten sogar noch innerhalb der heiligen Grenzen der römisch-katholischen Sainte-Madeleine-Kathedrale, und sie taten es unter den Augen eines einheimischen Kirchenfürsten, des Abbé von Cîteaux. Als dieser von den Kreuzrittern gefragt wurde, wie sie zwischen den Ketzern und den vielen guten Katholiken Béziers' unterscheiden sollten, soll er geantwortet haben: «Tötet sie alle. Gott wird die Seinen erkennen.»

Dieses Massaker am Gnostizismus vernichtete einen großen Teil von dem meditativen Geist des Christentums. Die Kirche erachtete Meditation für die gewöhnlichen Gläubigen nicht nur als überflüssig, sondern sogar als ausgesprochene Einladung zur Ketzerei. Fingen die Menschen erst einmal an zu meditieren, wer konnte dann wissen, welche subversiven Ideen ihnen noch in den Sinn kämen? Nein, Meditation wie auch philosophische Spekulationen und Fragen über das Leben nach dem Tod waren etwas, dem sich die allgemeine Öffentlichkeit keinesfalls hingeben durfte.

Es wäre falsch anzunehmen, die Kirche habe keine wirklich frommen Anhänger gehabt. Es gab sie mit Sicherheit. Es wäre auch falsch zu glauben, die von der gnostischen Tradition des Christentums verbreiteten Ideen seien allzeit frei von Irrtümern und engstirnigen Vorstellungen gewesen. Sie waren es mit Sicherheit nicht. Was wir aber annehmen können, ist, daß das westliche Christentum selbst die Schuld am Fehlen geeigneter meditativer Traditionen trägt. Auch das Aufkommen nonkonformistischer Sekten innerhalb des Christentums hat die Lage kaum verbessert, denn viele von ihnen hatten ihre eigene Art des Autoritarismus; auch hier gebot die Kirche, wenn es auch nur ein Kirchlein war, was der einzelne zu glauben oder nicht zu glauben hatte. (Eine Ausnahme stellten die Quäker, die «Gesellschaft der Freunde», dar, zu deren Glaubensalltag es gehörte, in der offenen Stille des Geistes die innere Stimme zu vernehmen.)

Diese antignostische, antimeditative Haltung der Kirchen und Sekten, die Christi Namen tragen, stimmt nun keinesfalls mit seinen Lehren überein; insbesondere nicht mit denen, die von der Kirche im

Jahre 369 unterdrückt wurden, als die Kirchenväter das Neue Testament aus einem bedeutend umfangreicheren Schriftenkanon zusammenstellten (siehe zum Beispiel Anthony Duncans *Jesus: Essential Readings*). Die vier Evangelien, der Kern des Neuen Testamentes, wurden erst im Jahre 130 als einzig verläßliche und autorisierte Berichte vom Wirken Christi anerkannt. Bis zu diesem Zeitpunkt und noch bis zum Ende des zweiten Jahrhunderts waren unter den verschiedenen christlichen Gruppierungen eine Reihe anderer Evangelien und damit verwandter Aufzeichnungen verbreitet. Erst als Männer wie Bischof Irenäus und seine Anhänger erklärten, daß es außerhalb der Kirche «keine Erlösung gibt», wurden diese anderen, eher gnostisch orientierten Texte verdammt und als ketzerisch verbrannt.

Die Nag-Hammadi-Bibliothek

Wenn wir uns diesen Texten zuwenden – und wir können uns glücklich schätzen, daß 61 von ihnen 1945 bei Nag Hammadi in Oberägypten wiederentdeckt wurden, wo sie in der Zeit zwischen 350 und 400 vergraben worden waren, um sie vor der Vernichtung zu bewahren –, werden wir sehen, daß sie einen Christus offenbaren, dessen Anliegen es war, seine Anhänger zu einer unmittelbaren Erkenntnis Gottes zu führen und nicht eine autoritäre Kirche zu schaffen. In englischer Übersetzung sind die 61 Texte als *Nag Hammadi Library* (herausgegeben von James Robinson) verfügbar. (Eine deutsche Übersetzung ist unter dem Titel *Die Nag Hammadi Bibliothek* erschienen; Anm. d. Übers.) Diese Sammlung enthält das *Thomas Evangelium,* das *Philippus-Evangelium,* das *Ägypter-Evangelium* und verschiedene Texte, die den Anhängern Christi zugeschrieben werden, wie das *Geheime Buch des Jakobus,* die *Offenbarung des Paulus,* der *Brief von Petrus an Philippus* und die *Offenbarung des Petrus.* (Für diejenigen, die keinen Zugang zu diesen Originaltexten haben, gibt es eine gute Einführung von Elaine Pagels: *Versuchung durch Erkenntnis.*) Die Datierung der Texte ist nicht ganz sicher, doch viele von ihnen gab es mindestens seit dem Jahre 120. Das *Thomas-Evangelium,* eine Sammlung von Aussprüchen Christi, soll auf einem Dokument basieren, das noch vor den vier Evangelien des Neuen Testamentes (60–110) niedergeschrieben wurde.

Fließende Meditation I

Die Bedeutung und Tragweite dieser frühen Schriften kann nicht genug herausgestrichen werden. Sie, die Opfer einer der ersten geschichtlich bekannten Ausbrüche von Zensur und Bücherverbrennung wurden, ergänzen und bereichern den orthodoxen Kanon des Neuen Testamentes. Und besonders im *Thomas-Evangelium* und im *Philippus-Evangelium* finden sich Textstellen, die die Notwendigkeit betonen, daß wir selbst mit unserer persönlichen spirituellen Suche beginnen und den göttlichen Funken in uns entdecken. Einige Zitate mögen das deutlich machen.

Im *Thomas-Evangelium* werden Christus die Worte zugeschrieben:

> Licht ist in einem Mann des Lichts, und er erhellt die ganze Welt. Wenn er nicht leuchtet, ist er Dunkelheit.

> Wer von meinem Munde trinken wird, wird wie ich. Auch ich werde er werden, und die Dinge, die verborgen sind, werden ihm offenbar werden.

> Wer sich selbst findet, ist über die Welt erhaben.

Ähnliche Beispiele finden sich im *Philippus-Evangelium:*

> Ihr habt den Geist gesehen, ihr wurdet Geist. Ihr habt Christus gesehen, ihr wurdet Christus. Ihr habt (den Vater) gesehen, ihr werdet der Vater werden... ihr seht euch selbst und was ihr seht, werdet ihr (werden).

Viele der in diesen Evangelien verzeichneten Aussprüche Christi haben deutliche Parallelen zu Aussagen in Religionen mit stark meditativen Traditionen wie dem Buddhismus. Gibt es beispielsweise eine verständlichere Belehrung zum Begriff der Leere, der für die buddhistische Philosophie und Meditation so zentral ist, als die symbolische Beschreibung des Himmelreichs im *Thomas-Evangelium*:

> Das Königreich des Vaters ist gleich einer Frau, die ein Gefäß voller Mehl trug. Während sie die Strtaße entlangging, noch in einiger Entfernung zu ihrem Haus, brach der Henkel des Gefäßes, und das

Mehl zerstreute sich hinter ihr auf dem Weg. Sie bemerkte es nicht; sie wußte nichts von dem Unfall. Als sie in ihrem Haus ankam, stellte sie das Gefäß auf die Erde und fand es leer.

Und was könnte den buddhistischen Lehren «Wo Gegensätze sich erheben, ist der Buddha-Geist verloren», oder «Leben und Tod sind eins» oder (abermals) den buddhistischen Vorstellungen von Leere deutlicher entsprechen als die Worte Christi im *Philippus-Evangelium:*

> Licht und Dunkel, Leben und Tod, rechts und links sind einander Brüder. Sie sind unzertrennlich. Deshalb sind die Guten weder gut noch die Bösen böse, noch ist das Leben Leben, noch der Tod Tod. Aus diesem Grund wird sich ein jedes in seine ursprüngliche Natur auflösen.

Sowohl im *Thomas-* als auch im *Philippus-Evangelium* gibt es Aussprüche, die den Kōan ähnlich sind, jenen rätselhaften Aussagen, die in bestimmten Formen der Zen-Praxis als Brennpunkte der Sammlung dienen (8. Kapitel). Zum Beispiel: «Selig, der war, bevor er wurde», oder «Selig, der ist, bevor er wurde»; beides erinnert, wie auch der folgende Ausspruch, an das Kōan «Zeig mir dein ursprüngliches Gesicht, bevor du geboren wurdest.»

> Wenn ihr euer Abbild seht, frohlockt ihr. Doch wenn ihr euer Bildnis seht, das war, bevor ihr wart, das weder stirbt noch manifest wird, wieviel werdet ihr tragen müssen!

Ein weiteres Beispiel für die den Kōan ähnlichen Aussprüche:

> Das All ist aus mir hervorgegangen, und das All ist zu mir gelangt. Spaltet ein Stück Holz, und ich bin da; hebt den Stein, und ihr werdet mich dort finden.

Es erinnert an die Worte des Zen-Meisters Tung-shan (Tōsan), der auf die Frage, was der Buddha sei, antwortete: «Drei Pfund Hanf.»
Es lassen sich auch Koan-artige Aussprüche finden, die vor den Gefahren des Mißbrauchs spiritueller Macht zu warnen scheinen:

Fließende Meditation I

Selig der Löwe, der Mensch wird, wenn der Mensch ihn verspeist; und verdammt der Mensch, den der Löwe verspeist, und der Löwe wird Mensch.

Andere Aussagen weisen auf die notwendige Vereinigung der spirituellen Kraft des einzelnen mit der der übrigen Schöpfung hin:

Wenn ihr hervorbringt, was in euch ist, wird, was ihr hervorbringt, euch retten. Wenn ihr aber nicht hervorbringt, was in euch ist, wird, was ihr nicht hervorbringt, euch zerstören.

Erstaunliche Ähnlichkeiten finden sich auch mit wichtigen Vorstellungen des hinduistischen Denkens. In *The Thunder, Perfect Mind* (welch wunderbarer Titel!) steht eine Aussage, die mich immer tief bewegt hat:

Ich bin das Schweigen, das nicht zu begreifen ist, und die Idee, deren Erinnertwerden häufig ist.

Hier werden in einem einzigen poetischen Satz die hinduistischen Vorstellungen der meditativen Zustände von Nirvikalpa-Samādhi und Savikalpa-Samādhi beschrieben; im ersteren verliert man jedes Ich-Gefühl und weilt in der Einheit, die der unaussprechliche Grund unseres Seins ist, im letzteren behält man ein Gefühl von sich selbst als dem, der diese Einheit erfährt (siehe 9. Kapitel).

Die Bedeutung von Symbolen (die, wie ich im 2. Kapitel ausgeführt habe, ein zentraler Teil der Meditation sind) wird im *Philippus-Evangelium* hervorgehoben, in dem Christus sagt: «Die Wahrheit kam nicht nackt in diese Welt, sondern in Formen und Bildern. Man kann die Wahrheit in anderer Weise nicht empfangen... Der Bräutigam muß durch das Bild in die Wahrheit eindringen.» Auf die Bedeutung der Gnosis, der persönlichen Entdeckung dieser Wahrheit, beziehen sich die unmittelbar anschließenden Sätze:

Es geziemt sich, daß jene, die im Besitz [der Wahrheit] sind, den Namen des Vaters, des Sohnes und des Heiligen Geistes nicht nur erlangen, sondern daß sie ihn allein erlangt haben. Hat man den

Die Nag-Hammadi-Bibliothek

Namen nicht für sich selbst erlangt, wird auch der Name wieder genommen werden... diese Person [die den Namen erlangt] ist nicht länger ein Christ, sondern ein Christus.

In ihrer Betonung der Gegensätzlichkeit von Gnosis und Autorität stimmen die gnostischen Evangelien weitgehend mit dem *Johannes-Evangelium* überein, dem mystischsten der vier Evangelien des Neuen Testamentes, das an einige Stellen rein gnostizistisch ist. Elaine Pagels vermutet in ihrem Buch *Versuchung durch Erkenntnis,* daß einzig die 16 Worte «Ich bin der Weg, die Wahrheit und das Leben; niemand kommt zum Vater, außer durch mich» die Kirchenväter dazu bewogen, das *Johannes-Evangelium* in die Schriftensammlung mit aufzunehmen, die im Laufe der Zeit das Neue Testament bilden sollte. Ihrer Meinung nach deutete die Kirche diese Worte dahingehend, daß man Gott nur durch den historischen Jesus finden kann und man Gott deshalb, im erweiterten Sinne, nur durch die Kirche finden kann, die seinen Namen trägt. Stellt man diese Worte aber neben einige der vorangegangenen Zitate aus den gnostischen Evangelien, können sie auch ganz anders gedeutet werden, daß sie sich nämlich nicht auf eine historische Gestalt beziehen, sondern auf den Christus in jedem von uns. «Dahin, wohin du gelangen kannst, steht dort», diese Worte werden Christus im *Dialog des Erlösers* zugeschrieben.

Die gnostischen Evangelien verdienen unbedingte Anerkennung als Ergänzung des Schriftenkanons des Neuen Testamentes, und sie stellen eine wirkungsvolle Unterstützung für die Meditation als den Weg zur inneren Wahrheit dar. Sie zeigen uns einen Christus, der nicht nur ein Leben der Liebe und des Dienens (Karma-Yoga), des Gebets und der Hingabe (Bhakti-Yoga) lehrte, wie dies in den Evangelien des Neuen Testamentes deutlich wird, sondern auch ein Leben der Meditation (Rāja-Yoga) und der spirituellen Einsicht (Jñāna-Yoga).

Fließende Meditation I

Frauen und die Meditation der Inneren Stimme

Die Tatsache, daß viele der christlichen Mystiker, die mit der Innere-Stimme-Meditation assoziiert werden, Frauen waren – Theresa von Avila, Mutter Juliana von Norwich, Katharina von Siena, Johanna von Orléans, Katharina von Genua –, läßt die Vermutung zu, daß Frauen und Männer durch unterschiedliche Formen der Meditation angesprochen werden. Fällt es Frauen vielleicht leichter als Männern, mit persönlichen und emotionalen Techniken zu arbeiten, während Männer besser mit eher unpersönlichen und abstrakten Techniken umgehen können? Mir ist nie ganz wohl, wenn zwischen weiblichem und männlichem psychischem Erleben eine deutliche Trennung gemacht wird, besonders wenn diese noch von dem äußerst umstrittenen Argument untermauert werden soll, Weiblichkeit sei mehr mit der rechten Hemisphäre des Gehirns verknüpft, die allgemein für visuelle Vorstellungen, Träume und Intuition zuständig ist, und Männlichkeit mehr mit der linken Hemisphäre und den ihr zugeordneten mathematisch rationalen, räumlichen Funktionen.

Genausowenig zufrieden bin ich mit dem Argument, die Tatsache, daß Frauen sich weniger zu unpersönlichen und abstrakten Meditationstechniken hingezogen fühlen als Männer, sei kulturell bedingt, da die Gesellschaft Frauen darauf beschränke, sich vorwiegend mit Menschen und den eher praktischen, kleinen Dingen des Lebens zu beschäftigen. Überzeugender ist vielleicht das Argument, Frauen seien eher als Männer in der Lage, sich Christus als die Quelle von Liebe und Mitgefühl zu vergegenwärtigen, da der historische Christus ein Mann war; und daß Frauen von daher auch der Idee näherstünden, die Seele werde durch die Kirche mit Christus vermählt. Dieses Argument wird noch dadurch gestützt, daß es Frauen, zumindest in der westlichen Welt, leichter als Männern zu gelingen scheint, ekstatische Zustände zu erreichen; Zustände, die während der fließenden Meditation auftreten können und in denen der Meditierende empfindet, daß die göttliche Gestalt, auf die seine Meditation ausgerichtet ist, über ihn kommt und Besitz von ihm ergreift.

Aber ob nun irgendeine dieser Erklärungen zutrifft oder nicht, Männer scheinen sich jedenfalls mit der Kōan-Meditation leichter zu tun als Frauen, auch wenn der Eindruck, daß es sich hier um eine intellektuelle Übung handelt, durchaus trügerisch ist: Tatsächlich geht es darum, den Geist in den Raum zu treiben, wo die Grenzen des Intellekts sichtbar werden. Frauen wiederum scheinen mehr zu Formen der fließenden Meditation zu neigen, zu den inneren Landschaften und himmlischen Visionen, die durch diese Meditationen gelegentlich hervorgerufen werden. Doch gibt es auch viele Frauen, die Kōan-Meditation, und viele Männer, die fließende Meditation üben, so daß jeder Versuch, dogmatisch Unterschiede in der meditativen Veranlagung festlegen zu wollen, unangebracht erscheint.

Der beste Rat, den man allen Meditierenden ungeachtet ihres Geschlechts geben kann, ist der, für eine angemessene Zeit mit wenigstens zwei oder drei verschiedenen Meditationsformen, die in diesem Buch beschrieben sind, zu arbeiten, bevor sie sich entscheiden, welche für die eigenen Bedürfnisse die geeignetste ist.

Techniken der fließenden Meditation

Ich erwähnte bereits, daß man bei der Innere-Stimme-Meditation normalerweise eine Vorstellung oder ein Symbol als Objekt der Sammlung wählt und den Geist dieser Vorstellung, diesem Symbol zur Einsicht folgen läßt. Neben dem Christentum wird besonders der Hinduismus mit dieser Art der Meditation in Verbindung gebracht. Eine der gebräuchlichsten meditativen Techniken des Hinduismus ist Japa, die Wiederholung der Namen Gottes. Die Wiederholung eines bestimmten Lautes oder einer bestimmten Wortfolge wird üblicherweise als Teil der Mantra-Meditation betrachtet (10. Kapitel); doch sollte Japa, wie Patañjali sagt, nicht nur die Wiederholung eines Lautes umfassen, sondern auch «die Meditation über seine Bedeutung».

Swami Swahananda schreibt in einem von mehreren praktischen Aufsätzen zur Meditation *(Meditation),* die sämtlich von Mönchen des Ramakrishna-Ordens verfaßt wurden, daß Japa «die einfachste spirituelle Praxis ist», da «jedes Wort, das in der spirituellen Praxis heiliger Männer und Frauen seit Jahren benutzt wird, mit besonderen spirituellen Kräften aufgeladen ist». So kann sich also schon einfaches Wiederholen positiv auswirken, selbst wenn wir nicht zur inneren Bedeutung vordringen. Swami Vivekananda und Christopher Isherwood unterstreichen jedoch in ihrem Kommentar zu den Yoga-Sūtras Patañjalis Mahnung, daß in der Meditation die Konzentration auf die Bedeutung wesentlich ist. Diese Konzentration, so schreiben sie, wird

> zwangsläufig in die Meditation [führen]. Allmählich werden unsere verworrenen Träumereien von konzentriertem Denken abgelöst. Wir können ein Wort nicht lange Zeit wiederholen, ohne irgendwann anzufangen, über die Wirklichkeit, die es repräsentiert, nachzudenken.[13]

In der hinduistischen Lehre ist der alles überragende Sammlungspunkt der fließenden Meditation das OM, das mitunter auch »Aum» ausgesprochen wird (mit langem A und deutlichem U). OM ist vermutlich das älteste, existierende Wort für «Gott»; es ist der Urlaut, von dem alle Schöpfung herrührt; das «Wort» das am Anfang war, und von dem das *Johannes-Evangelium* sagt: «Gott war das Wort.»

Um über die Bedeutung eines Wortes nachzusinnen, zieht ein westlicher Mensch vielleicht ein anderes Symbol für Gott vor, etwa «Liebe». Er wiederholt dieses Wort voller Konzentration bei jedem Ausatmen. Oder er wählt vielleicht eines der Attribute Gottes wie «Raum», «Ewigkeit» oder «Allmacht». Doch was immer «der Same» der Meditation sein mag, der Meditierende sucht unermüdlich seinen Sinn zu ergründen. Nicht auf eine rationale Weise, die nur eine platte Wörterbuchdefinition hervorbringen würde, sondern indem das Wort im Zentrum des Bewußtseins gehalten und ihm die Zeit gegeben wird, sich selbst zu offenbaren – und nicht einfach als Emotion, sondern in einem Gefühl intuitiven Begreifens.

Entfernt sich der Geist von dem Wort, indem er zum Beispiel beginnt, alle möglichen Vorstellungen und Ideen, die durch dieses Wort geweckt werden, frei zu assoziieren, so wird er sanft und doch bestimmt wieder zurückgeführt, wie bei allen anderen Meditationsübungen auch. Sollte der Geist, von einer bestimmten Einsicht plötzlich fasziniert, den Meditierenden dazu veranlassen wollen, aufzustehen und sie aufzuschreiben, bevor sie wieder vergessen wird, so widersteht der Meditierende auch hier der Ablenkung und bleibt auf das Wort selbst gesammelt. Die Wahrheit jenseits des Wortes führt ihn immer tiefer in den inneren Raum, und jegliche Ablenkung, wie bedeutsam sie auch scheinen mag, dient lediglich dazu, diesen in die Tiefe führenden Prozeß zu unterbrechen.

Wer mit Carl Gustav Jungs Technik der *Wortassoziation* vertraut ist, wird Ähnlichkeit feststellen können. Bei der Wortassoziation wählt man ein Wort oder ein Bild – vielleicht aus einem Traum –, das eine persönliche Bedeutung zu haben scheint, und wartet, was als Antwort auf dieses Wort aus dem Unbewußten emporsteigt. Anders als bei Freuds Technik der *freien Assoziation,* bei der es dem Geist erlaubt ist, den von einem ursprünglichen Anstoß ausgelösten endlos sich weiterspinnenden Assoziationen einfach zu folgen, wird der Geist bei der Wortassoziation nach jeder Assoziation wieder zu diesem Auslöser zurückgeführt, so daß er mit ihm stets verbunden bleibt. Nur so, argumentierte Jung, können die Einsichten, die dieser Anstoß symbolisiert, bis in ihre Tiefen erforscht werden.

Liebende-Güte-Meditation

Die fließende Meditation kann auch zur Entwicklung bestimmter Eigenschaften verwendet werden; dies geschieht zum Beispiel bei der Liebende-Güte-Meditation des Buddhismus. Bei dieser Übung ist der anfängliche Gegenstand der Sammlung das Leiden der anderen. Der Meditierende denkt zuerst an das Leiden der Eltern und anderer geliebter oder ihm nahestehender Menschen; er fühlt sich ein und läßt das Gefühl in sich wachsen, wie wunderbar es doch wäre, wenn die Menschen Frieden und Erleuchtung fänden.

Die Meditation wird dann auf Menschen ausgeweitet, denen gegenüber der Meditierende neutral empfindet; auch hier läßt er das Gefühl des Erbarmens in sich wachsen und den Wunsch, sie mögen frei von allem Leiden sein. Als nächstes werden die Menschen einbezogen, gegen die der Meditierende irgendeine Abneigung empfindet. Zum Schluß wendet er sich dem Leiden aller Wesen in den verschiedenen Daseinsbereichen zu. Die Meditation schließt mit einer Visualisierung, in der man sich Avalokiteshvara, den Bodhisattva des Erbarmens, bildhaft vorstellt und ihn bittet, er möge die eigene Barmherzigkeit und die aller Wesen stärken und festigen.

Fließende Meditation I

Eine Meditation wie diese kann den Meditierenden dazu führen, die innere Stimme Avalokiteshvaras zu hören, obwohl diese «Innere Stimme», wie schon angedeutet, auch einfach das Produkt des eigenen normalen Denkprozesses sein kann. Insbesondere der Buddhismus warnt davor, sich durch die eigene Geistesaktivität zu der Annahme verleiten zu lassen, man habe tiefe, spirituelle Erlebnisse. Es ist keinesfalls so, daß diese Aktivität notwendigerweise falsche Informationen hervorbringt; sie kann aber den Meditierenden dazu verführen anzunehmen, ein fortgeschrittener Zustand sei erreicht, und verhindert dadurch letztlich wirkliches Vorankommen. Zwischen den eigenen Gedanken und echten Einsichten zu unterscheiden ist nicht einfach. Für Anfänger ist es am besten zu akzeptieren, daß, sollte auch nur der geringste Zweifel über den Ursprung der «inneren Stimme» bestehen, sie vermutlich dem eigenen Denken entspringt.

Die Geistlichen Übungen

Einer der umfassendsten Leitfäden zur fließenden Meditation ist die Schrift *Exercitia spiritualia (Geistliche Übungen)*, die 1548 von dem Spanier Ignatius von Loyla, dem Begründer des Jesuiten-Ordens, veröffentlicht wurde. Zu den Hauptaufgaben der Jesuiten, die den traditionellen Ordensgelübden der Armut, Keuschheit und des Gehorsams verpflichtet waren, gehörten Unterweisung, Predigt und Bekenntnis, und von der Ordensgründung im Jahre 1534 an führten sie einen geistlichen «Krieg» gegen die Reformatoren innerhalb und außerhalb der römisch-katholischen Kirche. Einer der Gründe für ihren Erfolg als Organisation war die Tatsache, daß die Mitglieder des Ordens einen rigorosen «Grundlehrgang» in Meditation und Selbstdisziplin zu absolvieren hatten, der sich an den *Geistlichen Übungen* orientierte. Dieses schmale Bändchen leitet den Übenden Schritt für Schritt zur Erforschung seiner Schwächen an (dem Orden gehörten übrigens nur Männer an) und führt ihn dann durch eine Reihe von Meditationen zu Themen des öffentlichen Wirkens Christi, die ihm helfen sollen, tiefer in die Bedeutung dieses Wirkens einzudringen und in sich selbst etwas von der Liebe, der Selbstaufopferung und dem Leiden Christi zu empfinden.

Die Geistlichen Übungen

Einige Inhalte der *Übungen* sind heute überholt, und die Betonung von Hölle und Verdammnis entspricht nicht modernem Denken. Bestimmte Aspekte wie die Selbstgeißelung und die Frauenfeindlichkeit, die ab und zu in den Texten durchscheint, wirken eindeutig abstoßend. Dennoch bleiben die *Geistlichen Übungen* im großen und ganzen ein Meditationshandbuch von außerordentlicher Kraft. Es vereint auf geringem Raum viele der Techniken, die man sonst nur in vorwiegend esoterischen Texten findet. Das Spanien des sechzehnten Jahrhunderts war stark von maurischen Ideen und dem Gedankengut des Nahen Ostens beeinflußt. Der heilige Ignatius, der in jungen Jahren Soldat gewesen war und auch das Heilige Land bereist hatte, war ganz eindeutig von diesem Einfluß geprägt und wandelte manches, was er hier fand, für den Gebrauch im Christentum ab.

Die *Übungen* waren jedoch nur für jene gedacht, die der Kirche bereits Gehorsam geschworen hatten. Es sind Übungen, die von Novizen unter der Anleitung eines Exerzitienmeisters in einer vierwöchigen Klausur durchgeführt wurden, und sie umfaßten täglich jeweils fünf Meditationen von je einer Stunde Dauer. Aber jeder, der sich ihnen mit der richtigen geistigen Einstellung zuwendet, wird entdecken, daß sie eine Unabhängigkeit besitzen, die sie zu einer wertvollen *Folge von Techniken* machen. Das gilt unabhängig davon, über welchen Zeitraum hinweg sie benutzt werden, und unabhängig davon, ob die vorgegebene Sprache und die Konzepte übernommen werden, oder ob der Meditierende sie seinen spirituellen Überzeugungen anpaßt.

Die Übungen heben bestimmte allgemeine Prinzipien hervor, die ich im folgenden zusammenfassen möchte:

Der Meditierende sollte

- sich auf die Meditation mit einem Gebet vorbereiten, um die richtige Geistesverfassung zu fördern;

- bildliche Vorstellungen verwenden – indem er zum Beispiel den Tempel oder Berggipfel visualisiert, an dem er die spirituelle Entität, auf die seine Meditation ausgerichtet sein soll, am ehesten zu spüren vermag;

Fließende Meditation I

- sich auf ein tiefes emotionales Engagement für diese spirituelle Wesenheit einlassen;

- den Geist beim Schlafengehen auf die folgende Morgenmeditation richten, damit er sich beim Erwachen in einer vorbereiteten Verfassung befindet;

- den Geist beim Erwachen sofort auf die Morgenmeditation richten, damit er nach dem Aufstehen leichter in die Meditation eintreten kann;

- sich mit den Eigenschaften visualisieren, die er besitzen möchte, und dabei die Verhaltensweisen weglassen, die er meiden möchte;

- nach Beenden der Sitzung die Wirksamkeit der Meditation überprüfen, um herauszufinden, wo und warum etwas mißlang;

- die Visualisierungen so genau wie möglich machen;

- die anderen Sinne zur Unterstützung der Visualisierung benutzen – indem er etwa zu hören versucht, was die Personen in der Visualisierung einander sagen; indem er den Wohlgeruch der Blumen und anderer Düfte, die diese Personen vielleicht umgeben, riecht und den Boden spürt, auf dem sie gehen;

- sich selbst in die Visualisierung mit einbeziehen.

Insbesondere die Richtlinien für die Anwendung von Visualisierungen gehören zu den besten, die in der westlichen Literatur zur Verfügung stehen. Sie enthalten in den Grundzügen vieles, was auch in den Mysterienreligionen und im tibetischen Buddhismus zu finden ist (siehe 9. Kapitel). Visualisierung ist für gewisse Meditationspraktiken so zentral, daß ich ihr einen großen Teil des übernächsten Kapitels widmen werde.

Auch dies lehrt Ignatius: Wenn man ein Wort als Brennpunkt der Meditation nimmt, soll man sich unter dem dreifachen Gesichtspunkt der Bedeutung, des Vergleichs und des «geistlichen Trostes» darauf

Die Geistlichen Übungen

sammeln. Das würde im Falle des Wortes «Gott» oder «OM» bedeuten, daß die meditative Einsicht zunächst erfassen muß, *was* Gott ist, dann *wie* Gott ist, um sich schließlich den *emotionalen Reaktionen* auf diese Einsichten zuzuwenden.

Andere wertvolle Richtlinien in den *Geistlichen Übungen* befassen sich mit dem Atem. Nehmen wir noch einmal «Gott» oder «OM» als Beispiel. Der Meditierende wiederholt das Wort still beim Einatmen und konzentriert sich beim Ausatmen auf die Bedeutung des Wortes (oder auf die Analogien und die Gefühle, die es wachruft). Auf diese Weise erfolgt die Wiederholung des Wortes in einer sowohl rhythmischen als auch disziplinierten Weise, als ein rhythmisches Kommen und Gehen des Wortes «Gott» oder «OM» und der inneren Kräfte, die das Wort erweckt.

Ein Beispiel, das ich den *Übungen* entnommen habe, wird einige der von mir zusammengefaßten Punkte veranschaulichen. Es stammt aus der Meditation über Christi Geburt. Ich habe die Formulierungen zum Teil verändert und ergänzt, um das Beispiel so deutlich wie möglich zu machen. In dieser Übung, wie auch in allen anderen, geht der Meditierende durch gewisse Vorbereitungen, die den Geist in eine richtige Verfassung bringen sollen, bevor er sich dann dem eigentlichen Thema der Meditation zuwendet.

Erste Vorbereitung: Die Meditation beginnt mit einem vorbereitenden Gebet; darin wird Gott gebeten, alles Denken und Tun des Meditierenden so zu lenken, daß es nichts als Gottes-Dienst und Gottes-Lob ist.

Zweite Vorbereitung: Der Meditierende ruft sich ganz bewußt die Geschichte von Christi Geburt in Erinnerung und visualisiert jede Einzelheit so klar und inbrünstig wie möglich. Er stellt sich Maria vor, im neunten Monat schwanger, die sich, auf einem Esel reitend, begleitet von Josef, auf den Weg nach Bethlehem macht.

Die Visualisierung wird vertieft, indem man sich die Landschaft und den Weg nach Bethlehem vorstellt. Ist es eine Ebene, oder sind es Täler und Berghänge? Ist der Ort von Christi Geburt erreicht, wird er ebenso sorgsam in allen Einzelheiten visualisiert. Ist der Raum groß oder klein? Wie ist er eingerichtet? Und so fort.

Fließende Meditation I

Dritte Vorbereitung: Der Meditierende bittet um tiefempfundenes Wissen von Christus, um ihm besser folgen und dienen zu können.

Erstes Thema: Der Meditierende betrachtet nun die Personen in der Visualisierung, Maria, Josef, das kleine Jesuskind; er stellt sich vor, auch er sei in diesem Bild anwesend, und zwar als armseliger Knecht, und diene ihnen in ihren Nöten «im Geist vollkommener Ergebenheit und Ehrfurcht».

Ist diese Erfahrung im Geist verankert, dann spürt der Meditierende, wie er aus seiner Anwesenheit spirituellen Nutzen zieht.

Zweites Thema: Der Meditierende lauscht den anwesenden Personen und sieht sich dann selbst als denjenigen, dem das Gesagte zugute kommt.

Drittes Thema: Der Meditierende denkt darüber nach, was diese Menschen tun; er sinnt über die lange Reise nach, die sie gemacht, und die Entbehrungen, die sie erduldet haben, um der Menschheit Christus zu bringen.

Er denkt daran, was Christus bevorsteht: all die Mühen, Hitze und Kälte, Hunger und Durst, Schmähungen und Beschimpfungen und schließlich der Tod am Kreuz. Und alles für das Wohl des Meditierenden. Er spürt dann, wie er aus diesen Reflexionen Nutzen gewinnt.

Abschluß: Die Meditation endet damit, daß der Meditierende sich überlegt, was er Christus oder Maria sagen möchte, und er bittet, Christus folgen und ihm nacheifern zu dürfen. Zum Schluß wird das Vaterunser gebetet.

Die Sorgfalt, mit der diese Visualisierung aufgebaut ist, und das sich daran anschließende eigene Hineinstellen sind wesentliche Bestandteile der *Geistlichen Übungen* und aller fließenden Meditationen dieser Art, ob sie nun den Mysterienreligionen und okkulten Traditionen des Westens oder denen Ägyptens und Kleinasiens angehören. Über die beiden letzteren Traditionen wird im 9. Kapitel ausführlicher berichtet, doch ein warnendes Wort scheint mir schon an dieser Stelle angebracht. Bei jeder Arbeit dieser Art beginnen die Ereignisse, hat

Die geistlichen Übungen

der Meditierende die Visualisierung erst einmal deutlich aufgebaut und sich in sie hineingestellt, ein Eigenleben zu entwickeln, so als hätte der Meditierende wirklich eine andere Welt betreten. Das kann beängstigend und auch gefährlich sein.

Vom schulpsychologischen Standpunkt aus betrachtet, wissen wir nicht, was an diesem Punkt geschieht. Wir benutzen den Begriff «lebhafte Halluzinationen», als wäre diese Bezeichnung eine Erklärung. Aber wir wissen nicht, warum der Geist diese schöpferische Kraft besitzt, warum die Visualisierung so «wirklich» werden und auf die visualisierende Person eine so tiefgreifende Wirkung haben kann. Wir wissen allerdings, daß diese Visualisierungen ins tägliche Leben eindringen können. Entweder drohen sie den Meditierenden «weltabgewandt» zurückzulassen, mit dem Bedürfnis, sich lieber in die Vorstellungswelt zurückzuziehen, statt sich der Realität zu stellen (das genaue Gegenteil ist beabsichtigt!), oder sie verursachen große Unruhe und Furcht. In beiden Fällen können sie psychotische Zustände hervorrufen, und darin liegt ein Grund für die gelegentlich erteilte Warnung vor jedem «Herumspielen mit dem Okkulten».

Richtig angewendet, sind die Techniken, die in den *Geistlichen Übungen,* den Mysterienreligionen und anderen spirituellen Traditionen gelehrt werden, alles andere als ein «Herumspielen mit dem Okkulten». Doch sind sie nur für die Meditierenden geeignet, die die visuellen Erlebnisse, die sie hervorbringen, fest innerhalb der Grenzen kontrollierter Meditationspraxis halten können. Eine weitere Voraussetzung ist, daß die Meditierenden dem Karma-Yoga eines moralischen Lebens innerhalb der Philosophie und Selbstdisziplin einer spirituellen oder humanistischen Tradition folgen. Ein so geführtes Leben wird dazu beitragen können, daß die Inhalte der Visualisierungen von jeher freundlicher und fördernder Art sind. Solange diese schützenden Bedingungen aber nicht gegeben sind, sollte der Meditierende dem Pfad der ruhenden Meditation folgen.

Schließlich muß gesagt werden, daß Gehalt und Ton der *Geistlichen Übungen* sicher nicht allen Menschen zusagen. Sowohl Christen als auch Nicht-Christen mögen die Betonung des Gehorsams gegenüber der Kirche, das Hervorheben der Sündhaftigkeit, der Buße und der Furcht vor Verdammnis ablehnen, ebenso das stark devotionale Element, das in dieser Schrift durchgängig gegenwärtig ist. Doch die

Fließende Meditation I

Aufrichtigkeit und das Engagement des Verfassers der *Übungen* sind auch noch 400 Jahre später spürbar; sie werden sichtbar, wenn er betont, wie wichtig Geduld und Sanftmut auf Seiten des Meditationslehrers sind (Eigenschaften, die im allgemeinen nicht mit den Jesuiten in Verbindung gebracht werden). Bemerkenswert ist auch die Kraft der in den *Übungen* beschriebenen meditativen Praktiken sowie die Erkenntnis, daß es immer die Praxis ist, die zählt, und nicht das Dogma, das unweigerlich als ihr Umfeld entsteht. Die *Übungen* können noch immer denen als Handbuch von unschätzbarem Wert dienen, die bereit sind, fließende Meditation zu praktizieren. Uns alle kann diese Schrift daran erinnern, wie notwendig Disziplin und Struktur für die Meditation sind, wenn sie wirklich effektiv sein soll.

6. Fließende Meditation II: Die Welt des Schamanen

Das dritte Beispiel für fließende Meditation, mit dem ich mich beschäftigen möchte, ist der *Schamanismus*. Das Wort *shaman* stammt von den Tungusen Sibiriens und wird heute ganz allgemein verwendet, um die einheimischen spirituellen Praktiken und Glaubenslehren einer großen Anzahl verschiedener Kulturen zu bezeichnen. Diese erstrecken sich von Sibirien und Tibet nach Osten bis zu den Indianern Amerikas, den Eskimos und australischen Aborigines und nach Westen bis zu den afrikanischen Medizinmännern und den heidnischen Kulten Europas. Ob dieser übergreifende Gebrauch des Wortes gerechtfertigt ist, ist umstritten, denn es gibt viele grundlegende Unterschiede zwischen den spirituellen Praktiken und Philosophien dieser Kulturen. Doch mit Sicherheit sind alle von dem Glauben durchdrungen, daß der Schamane die Fähigkeit besitzt, in einen veränderten Bewußtseinszustand einzutreten, um mit der inneren Quelle des Wissens und der Macht, üblicherweise beschrieben als die Geisterwelt, in Kontakt zu treten.

Schamanismus stellt in seiner reinen Form, befreit von dem Aberglauben, der ihm anhaftet, eine Reihe anspruchsvoller Techniken dar, die unbestritten psychologische Kraft in sich tragen. Es ist tragisch, daß wir im Westen dies erst erkannt haben, nachdem wir schon viel dazu beigetragen haben, die Kulturen und Denkweisen zu zerstören, aus denen sich der Schamanismus entwickelt hat. Ein großer Teil der Aufmerksamkeit, derer sich der Schamanismus gegenwärtig erfreut, verdankt er einer Reihe von Büchern, die Carlos Castaneda über die Lehren eines alten indianischen Yaqui-Schamanen namens Don Juan geschrieben hat (*Die Lehren des Don Juan,* sowie sieben weitere Bände). Castaneda behauptet, ihm erstmals als Student der Anthropologie an der Universität von Kalifornien begegnet zu sein. Angeblich absolvierte Castaneda über einen Zeitraum von mehreren Jahren hinweg

Fließende Meditation II

eine Lehrzeit bei Don Juan, zunächst in Arizona und später in Mexiko. Dabei lernte er, veränderte Bewußtseinszustände herbeizurufen, anfangs noch mittels Drogen wie zum Beispiel Peyote, danach allein durch die Kraft des Willens.

Es bestehen beträchtliche Zweifel an der Glaubwürdigkeit von Castanedas Berichten, die sich sowohl auf die tatsächliche Existenz von Don Juan beziehen als auch auf die Einzelheiten, die Castaneda über seine Erfahrungen mitteilt. Wer sich systematisch durch alle Bücher Castanedas hindurcharbeitet und bemerkt, wie seine Berichte von Buch zu Buch immer bizarrer und unwahrscheinlicher werden, wird sich ein eigenes Urteil bilden. Doch bevor wir Castaneda einfach abtun, muß fairerweise darauf hingewiesen werden, daß Teile seiner Arbeit zweifellos auf der Kenntnis schamanistischer Praktiken beruhen, ganz gleich, wie diese Kenntnisse nun erworben wurden. Unglücklicherweise scheinen andere Teile einige seiner Leser in die falsche Richtung geführt zu haben, und vermutlich haben sie auch zu den vorschnell zusammengeschriebenen Büchern über Schamanismus beigetragen, die in den letzten Jahren erschienen sind.

In Wirklichkeit sind echte Schamanen (die weiblich oder männlich sein können) selbst in Kulturen, die sie ausbilden und erhalten, sehr selten. Ihre Fähigkeiten und Gaben entwickeln sich erst nach langer Schulung, dessen Härten und dessen psychische und physische Gefahren die Möglichkeiten der meisten Menschen übersteigen. Schamanismus war nie ein Weg der spirituellen Entwicklung für gewöhnliche Männer und Frauen, wie auch die *Geistlichen Übungen* des heiligen Ignatius keineswegs für Nicht-Jesuiten gedacht waren – wie auch der Marathonlauf für normale Frauen und Männer kein Weg ist, um fit zu bleiben.

Das heißt jedoch nicht, daß Sie bestimmte schamanistische Praktiken nicht in Ihre Meditation einbeziehen können, wenn Sie Ihnen hilfreich erscheinen. Wie schon erwähnt, sind meditative Praktiken nicht voneinander getrennt, als wären sie in wasserdichten Behältern eingeschlossen. Meditation ist Meditation, und die verschiedenen Formen können einander ergänzen und bereichern. Auch wenn Sie schamanistische Praktiken nicht ausüben, ist das Wissen um diese Praktiken und die dahinterstehende Philosophie keinesfalls wertlos. Ein solches Wissen ist im Gegenteil vor allem aus vier Gründen sehr

Fließende Meditation II

nützlich. Der erste ist, daß am Schamanismus einmal mehr die Kraft der Visualisierung erkennbar wird; der zweite, daß er großen Wert auf die Wirksamkeit von *Klängen* beim Hervorrufen des meditativen Zustands legt; der dritte, daß er uns eine symbolische Version einiger Aspekte der meditativen Reise zur Verfügung stellt. Der vierte, herausragendste Grund besteht darin, daß Schamanismus eine besondere Beziehung zur Erde lehrt, eine Beziehung, die in unserer materiell eingestellten Welt zum großen Teil verlorengegangen ist. Der erste dieser Gründe, die Stärkung der Visualisierungskraft, ist bereits an anderer Stelle behandelt worden, auf den dritten und vierten komme ich im weiteren Verlauf dieses Buches zurück. Lassen Sie mich mit dem zweiten Grund, der Wirksamkeit von Klängen, beginnen. (Dieses Thema wird auch im 10. Kapitel berührt.) Es besteht kein Zweifel daran, daß die andauernde Wiederholung bestimmter Töne – besonders wenn sie rhythmischer Art ist – einen Einfluß auf den physischen Rhythmus des Gehirns hat. Dies kann dem Meditierenden helfen, die entspannte und doch gezielte Sammlung zu erreichen, die für die Meditation unerläßlich ist.

Aber auch hier ist wieder ein warnender Hinweis notwendig, und auch diesmal hat er etwas mit dem Eintritt in einen veränderten Bewußtseinszustand zu tun, bei dem der Meditierende den Kontakt mit der Wirklichkeit verliert. Der mit Klängen verbundene veränderte Bewußtseinszustand ist in gewisser Weise jener Ekstase ähnlich, die ein Charakteristikum der Innere-Stimme-Meditation vieler Mystiker ist und die auch in bestimmten Formen der Yoga-Meditation vorkommt, wie Krpālvanand in seinem Buch *Science of Meditation* beschreibt. In diesem Zustand verliert man jedes Gefühl für Zeit, Raum oder die persönliche Identität, ist gefangen in der Erfahrung von Ekstase oder Visionen. Zustände dieser Art können sehr wertvoll sein und einen Schritt vorwärts bedeuten auf dem Weg, der zum Verlust des begrenzten Ich führt. Doch für unerfahrene, unvorbereitete Menschen können sie desorientierend und zermürbend sein; sie können Gefühle von Depersonalisierung hervorrufen, die furchterregend und psychisch gefährlich sein können.

Für den Schamanen aber sind diese Zustände Teil der Erkenntnis, daß unsere gewohnte Weise, die Welt zu erfahren und uns in Beziehung zu ihr zu setzen, nur eine Möglichkeit der Erfahrung ist. Für den

Fließende Meditation II

Schamanen beruht unsere Erfahrungsweise auf einer Reihe falscher Annahmen, nämlich daß diese Welt die einzige Wirklichkeitsebene ist; daß es unüberwindbare Grenzen zwischen den Wirklichkeiten gibt; daß es unmöglich ist, mit Verstorbenen zu kommunizieren oder mit dem Bewußtsein von Tieren und anderen Lebewesen Kontakt aufzunehmen.

Die rhythmischen Klänge, die die Schamanen verwenden, um in einen anderen Bewußtseinszustand zu wechseln, werden hauptsächlich durch Trommeln erzeugt, begleitet vom Schütteln einer Rassel und sich wiederholendem, monotonem Singen auf einem einzigen Ton; oder von zwei Schlägen auf einen Ton und zwei Schlägen zweieinhalb Töne tiefer (Sie können sich eine Vorstellung davon machen, wenn Sie die Silben *Hi-a - - - wa-tha* auf beide Arten singen.) Für diesen Rhythmus gibt es gute Gründe. Die Gehirnforschung hat herausgefunden, daß ein Trommelrhythmus von mehr als 205 Schlägen pro Minute eine starke Wirkung auf den elektrischen Rhythmus des Gehirns hat und auch den Alpha- und den Theta-Rhythmus beeinflußt, die beide mit Meditation und veränderten Bewußtseinszuständen in Verbindung gebracht werden. Der gleichbleibende Klang der Rassel und der monotone Gesang verstärken diesen physiologischen Effekt (s. Kasten 9).

Der Schamane beginnt nun vor dem Hintergrund des Trommelns mit dem Prozeß der Visualisierung, der zu der inneren schamanistischen Reise führt. In einigen schamanistischen Traditionen, insbesondere denen der nordamerikanischen Indianer, waren auch Fasten und körperliche Schmerzen – besonders während der Lehrzeit des Schamanen – von Bedeutung, um den Antritt dieser inneren Reise herbeizuführen und zu beschleunigen. Körperliche Schmerzen verstärken die durch das Trommeln und Singen verursachte Desorientierung, und da körperlicher Schmerz auch die Ausschüttung von Endorphinen anregt (jenen Hormonen, die schmerzstillend wirken und für gewisse psychische «Highs» verantwortlich sind), ist der Gesamteffekt auf den Geist ganz besonders stark.

Eine andere Methode ist die der Isolation; der Schamane muß während seiner Lehrzeit lange Zeit einsam in den Wäldern zubringen und ist all den emotionalen Anfechtungen von Einsamkeit und Furcht ausgesetzt, die solch eine Zeit der Isolation bei einem jungen, für

Fließende Meditation II

KASTEN 9:

Trommeln

Wenn Sie die Warnung bezüglich einer möglichen Depersonalisierung fest im Gedächtnis haben und mit dem Trommeln experimentieren wollen, so sollten Sie eine einseitig bespannte Rahmentrommel von 45 bis 47 cm Durchmesser benutzen, die Sie in einem Musikgeschäft kaufen können. (Sie können sie natürlich auch selbst anfertigen, doch ohne Anleitung in einem Kunsthandwerkkursus ist das nicht anzuraten.) Möchten Sie zusätzlich eine Rassel verwenden, dann ist eine aus getrocknetem Flaschenkürbis ideal; Sie können sie in folkloristischen Kunstgewerbeläden kaufen. Sie können auch eine fabrikmäßig hergestellte Maraca kaufen, aber probieren Sie verschiedene aus, und kaufen Sie die mit dem stärksten, härtesten Klang.

Anfänglich müssen Sie mit zwei Partnern arbeiten; einem, der die Trommel schlägt, und einem, der die Rassel schüttelt, und zwar mit nicht weniger als 180 regelmäßigen Schlägen pro Minute. Beobachten Sie, welche Wirkung das auf Sie hat. Wenden Sie sich nun, vor diesem Hintergrund, Ihrer gewohnten Meditationspraxis zu. Wenn Sie mit Visualisierungen arbeiten (wie der im 7. Kapitel beschriebenen Meditation über die inneren Qualitäten), dann nehmen Sie ein Bild aus der Natur, zum Beispiel einen Baum oder einen Wasserfall. Sammeln Sie sich darauf, wie Sie das bei einem Bild Ihres spirituellen Lehrers machen würden. Ist die Visualisierung ganz klar und deutlich, begeben Sie sich in sie hinein, und nehmen Sie wahr, wie die Szenerie ein Eigenleben annimmt. Lassen Sie sich nicht durch irgend etwas oder irgend jemanden, dem sie begegnen, beunruhigen. Nehmen Sie nur wahr, und gehen Sie weiter. Nach einer vorher verabredeten Zeit (zum Beispiel 10 Minuten) sollten Ihre Partner die Geschwindigkeit des Trommelns und Rasselns erhöhen, um zu signalisieren, daß es Zeit ist, zurückzukehren.

Fließende Meditation II

Eindrücke empfänglichen Geist hervorrufen, der bereits erfüllt ist von allerlei Gemunkel über Krafttiere, Geist-Führer und Geist-Reisen.

In der sich daran anschließenden Initiation visualisiert der angehende Schamane die Öffnung einer Höhle oder einer Erdspalte als Symbol für den Eingang zur Unterwelt, zur Welt der Geister. Ist das lange vorbereitende Training erfolgreich gewesen, dann kann die Visualisierung ein Eigenleben annehmen, so wie ich es im letzten Kapitel beschrieben habe. Der Lehrling folgt dann dem Pfad, der in die Unterwelt führt; und dort, als letzte Stufe der Initiation, kann er vielleicht die Erfahrung einer symbolischen Zerstückelung durch die Geister oder Krafttiere (Symbole innerpsychischer Kräfte) machen – er erfährt den rituellen Tod des Schamanen –, um anschließend in dem neuen Leben des reifen Schamanen «wiedergeboren» zu werden (siehe Joan Halifax: *Die andere Wirklichkeit der Schamanen*).

Der Lehrling wird den betreffenden Geistern oder Krafttieren häufig schon im Laufe seines früheren Visualisierungstrainings begegnet sein. In vieler Hinsicht ist dieses Training den *Geistlichen Übungen* ähnlich. Der Lehrling visualisiert, häufig unter der geflüsterten Anleitung eines Lehrers, eine Szene an einem verlassenen Ort – in einem Wald oder auf einem Berg vielleicht. Dann muß er den Schauplatz in seiner Vorstellung selbst betreten und sein persönliches Krafttier finden, das ihm später als Führer dienen wird.

Der visualisierte Ort ist oft ein tatsächlich existierender Platz, den der Lehrling gut kennt, so daß die Visualisierung ganz klar werden kann. Später wird der Lehrling manchmal an diesem realen Ort in Einsamkeit zurückgelassen. Das Krafttier wird dann so visualisiert, als gehörte es zur normalen Realität. Auf diese Weise wird es für den Lehrling zunehmend wirklicher, und es erscheint prompt am Eingang zur Unterwelt. Auch der rituelle Tod und die Zerstückelung werden ähnlich real erlebt. Danach, wenn der Körper innerhalb der Visualisierung wieder zusammengefügt wird, scheint dies tatsächlich wie eine Auferstehung, wie eine Wiedergeburt in ein neues, machtvolleres Ich zu sein.

Schamanismus und griechische Mythologie

Es gibt interessante Parallelen zum tibetischen Chöd-Ritual, bei dem der Novize auf einem Bestattungsplatz zurückgelassen wird und dort die Geister der Toten und wilden Tiere anruft, ihn zu zerfleischen und zu verschlingen. Auch hier geht es um einen rituellen Tod, diesmal verbunden mit dem Gefühl, sich zu opfern, den eigenen Leib und das eigene Blut für andere hinzugeben, gefolgt von der Wiedergeburt in ein geläutertes, höheres Bewußtsein.

Auch in der Geschichte des Orpheus, Sohn einer der griechischen Musen, lassen sich Parallelen aufzeigen, die für den westlichen Meditierenden von besonderem Wert sind. Wie die Schamanen hatte auch Orpheus eine besondere Beziehung zur Erde, und mit seiner Musik konnte er Bäume, wilde Tiere, Quellen und Brunnen bezaubern. Nach dem Tod seiner Frau Eurydike stieg Orpheus in die Unterwelt hinab, um sie zu retten. Doch er scheiterte, weil er die Bedingungen, die an ihre Rettung geknüpft waren, nicht einhielt und sich nach ihr umsah, bevor sie das Tageslicht erreicht hatten. Untröstlich über seinen Verlust, hörte er auf, den Gott Dionysos zu verehren, und wurde für seine Nichtachtung von den Mänaden, den Dienerinnen des Gottes, in Stücke gerissen.

Jung wies darauf hin, daß das Studium der Mythen und Legenden von großem psychologischen Wert ist, da sie uns auf erzählerische Weise ewig gültige Wahrheiten über unser Wesen und unsere psychischen Aufgaben auf dem Weg zur Ganzheit vermitteln. Die Tatsache, daß solche Erzählungen in allen Kulturen und über die Jahrhunderte hinweg auftauchten, läßt erkennen, daß sie diese symbolische Bedeutung besitzen. Die gemeinsamen Merkmale dieser Mythen und Praktiken sind ein Hinweis auf ihre psychologische Wahrheit. Alle bedeutenden Traditionen wurden dann von menschlichen Vorurteilen, von Machtgier und Mißverstehen entstellt, wenn die Menschen es unterließen, sich spirituell zu erneuern und zu den spirituellen Ursprüngen zurückzukehren, denen die Traditionen ihr Entstehen verdanken. Nur wenn wir nach diesen gemeinsamen Merkmalen Ausschau halten, werden wir in der Lage sein, in diesen Traditionen die Spreu vom Weizen zu sondern.

In vielen griechischen Mythen können wir in symbolische Form

Fließende Meditation II

gegossene Lehren entdecken, die auch in den vom klassischen Griechenland so weit entfernten Traditionen wie dem sibirischen und indianischen Schamanismus zu finden sind. Orpheus ist insofern Schamane, als er ein besonderes Verhältnis zur Natur hat, ihre Sprache spricht und ihre Geheimnisse versteht. Wie der Schamane steigt auch Orpheus in die Unterwelt hinab, um seine andere Hälfte zu finden, sein spirituelles Selbst, das von Eurydike symbolisiert wird. Doch Orpheus läßt sich von seinen ungezügelten Gefühlen in die Irre führen. Weil er sein Verlangen, Eurydike anzuschauen, nicht bezwingen kann, sieht er sich um und verliert sie für immer. Er wird zu einem Schamanen, der an seiner wichtigsten Prüfung scheitert – der Selbstbeherrschung. Anschließend zerstört ihn dieses Scheitern, denn nach seinem rituellen Tod durch die Mänaden erfährt sein zerrissener Leib keine Auferstehung zu neuem Leben. Sein abgetrennter Kopf jedoch fährt in dem Mythos fort zu singen und symbolisiert damit die Hoffnung, daß das Leben unzerstörbar ist und daß die Möglichkeit, Erleuchtung zu erlangen, in einem zukünftigen Leben wieder gegeben sein wird.

Das bringt mich zu dem im letzten Unterkapitel aufgeführten dritten Grund, warum die Kenntnis des Schamanismus für den Meditierenden so wertvoll ist: Schamanismus vermittelt uns nämlich ein symbolisches Bild des Weges zur Ganzheit. Dieser Weg führt tief in uns selbst hinein, in die Unterwelt, wo unsere Individualität, wie wir sie verstehen, endet und wir Kontakt aufnehmen mit den psychischen Kräften, die unser gemeinsames menschliches Erbe sind. Jung nannte diesen Bereich auf der Suche nach einer Bezeichnung, die von der westlichen Wissenschaft akzeptiert würde, das *kollektive Unbewußte* (s. Kasten S. 47f.). Diese Bezeichnung erklärt ihn natürlich nicht. Der Begriff deutet lediglich an, daß wir über Zeitalter und Kulturen hinweg diesen verborgenen Speicher psycho-spiritueller Energie miteinander teilen. Jung vermutete, daß wir mit unseren Genen eine Art geistigen Bauplan erben, analog dem körperlichen Bauplan, der uns die allen gemeinsame menschliche Gestalt gibt.

Um in diese Unterwelt *bewußt* hinabsteigen zu können, müssen wir uns zunächst einmal durch Meditation disziplinieren, unseren umherschweifenden Geist und unsere unberechenbaren Gefühle kontrollieren. Sind wir dann bereit, dringen wir in die Unterwelt vor und

Schamanismus und griechische Mythologie

entdecken dort, daß unser «Ich», die Person, die wir zu sein glauben, auseinandergerissen werden muß, zerstückelt werden muß wie das Ich des Schamanen, um wieder zusammengefügt zu werden zu einem anderen Bewußtsein, dem Bewußtsein eines «befreiten» Menschen, der weiß, wer er wirklich ist. Oder, wie die Schamanen sagen: dem Bewußtsein einer Frau oder eines Mannes der Kraft. Nun ist man frei, sich entweder in die, wir wie sie nennen könnten, Überwelt zu begeben, den Teil des kollektiven Unbewußten, der mit der spirituellen Weisheit in Verbindung steht, oder in der Unterwelt zu verbleiben, dem Bereich, der mit der Natur und den natürlichen Mächten verbunden ist.

In ein ganz anderes Bewußtsein eintreten, das ist nämlich das, was Christus meint, wenn er sagt, wir müßten «von neuem geboren» werden. Für diese «Wiedergeburt» müssen wir als erstes dem Pfad der Disziplin und Vorbereitung folgen, das heißt, wir müssen zuerst Haus und Familie verlassen (das ist nicht unbedingt wörtlich zu nehmen; symbolisch bedeutet es, den Geist von seinen gewöhnlichen Beschäftigungen abzuwenden). Dann sollen wir ihm nachfolgen – den Pfad des spirituellen Wachstums gehen. Und nur durch die Neugeburt sind wir für die nächste Stufe gerüstet, das Eingehen in das Himmelreich, in die Überwelt der spirituellen Weisheit, die hier und jetzt existiert und nicht nur einem Zustand jenseits des Todes vorbehalten ist.

Zur Vorstellung von Neugeburt gibt es weitere erstaunliche Parallelen. In der ägyptischen Mythologie – einer anderen Schatzkammer psychologischer und spiritueller Wahrheiten – zeigen sie sich in der Geschichte des Gottes Osiris. Der Himmelsgott Osiris, der unser vollständiges Potential symbolisiert, wird von seinem Bruder Seth überlistet und ermordet. Dieser verkörpert die Unruhe stiftende, ruhelose Seite unseres Geistes, jenen Teil, der unsere Chancen zu spirituellem Wachstum zerstört. Nach langer Suche findet Osiris' Schwester Isis, die unsere spirituelle Natur und das geduldige Vorgehen bei der spirituellen Übung symbolisiert, seinen zerstückelten Körper. Durch ihre Liebe wird er zu neuem Leben erweckt, um fortan als Symbol der Erleuchtung, Erlösung und Unsterblichkeit zu dienen.

Es ist interessant, daß die alten Griechen und Ägypter, die über die tieferen Ebenen der menschlichen Psyche genausoviel, wenn nicht mehr wußten als wir heute, sich nicht dafür entschieden, ihr Wissen so darzulegen, wie wir es tun – durch psychologische Bezeichnungen wie

Fließende Meditation II

«bewußter» und «unbewußter» Geist. Sie wählten Götter und Göttinnen, die unsere Welt betreten und sich nach Belieben als Menschen oder oder Tiere verkörpern konnten – Sinnbilder der Mächte, für die sie selbst standen. Wie gern bedauern wir diese armen Primitiven, deren Köpfe so voller Märchen waren, und die an den Wohltaten der modernen Wissenschaft nicht teilhaben konnten. Und doch: Welche Kultur ist der Wahrheit näher? Eine, die von einer Unter- und einer Überwelt spricht und symbolische Landkarten hat, damit wir uns in ihnen zurechtfinden; eine Kultur, in denen Gottheiten die Kräfte dieser Welten verkörpern, so daß wir, da die Menschlichkeit der Götter die unsrige repräsentiert, Aspekte unserer selbst in ihnen erkennen und auf diese Weise besser verstehen und bewältigen können? Oder eine Kultur, die einen trockenen Begriff wie «das Unbewußte» benutzt, um diese geheimnisvollen Welten zu erfassen, und die die Götter und Göttinnen durch abstrakte Bezeichnungen wie «Triebe» (Instinkte) und «Komplexe» ersetzt?

Die Frage kann nicht wissenschaftlich beantwortet werden. Wir müssen statt dessen zu poetischer Wahrheit Zuflucht nehmen. Wir müssen uns fragen, welche dieser kulturellen Ideen uns mehr berühren, wenn es darum geht, uns selbst zu verstehen. Welche dieser Vorstellungen inspiriert uns mehr, unseren Geist zu erforschen? Welche gibt uns klarere Anleitungen für diese Erforschung, welche vermittelt uns eine klarere Überzeugung, daß sie uns zu seelischer Ganzheit und spirituellem Wachstum führen wird? Ein so bedeutender Psychologe wie Jung hatte keinen Zweifel an der Antwort, und ich teile seine Überzeugung.

Schamanismus und Natur

Der vierte Grund, warum die Kenntnis des Schamanismus für den Meditierenden von so großem Wert ist, liegt in der Tatsache, daß Schamanismus eine Beziehung zur Natur lehrt, die auf der Erkenntnis basiert, daß wir ein Teil von ihr und nicht von ihr getrennt sind. Es ist die Natur, die uns trägt und nährt; sie ist gewissermaßen unser aller Mutter, die uns gibt, was wir brauchen, und die sich aus ihrem eigenen Füllhorn erneuert (wenn wir sie lassen). Im zweiten Kapitel sprach ich von den vier Elementen (Erde, Luft, Feuer, Wasser), aus denen wir

Schamanismus und Natur

bestehen. Fügen wir noch das fünfte Element, den Äther (oder *Geist*)* hinzu, so sind wir all diese Elemente, und sie sind wir. Wir sind aus ihnen geschaffen und tragen sie während unseres gesamten physischen Lebens als Geschenk der Erde in uns. Nach unserem Tod geben wir sie in Dankbarkeit an die Erde zurück. Das fünfte Element aber wird in einer anderen Gestalt, an einem anderen Ort und zu einer anderen Zeit weiterleben.

Der Schamanismus lehrt, daß unser Körper uns, wenn wir ihm zuhören, die Weisheit der Elemente vermittelt, jene Weisheit, die uns Liebe für die Natur schenkt, für die Schönheit von Seen, Himmel und Wäldern, für die am Horizont aufgetürmten Wolken, für die strahlenden Gesichter von Sonne und Mond, für das Raunen des Windes, für den Regen, für waldige Täler und ferne Gebirge, für die Freude im Lied des Flusses, für die Schönheit der Blüten und Blumen, für das Gefühl der Harmonie, der Dazugehörigkeit, das uns überwältigt, wenn wir innehalten in dem, was wir gerade tun, und nur die Natur um uns und in uns sehen, hören und spüren.

Leider sind wir nur als Kinder mit dieser Weisheit eng verbunden. Während der Pubertät verlieren wir sie allmählich. Das ist einer der Gründe, warum die Schulung des tibetischen Mönchs, des Schamanen und des Zauberlehrlings vor der Pubertät beginnt, wenn der Schüler noch offen ist für die Wunder des Lebens und seine emotionalen Energien besonders stark sind. Nachdem wir verlernt haben, mit dieser Wahrheit in Kontakt zu sein, müssen wir dies später mühsam durch Übungen wie Meditation wieder lernen. Und leider sind wir auch nur als Kinder in Berührung mit dem fünften Element, dem *Geist* jener Weisheit, die weiß, wer wir wirklich sind, wenn wir ihr nur Beachtung schenken. Auch sie müssen wir im Erwachsenenalter wieder erwecken, indem wir dem Pfad der Meditation folgen.

In dieser Weise aber verliert der Schamane niemals den Kontakt. Er lebt und wächst mit der natürlichen Weisheit, und er wandelt stets in einer anderen Wirklichkeit als wir. Finden wir als Erwachsene unseren Weg zurück zu dieser Wirklichkeit, dann sagen wir: «Ach ja, natürlich, wie dumm von mir, das zu vergessen!»

---

* Im Sinne von engl. *spirit,* lat. *spiritus,* zur Unterscheidung vom individuellen Geist oder «Gemüt» (engl. *mind,* lat. *mens*). (Anm. d. Übers.)

\ *Fließende Meditation II*

Erfüllt von dieser Weisheit, hat der Schamane die Natur von jeher geliebt und verstanden und es für unwürdig gehalten, ihr die sinnlose Gewalt zuzufügen, die wir in unserer Habgier zu einer gefühllosen Gewohnheit haben werden lassen. Wenn man einmal den überwältigend leeren, widerhallenden Raum der amerikanischen Prärien erlebt, dann ahnt man vielleicht, wie die nordamerikanischen Schamanen die Weite der physischen Realität und korrespondierende Weite ihres Geistes verstanden. Und hat man die Möglichkeit, an schamanistischen Ritualen teilzunehmen, bekommt man eine Ahnung davon, wie der Schamane die Konzentration so schärfen kann, daß äußere und innere Wirklichkeit miteinander verschmelzen.

Als ich einmal mit einer Reihe gleichgesinnter Männer und Frauen an einer Schwitzhütten-Zeremonie der Indianer teilnahm und wir alle in einfacher Nacktheit in einem Tipi auf engstem Raum zusammensaßen, da verstand ich ganz plötzlich, wie der Schamane seinem Stamm die Weisheit vermittelt. Er tut es, indem er die Menschen dazu bringt, sich den Elementen auszusetzen und sich auf diese Weise ihrer eigenen Natur zu erinnern. Mit dem Boden unter der bloßen Haut, der quälenden Hitze, die die Lungen mit Feuer erfüllt und den letzten Tropfen Feuchtigkeit aus dem Körper wringt, ist man auch im übertragenen Sinne aller Dinge außer dem elementaren Sein entblößt. Sogar die Furcht, die durch diese dunkle Enge, diese unvorstellbare, erstickende Hitze erweckt wird, verdunstet. Dann, nach mehreren längeren Aufenthalten in der Schwitzhütte, liegt man untergetaucht im Wasser eines nahegelegenen Flusses (der «lange Mann» der indianischen Tradition), und nichts ist übriggeblieben als das Empfinden, mit allem eins zu sein, das Gefühl, daß alle Getrenntheit aufgelöst ist, und das Wissen, an den Platz zurückgekehrt zu sein, den in Wirklichkeit niemand von uns je verläßt.

Meditation mit den Elementen

In der Schwitzhütte ist man mit den Elementen unmittelbar, von Angesicht zu Angesicht, konfrontiert. Mit dem Element Feuer in Gestalt der brütenden Hitze; mit dem Element Wasser in Form des siedend heißen Dampfes, der aus der Mitte des Kreises aufsteigt, wenn

Meditation mit den Elementen

der Schamane die rotglühenden Steine anfeuchtet; mit dem Element Luft durch das Brennen in den Lungen und mit dem Element Erde durch den Boden unter uns. Es gibt keine *Vorstellungen über* die Elemente, nur die *Erfahrung von* ihnen, und plötzlich fällt die Konfrontation fort, und die Elemente außerhalb und innerhalb unseres Körpers fließen ineinander über und verschmelzen miteinander. Ob man es will oder nicht, auch die Gedanken fallen weg, und alles vereint sich in der Eins-gerichtetheit einer intensiven und doch offenen und entspannten Meditation.

Doch es gibt auch noch andere, weniger dramatische Wege, die Elemente in die Meditation einzubeziehen. In der schamanistischen Tradition sitzt der Schamane in unbewegter Ruhe inmitten der Natur, und alle seine Sinne sind auf einen Baum, auf die Geräusche des Windes, auf einen Fluß oder einen Wasserfall gerichtet. Er starrt lange in die flackernden Flammen des Feuers, liegt auf dem Boden, bis der Körper, der fest gegen die Erde gedrückt ist, eins mit ihm wird, beobachtet den Flug eines sich in die Lüfte schwingenden Vogels, bis der Geist auf denselben Flügeln aufsteigt, studiert unverwandt die Spuren der wilden Tiere in den Wäldern, bis er die Welt so wahrnimmt, wie sie es tun.

Meditieren Sie in dieser Weise über die Natur, können Sie verhältnismäßig schnell zu einem Gefühl der Einheit mit dem Leben und den Energien, die Sie umgeben, gelangen. Suchen Sie sich draußen in der Natur einen Ort, der Ihnen für die Meditation geeignet scheint. Setzen Sie sich nieder, und sammeln Sie sich auf den Atem, bis Sie einen meditativen Zustand erreichen. Übertragen Sie Ihre Sammlung dann auf einen Baum, den Wind, das Wasser, die Erde oder was Ihnen sonst zusagt. Konzentrieren Sie sich jeweils nur auf ein Objekt, da der Geist, wie immer, eins-gerichtet sein muß. Lassen Sie nicht zu, daß er von anderen Dingen abgelenkt wird, wie reizvoll oder möglicherweise hilfreich sie auch erscheinen mögen. Und erlauben Sie nicht, daß sich Vorstellungen *über* den Baum, den Wind oder das Wasser dazwischendrängen. Seien Sie mit klarem, offenen Geist auf das Objekt der Meditation gesammelt. Ist es ein visueller Gegenstand, so halten Sie die Augen möglichst lange offen, und blinzeln Sie nur, wenn sie Ihnen wehtun. Sitzen Sie so, daß Sie das ganze Objekt im Blick haben und nicht in Versuchung geraten, den Kopf oder die Augen zu bewegen.

Fließende Meditation II

Haben Sie einen auditiven Gegenstand der Sammlung gewählt, dann schließen Sie die Augen und richten Ihre Aufmerksamkeit, ohne daß sich Vorstellungen hineindrängen können, auf das Hören. Verlangen Sie nichts von diesem Gegenstand. Erwarten Sie nichts. Hören Sie nur. Ähnlich gehen Sie vor, wenn Sie über das Gefühl der Bodenberührung meditieren. Grübeln Sie nicht darüber nach, ob der Boden sich hart oder weich, warm oder kalt anfühlt. Konzentrieren Sie sich auf die Körperempfindungen, fühlen Sie sie, und schweifen Sie nicht ab.

Haben Sie diese Form der Meditation erfolgreich entwickelt, können Sie Ihre Sammlung ausweiten, bis sie Sehen und Hören gleichermaßen umfaßt. Doch beginnen Sie nicht voreilig damit, und lassen Sie Ihre Aufmerksamkeit nicht unruhig hin und her, von einem Objekt zum anderen springen. Nach einiger Übung werden Sie entdecken, daß der Geist in dem Raum verbleiben kann, der erfüllt ist von beidem, und Sie werden erkennen, daß dieser Raum der Geist selbst ist, der Raum, der Innen und Außen in einem ewigen Spiel vereint.

Meditation über die inneren Elemente

Auch für die Meditation über die Elemente des Körpers gibt es Techniken. Sie sind schwieriger, denn ihr Ausgangspunkt ist schöpferische Imagination und nicht die äußere Welt. Beide Meditationen sind aber gleich lohnend. Wählen Sie eins der Elemente – Astrologen raten, mit dem Element zu beginnen, das Ihrem Sonnenzeichen zugeordnet ist –, und versuchen Sie, es in Ihrem Körper wahrzunehmen.

Nehmen wir an, Sie beginnen mit Wasser. Sobald Ihre Meditation durch die Sammlung auf den Atem gefestigt ist, verlagern Sie die Aufmerksamkeit auf das flüssige Element in Ihrem Körper. Stellen Sie sich vor, daß Sie das Fließen des Blutes durch Arterien und Venen empfinden können. Konzentrieren Sie sich nicht auf den irgendwo klopfenden Puls (das wäre eine Meditation über den klopfenden Puls), sondern imaginieren Sie, daß Sie das tatsächliche Gefühl von Bewegung erfahren. Beginnen Sie mit den Füßen, und verweilen Sie dort mit Ihrer Aufmerksamkeit. Gehen Sie von da zu den Waden, dann zu den Knien, den Schenkeln und auf diese Weise den ganzen Körper

Meditation über die inneren Elemente

hinauf. Lassen Sie das Bewußtsein nicht durch den Körper *wandern*, als würde es mit dem Blutstrom fließen. Das würde die Sammlung nur zerstreuen und zu Fragen führen wie: «Wie schnell fließt das Blut?» Konzentrieren Sie sich statt dessen jeweils auf einen festen Punkt, und stellen Sie sich dort die Empfindung des vorbeifließenden Blutes vor. An diesen Orten, an denen Ihre Konzentration verweilt, werden Sie schließlich ein Kribbeln empfinden. Sind Sie auf diese Weise durch den ganzen Körper gegangen, bis zum Scheitelpunkt, wird dieses Kribbeln Sie als angenehme Empfindung pulsierender, strömender Energie durchfluten. Kümmern Sie sich nicht darum, ob das noch Ihre Vorstellung ist oder ob Sie jetzt etwas Objektives erfahren. Wesentlich ist, daß Sie es empfinden, daß es dem Körper ein Gefühl der Gesundheit und des Wohlbehagens schenkt und Sie nach regelmäßiger Übung spüren werden, sowohl innerhalb als auch außerhalb der Meditation, daß Sie etwas von der fließenden Anmut des Wassers angenommen haben. Sie werden auch bemerken, daß Sie ein neues Verwandtschaftsgefühl gegenüber dem Wasser in all seinen Erscheinungsformen entwickeln, ein Gefühl der Zusammengehörigkeit, als hätten Sie es, indem Sie es in sich selbst wahrgenommen haben, als Lebensgefährten, als großzügigen Bruder oder großzügige Schwester erkannt.

Ähnlich können Sie über Feuer, Erde und Luft meditieren. Arbeiten Sie mit dem Element Feuer, dann folgen Sie dem oben beschriebenen Ablauf. Spüren Sie die Wärme in den Füßen, Beinen und so weiter. Versuchen Sie nicht, warm zu werden, indem Sie sich wärmer anziehen. Fühlen sich Ihre Füße anfänglich kalt an, wärmen Sie sie nicht. Sie *sind* bereits warm. Das Blut dort hat die gleiche Temperatur wie im übrigen Körper. Wäre es genauso kalt wie die Luft außerhalb des Körpers, dann wären die Füße buchstäblich tot. Bleiben Sie also bei einem Gefühl der Wärme. Erwarten Sie nicht, daß sich die Füße dadurch sofort erwärmen. Darum geht es in dieser Übung nicht (obwohl es ein willkommener Nebeneffekt sein kann). Es geht darum, sich die Wärme in den Füßen, das warme Blut und das warme Gewebe vorzustellen. Lassen Sie sich nicht durch Kälteempfindungen an der Oberfläche der Füße ablenken. Bringen Sie Ihre Vorstellung in die Füße hinein, und lassen Sie die vorgestellte Wärme sich von dort aus langsam ausbreiten.

Fließende Meditation II

Meditieren Sie über Luft, dann beginnen Sie mit der Lunge. Konzentrieren Sie sich nicht auf die Empfindungen beim Ausdehnen und Zusammenziehen der Lunge. Stellen Sie sich vor, Sie könnten die Luft zunächst in der Lunge fühlen; und dann, wie sie weiter vom Blut in jeden Körperteil transportiert wird. Die Technik ist hier dieselbe wie beim Element Wasser: Sie richten Ihre Aufmerksamkeit jeweils auf einen bestimmten Teil des Körpers und stellen sich vor, wie die im Blut enthaltende Luft (der Sauerstoff) daran vorbeifließt. Imaginieren Sie die Luft auf eine Art, die Ihnen zusagt: als weißes Licht, als sanften Luftstrom oder als Strom voller Luftbläschen.

Wichtig ist, daß Ihre Vorstellung nicht, wie beim Wasser, die Idee des Fließenden enthält, sondern die der Leichtigkeit, eine erhebende Qualität, so daß der Körper sich leicht und frei fühlt, gereinigt von den Lasten, die ihn niedergedrückt haben.

Bei der Meditation über Erde stellen Sie sich die Festigkeit Ihres Körpers vor, und beginnen Sie wieder an den Füßen. Imaginieren Sie diese Festigkeit als Stärke oder Kraft. Lassen Sie sich auch hier nicht dazu verführen, diese Stärke unmittelbar fühlen zu wollen, indem Sie zum Beispiel die Muskeln anspannen. Imaginieren Sie von innen her das Gewicht des Körpers, das vom Zug der Schwerkraft sicher gehalten wird, die Stärke in den Muskeln und Sehnen, die den Körper auf Anordnung des Geistes hin bewegen, die Kraft des Körpers, die physische Objekte bewegt und mit ihnen hantiert.

Meditation über die vier Elemente kann Ihnen ein neues Verhältnis zu Ihrem Körper und zur Umwelt vermitteln. Sie empfinden die anhaltende Wärme in Ihrem Körper und die Verbindung dieser Wärme mit der Wärme um Sie herum. Sie spüren die Leichtigkeit der Luft, die in Sie hineinströmt und Sie erhebt; Sie fühlen die geerdete Festigkeit Ihres Gewichts und Ihre Stärke. Und mit jedem Element empfinden Sie Ihre Verwandtschaft mit den Menschen, Tieren und Pflanzen, die diese Elemente mit Ihnen teilen.

Der westliche Schamanismus

Über die heidnischen Kulte Europas ist viel geschrieben worden, und es wurde (mit einigem Erfolg) versucht, sie mit schamanistischen Denkweisen in Verbindung zu bringen, die durch umherziehende Volksgruppen aus Mittelsibirien westwärts gelangt sein sollen. Den besten Zugang zum Denken des westlichen Schamanismus bietet dennoch nicht die Literatur über das Heidentum, sondern das Werk jenes seltsamen, mystischen, universalen Genies Rudolf Steiner, dessen Ideen nie die Aufmerksamkeit erhalten haben, die sie verdienen.

Zum Teil ist Steiner für diese Mißachtung selbst verantwortlich. Seine Ausdrucksweise ist häufig dunkel, die Lektüre schwierig, und manche Kommentare zu seinem Werk haben deren Verständnis nicht gerade erleichtert. Doch sein Buch *Wie erlangt man Erkenntnisse der höheren Welten?* vermittelt uns eine kurze, einfache und ungemein wertvolle Einführung in den Teil seines Denkens, den wir als «schamanistisch» bezeichnen können. Steiners Wissen und Praxis waren enzyklopädisch und gingen weit über den Rahmen des Schamanismus hinaus. Soweit mir bekannt ist, weist er auch nicht ausdrücklich auf ihn hin, doch seine Meditationstechniken sind stellenweise von einem Schamanismus erfüllt, der aus inniger Naturmystik und dem Gewahrsein der inneren Wirklichkeit erwuchs – beide aus unmittelbarer Erfahrung geboren.

Noch ein weiteres verbindet Steiner mit dem Anliegen dieses Buches. Es ist seine Betonung der Gnosis, der unmittelbaren Erkenntnis Gottes (siehe 5. Kapitel). In *Wie erlangt man Erkenntnisse der höheren Welten?* schreibt er zum Beispiel (S. 40):

Wer sich durch die Meditation erhebt zu dem, was den Menschen mit dem Geist verbindet, der beginnt in sich das zu beleben, was ewig in ihm ist, was nicht durch Geburt und Tod begrenzt ist. Nur diejenigen können zweifeln an einem solchen Ewigen, die es nicht selbst erlebt haben. So ist die Meditation der Weg, der den Menschen auch zur Erkenntnis, zur Anschauung seines ewigen, unzerstörbaren Wesenskerns führt. Und nur durch sie kann der Mensch zu solcher Anschauung kommen.

Fließende Meditation II

Wenige Zeilen später versichert uns Steiner: «In der richtigen Meditation eröffnet sich der Weg... in jedem liegen die Fähigkeiten, selbst zu erkennen, selbst zu schauen, was echte Mystik... und Gnosis lehren.» In seinen Beschreibungen der «richtigen» Meditation beweist Steiner sein schamanistisches Verständnis, denn er betrachtet die Meditation über Objekte in unserer Umwelt als Weg zum Gewahrwerden ihrer essentiellen Natur. Im Verlaufe einer solchen intensiven Meditation über einzelne Objekte werden wir uns, sagt Steiner, in uns aufsteigender Gefühle bewußt, die für die Klasse der jeweiligen Gegenstände spezifisch sind. Diese Gefühle repräsentieren die intuitive Bewußtheit und Ehrfurcht des Schamanen gegenüber der erschaffenen Welt. Eine Bewußtheit und eine Ehrfurcht, die unterschiedlich sind, je nachdem auf welches Reich der Mineralien, Pflanzen und Tiere sie sich beziehen, doch repräsentieren sie in jedem Falle die Fähigkeit, mit «geistigen Augen» zu sehen, wie Steiner es ausdrückt.

Steiner empfiehlt dem Meditierenden an späterer Stelle des Buches, seine Aufmerksamkeit auf ein Samenkorn zu richten (Ich verwende einen Pflaumenkern). Nachdem man Form, Farbe und Beschaffenheit des Samenkorns genauestens aufgenommen hat, erweckt man den Gedanken, daß aus diesem Samen eine Pflanze wachsen wird. Mittels der schöpferischen Vorstellungskraft wird diese Pflanze dann visualisiert, und man läßt den Gedanken entstehen, daß bei der Meditation über eine künstliche Nachbildung des Samenkorns die äußere Erscheinung zwar die gleiche wäre wie bei einem wirklichen Samenkorn, sie aber nicht die Kraft besäße, die Pflanze hervorzubringen. In dem echten Samenkorn «ruht schon auf verborgene Weise – als *Kraft* der ganzen Pflanze – das, was später aus ihm herauswächst... In dem wirklichen Samenkorn ist also etwas *unsichtbar* enthalten, was in der Nachahmung nicht ist.»

Der Meditierende richtet seine Aufmerksamkeit jetzt auf diese unsichtbare Kraft und verbleibt bei dem Gedanken: «Das Unsichtbare wird sichtbar werden.» Dieser Gedanke, sagt Steiner, muß intensiv *gefühlt* werden. «Man muß in *Ruhe,* ohne alle störenden Beimischungen anderer Gedanken den einen oben angedeuteten in sich *erleben.* Und man muß sich Zeit lassen, so daß sich der Gedanke und das Gefühl, die sich an ihn knüpfen, gleichsam in die Seele einbohren.» Meditiert man in dieser Weise, wird man allmählich «eine Kraft in sich verspüren. Und diese Kraft wird eine neue Anschauung erschaffen.» Das Samenkorn wird dann (S. 62)

> wie in einer Lichtwolke eingeschlossen erscheinen... Da erscheint das, was man vorher nicht gesehen hat und was die Kraft des Gedankens und der Gefühle geschaffen hat, die man in sich erregt hat. Was sinnlich unsichtbar war, die Pflanze, die erst später sichtbar werden wird, das offenbart sich da auf geistig sichtbare Art.

Steiner betont (S. 63), daß diese Formen der Meditation

> seit Urzeiten in den Geheimschulen erprobt und geübt [werden]... Wer solche andere Art anwenden wollte, die er sich selbst bildet oder von denen er da oder dort hört und liest, der muß in die Irre gehen und wird sich bald auf dem Pfade uferloser Phantastik befinden.

Dies ist wichtig, weil Meditationen wie die von Steiner beschriebenen, erneut die Frage aufkommen lassen, ob man einfach nur Autosuggestion betreibt oder aber etwas erlebt, das objektive Realität besitzt. Mit dieser Frage werde ich mich hauptsächlich im 9. Kapitel beschäftigen. Steiner warnt also den Meditierenden vor «uferloser Phantastik» und unterstreicht «daß der *gesunde* Sinn, der Wahrheit und Täuschung unterscheidet, fortwährend gepflegt werden muß». Während der meditativen Übungen gilt für jeden (S. 63):

> So sicher, wie er über die Dinge und Vorgänge des Alltagslebens denkt, so muß er auch hier denken... Und der größte Fehler wäre gemacht, wenn der Mensch durch solche Übungen sein Gleichgewicht verlöre, wenn er abgehalten würde, so gesund und klar über die Dinge des Alltags zu urteilen, wie er das vorher getan hat.

Mit anderen Worten: Der Meditierende muß wissen, was er tut. Visualisiert man in der Meditation, dann visualisiert man in der Meditation. Beschäftigt man sich mit den Dingen und Ereignissen des täglichen Lebens, dann beschäftigt man sich mit den Dingen und

Ereignissen des täglichen Lebens. Dieser Hinweis ist für alle Meditierenden von großer Bedeutung, gleichgültig, welcher Methode im einzelnen gefolgt wird. Besonders wichtig ist er für jene, die mit Visualisierungen arbeiten, entweder denen, die Steiner beschreibt, oder denen, die in den *Geistlichen Übungen* des Ignatius von Loyola ausgeführt sind. Der Meditierende muß wissen, daß das Leben nach unterschiedlichen Systemen von Regeln funktioniert, von denen keines notwendigerweise «die Wirklichkeit» repräsentiert, doch von denen jedes ein *Modell der Wirklichkeit in einem bestimmten Kontext und zu einer bestimmten Zeit* darstellt.

Ein fähiger Wissenschaftler wird dasselbe sagen. Er weiß, daß es auf der subatomaren Ebene unangebracht ist, einen Ziegelstein als festen Gegenstand zu betrachten. Von der subatomaren Ebene aus gesehen, ist ein Ziegelstein, wie alles andere auch, fast vollkommen leerer Raum. Sobald der Wissenschaftler sein Labor verlassen hat und wieder in die gewöhnliche Wirklichkeit zurückgekehrt ist, weiß er, daß der Ziegelstein als festes Objekt zu behandeln ist und daß es das Vernünftigste ist, sich zu ducken, sollte jemand einen Ziegelstein nach ihm werfen.

Genauso gelten andere Gesetze als die, die unser Alltagsleben bestimmen, wenn wir in der Meditation visualisieren (oder wann immer wir unsere Vorstellungskraft einsetzen). Der Phantasie erscheint das visualisierte Objekt real (das genau ist das Wichtige: der Meditierende muß es, um erfolgreich sein zu können, so betrachten, *als wäre* es real). Der visualisierte Gegenstand ist da, er existiert eindeutig und mit offensichtlicher Objektivität vor dem inneren Auge. Daran gibt es keinen Zweifel. Er ist ein Objekt, das vom Gehirn fast auf dieselbe Weise wahrgenommen wird wie ein äußerer Gegenstand, der dem Gehirn durch die Sinne vermittelt wird. Von daher besitzt das Objekt seine eigene Art von Wirklichkeit. Aber wir dürfen nicht davon ausgehen, daß es denselben Gesetzen folgt wie äußere Objekte und auch dann noch weiter existiert, wenn wir es uns nicht mehr vorstellen.

Wenn Steiner von der Lebenskraft innerhalb eines Samenkorns spricht, die sich «auf geistig sichtbare Art» offenbart, wirft er damit noch eine weitere Frage auf. Nämlich die, ob wir durch Meditation die Fähigkeit entwickeln können, Dinge zu sehen, die in der Außenwelt

Der westliche Schamanismus

zwar vorhanden sind, doch den Sinnesorganen und wissenschaftlichen Hilfsgeräten verborgen bleiben. Was würde das im Falle des Samenkorns, das Steiner als Meditationsobjekt vorschlägt, bedeuten? Falls wir uns die Lebenskraft im Samenkorn nur ein-bilden, würden wir genau dieselbe «Lebenskraft» sehen, wenn jemand ohne unser Wissen das echte Samenkorn durch eine künstliche Nachbildung ersetzte. Ist die Lebenskraft aber objektiv vorhanden, dann müßten wir einen Unterschied zwischen den beiden Samenkörnern entdecken. Es gibt also diese beiden Möglichkeiten; und bedauerlicherweise sind meines Wissens bisher noch keine nachprüfbaren Experimente mit Meditierenden der Steiner-Schule durchgeführt worden, um sehen zu können, welche sich bewahrheitet.

Es gibt aber noch eine dritte Möglickeit. Nämlich die, daß zwischen dem Geist des Meditierenden (seiner Lebenskraft, wenn Sie so wollen) und der Lebenskraft im Samenkorn eine schöpferische Wechselwirkung stattfindet und es diese Wechselwirkung ist, die «die kleine Lichtwolke», von der Steiner spricht, hervorbringt. Diese Vorstellung muß sogar dem materialistischsten Wissenschaftler nicht unbedingt weit hergeholt erscheinen. Denken Sie beispielsweise an einen verliebten Mann, für den sich die Frau, in die er verliebt ist, in die schönste Frau der Welt verwandelt hat. Die Schönheit, die sie für ihn besitzt, hat ihre Ursache in der Wechselwirkung zwischen ihrer Ausstrahlung und seiner Liebe. Anderen Menschen wird sie vermutlich eine Frau wie jede andere sein.

Wenn diese dritte Möglichkeit zuträfe, dann würden zwei Meditierende der Steiner-Schule oder der schamanistischen Tradition die kleine Lichtwolke, die das Korn umgibt, sehen, wobei die Details dessen, was sie sehen, etwas voneinander abweichen dürften – als Reflex ihres jeweils unterschiedlichen Geistes. Beide Meditierende wären in der Lage, zwischen dem echten und dem imitierten Samenkorn zu unterscheiden, obwohl ihre Beschreibungen mehr voneinander abweichen würden als die Beschreibungen eines konkreten physikalischen Phänomens.

Für den Augenblick wollen wir es dabei belassen. Für die, die schamanistische Meditation, wie die von Steiner beschriebene, praktizieren, kann die Antwort auf die Frage, welche der drei Möglichkeiten der Wahrheit am nächsten kommt, am ehesten gefunden werden, wenn sie mit einem Partner gleichzeitig und auf dieselbe Weise meditieren. Sind beide mit der Praxis ausreichend vertraut, können sie ihre Aufzeichnungen vergleichen und sehen, was sie jeweils herausgefunden haben. Wie auch immer das Ergebnis aussehen mag: der Versuch wird aufschlußreich sein.

7. Visualisierung: Ein Schlüssel zur inneren Welt

Sowohl in der fließenden Meditation als auch in der objektiven Meditation wird von der menschlichen Fähigkeit des Visualisierens besonderer Gebrauch gemacht. Daß diese Fähigkeit in unserem Innenleben eine wesentliche Rolle spielen kann, wird von der westlichen Psychologie erst allmählich erkannt. Die Arbeiten von Autoritäten wie Herbert Benson (*The Relaxation Response*) haben gezeigt, welche Bedeutung dem Visualisieren beim Hervorrufen von Entspannung und bei der Bekämpfung von seelischem und körperlichem Streß sowie damit einhergehenden körperlichen Beschwerden zukommt. Spezialisten wie Carl und Stephanie Simonton *(Wieder gesund werden)* haben auf den Beitrag hingewiesen, den Visualisierungen bei der Heilung des Körpers, selbst bei so schweren körperlichen Krankheiten wie Krebs, Geschwüren und Arthritis, leisten könnten.

Wenn das Visualisieren in richtiger Weise geübt wird, ist es außerordentlich wirksam für Wachstum und Entwicklung des Menschen. Das gilt für viele, vielleicht sogar für alle seelischen und körperlichen Funktionen. Die Verbindungen zwischen Körper und Geist sind inzwischen von Psychologen und Medizin so eindeutig bewiesen, daß nur noch wenige, die sich mit diesem Thema befaßt haben, daran zweifeln, daß der Geist nicht nur für seelische, sondern auch für viele körperliche Probleme verantwortlich ist. «Wie wir denken, so sind wir», ist von der Wahrheit nicht allzuweit entfernt. Und von allen Aktivitäten des Geistes gehört das visuelle Denken – das Visualisieren – zu den machtvollsten.

Visualisierung

Warum ist Visualisieren so wirksam?

Sofort erhebt sich die Frage, warum das so ist. Was verleiht visuellem Denken das Potentiel, die Dinge zu beeinflussen? Die Antwort ist, daß es die schöpferische Kraft des Geistes wachruft, den geistigen Dynamo, der nicht nur die hervorragenden Werke in Kunst, Musik und Literatur hervorbringt, sondern auch die großartigen Leistungen in Wissenschaft und Technologie. Alles, was Frauen und Männer in der äußeren Welt leisten, hat seinen Ursprung in der inneren Welt. Können wir etwas so visualisieren, es uns in unserer inneren Welt so vorstellen, als geschähe es wirklich in der äußeren Welt, dann haben wir den Prozeß eingeleitet, der dazu führen könnte, es tatsächlich hervorzubringen.

Ein gutes Beispiel dafür ist die Verwendung von Visualisierungen in der Psychotherapie und der psychologischen Beratung. Versuche ich beispielsweise Menschen zu helfen, die schüchtern sind, wenn sie in der Öffentlichkeit sprechen müssen, oder die äußerst nervös sind wegen eines bevorstehenden Examens, dann versetze ich sie mit Hilfe der im Kasten «Entspannungsmeditation» beschriebenen Techniken in einen entspannten Zustand und fordere sie dann auf, sich die konkrete Situation, in der diese unerwünschten Gefühle auftreten, so genau wie möglich vorzustellen. Beim nächsten Schritt sollen sie sich selbst in diesen Situationen erfolgreich agierend vorstellen und dabei weiter geistig und körperlich entspannt bleiben. Mehrere Wiederholungen dieser Übung über Tage und Wochen hinweg führen zu einem merklichen Nachlassen der betreffenden Gefühle und einer spürbaren Stärkung eines positiven Geisteszustandes. Ergeben sich dann im wirklichen Leben tatsächlich stark beanspruchende Situationen, werden diese Menschen fortan viel ruhiger und entspannter mit ihnen umgehen können (s. Kasten 10).

Ein weiteres Beispiel für die Anwendung von Visualisierungen finden wir in der Alexander-Technik, dieser förderlichen Umerziehung unserer körperlichen Gewohnheiten (siehe zum Beispiel Wilfred Barlow: *Die Alexander-Technik*). Nachdem der Alexander-Lehrer die falschen Haltungen und Bewegungen des Klienten manuell korrigiert hat, weist er ihn an, den Körper von diesem Zeitpunkt an häufig und ganz bewußt dazu zu bringen, den korrigierten Haltungs- und Bewe-

KASTEN 10:

Entspannungsmeditation

Alle Meditationsformen, vielleicht mit Ausnahme der Kōan-Meditation am Anfang (8. Kapitel), haben eine entspannende Wirkung auf Körper und Geist. Untersuchungen haben gezeigt, daß Meditation tiefere Entspannungszustände hervorrufen kann als der Schlaf. Vielen Meditierenden fällt auf, daß sie, hat sich ihre Praxis erst einmal gefestigt, weniger Schlaf benötigen als zuvor und sie sich während des Tages viel aufmerksamer und wacher fühlen.

Fühlen Sie sich aus einem bestimmten Grund besonders angespannt, können Sie die Meditationstechniken, die in diesem Buch vorgestellt werden, so anpassen, daß Sie sie gezielt zur Entspannung einsetzen. So können Sie die Techniken der objektiven Meditation anwenden, um die entspannenden und beruhigenden Energien zu visualisieren, die von Ihrem spirituellen Lehrer zu Ihnen strömen. Oder Sie konzentrieren sich, wie in der Vipassanā-Meditation, auf den Atem und fühlen, wie Sie bei jedem Einatmen beruhigende Energien in sich aufnehmen und bei jedem Ausatmen Spannungen loslassen; oder Sie füllen den Körper beim Einatmen mit weißem Licht und stoßen beim Ausatmen graues Licht aus.

Eine der wirkungsvollsten Entspannungsübungen kommt jedoch aus der fließenden Meditation:

- Legen Sie sich flach auf den Boden oder auf ein Bett. Schließen Sie die Augen, und richten Sie Ihre Aufmerksamkeit auf den Atem. Sind Sie ganz konzentriert, dann gleiten Sie mit Ihrer Aufmerksamkeit den Körper entlang, und zwar von den Zehen aufwärts, und suchen Sie ihn nach Spannungsherden ab. Haben Sie einen entdeckt, sagen Sie still:

Visualisierung

«Loslassen», und fühlen Sie, wie die Muskeln sich entspannen.

- Stellen Sie sich nun vor, daß Sie in hohem Gras oder an einem Sandstrand liegen (was Ihnen angenehmer ist). Verstärken Sie die Vorstellung, indem Sie sich das Gras oder den Sand, auf dem Sie liegen, genau vorstellen. Lauschen Sie den Wellen oder den Vögeln. Hören Sie das Flüstern des Windes. Betrachten Sie den blauen, unendlichen Himmel über Ihnen.

- Bei jedem Ausatmen wiederholen Sie: «In Frieden schweben.» Fühlen Sie, wie Ihr Körper mit jeder Wiederholung immer leichter und leichter wird, bis er so leicht geworden ist, daß Sie in das Blau über Ihnen hineinzuschweben scheinen.

- Erleben Sie unermeßlichen Frieden, als lösten Sie sich in den Raum hinein auf, so daß Sie eins mit dem Himmel werden. Und Sie schweben noch weiter und weiter hinauf, jenseits von Zeit und Entfernungen, zu einem Zustand hin, in dem es nur Frieden gibt.

- Wenn Sie sich dazu bereit fühlen, kehren Sie ganz allmählich wieder in Ihr endliches, schwebendes Ich zurück; die Gelöstheit, die Sie gerade erfahren haben, bringen Sie in jeder Faser von Geist und Körper mit.

- Sie sinken nun sacht hinab, bis Sie wieder im Gras oder im Sand liegen. Spüren Sie dann, wie sich diese Oberfläche allmählich in die beruhigende Stabilität des Bodens oder des Bettes verwandelt. Zum Schluß fordern Sie sich auf, die Augen zu öffnen und wieder in Ihrem Raum anzukommen.

- Öffnen Sie die Augen, und verweilen Sie ein paar Minuten in dieser entspannten Position.

gungsstrukturen zu folgen. So sollte sich ein Klient, dessen Haltung sehr eingefallen ist, selbst daran erinnern, «nach oben zu denken». Es geht nicht um einen heldenhaften Versuch, den Körper in der richtigen Position zu halten. Der Geist gibt die Anweisung, und ganz allmählich nimmt der Körper die Botschaft auf. Dieser Vorgang wird erheblich beschleunigt, wenn er von Visualisierungen begleitet wird. Der Klient wiederholt still die Anweisung «Nach oben denken» und visualisiert zur selben Zeit, wie er in der richtigen Weise steht oder sich bewegt. Von innen heraus bestimmt der Klient visuell den Raum, den der Körper ausfüllen sollte, und mit der Zeit bewegt sich der Körper in diesen Raum hinein.

Ein anderes Beispiel ist die Art und Weise, in der ein Künstler die Wirkung visualisiert, die er auf der Leinwand einfangen will, oder in der ein Architekt die Umrisse eines vollendeten Bauwerks oder ein Erfinder einen funktionierenden Mechanismus visualisiert. Das Werk wird zunächst mit dem geistigen Auge gesehen und dann in die gegenständliche Wirklichkeit übertragen. Das ist keineswegs «unwissenschaftlich». So arbeitet der schöpferische Geist bei vielen Menschen. Wir wissen nicht, welche psychischen Prozesse daran genau beteiligt sind oder woher dieses wunderbare Geschenk der Vorstellungskraft (der visuellen wie der nichtvisuellen) eigentlich kommt. Doch wir wissen, daß es existiert und verantwortlich ist für den größten Teil der guten wie der schlechten Veränderungen, die die Menschen in ihrem Umfeld herbeiführen.

Jeder kann visualisieren

Sie mögen sagen, das sei alles schön und gut, aber Sie persönlich könnten nicht visualisieren. Sie schließen Ihre Augen, doch es gelingt Ihnen nicht, selbst von den vertrautesten Gegenständen wie Ihrem Auto, Ihrer Küche oder Ihrem Lieblingsgemälde ein klares Bild hervorzurufen. Die Visualisierung ist verschwommen und formlos, und statt im Zentrum des Bewußtseins zu bleiben, schlittert sie ärgerlicherweise von einer Seite zur anderen. Nein, schließen Sie daraus, Visualisierungen sind für Sie nicht zu verwirklichen.

Die Antwort darauf lautet, daß Sie sogar sehr erfolgreich visualisieren können. Die Tatsache, daß Sie Ihr Auto, Ihre Küche oder Ihr Lieblingsgemälde sofort erkennen, wenn Sie einen Blick darauf werfen, zeigt, daß Sie sehr genau visuelle Vorstellungen von diesen Dingen in Ihrem Gedächtnis haben. Ihr Problem ist nicht die Unfähigkeit zu *visualisieren,* sondern die Unfähigkeit, es *bewußt* zu tun. Ein anderes Beispiel für Ihre Visualisierungskraft liefern Ihre Träume. Im Traum schläft der bewußte Geist, das Unbewußte nimmt seinen Platz ein und bringt derart lebensechte visuelle Vorstellungen hervor, daß uns meistens gar nicht bewußt ist, daß wir träumen, und wir uns einbilden, in wirklich stattfindende Ereignisse verwickelt zu sein. Und bevor Sie beteuern, niemals zu träumen, lassen sie mich Ihnen sagen, daß selbst die hartnäckigsten «Nicht-Träumer» von lebhaften, ausführlichen Träumen berichten, wenn Sie in Schlaflaboratorien dann geweckt werden, wenn Veränderungen bei der Gehirntätigkeit anzeigen, daß sie zu träumen begonnen haben. Wir alle, darauf weisen diese Untersuchungen hin, erleben etwa fünf ziemlich lange Traumphasen in jeder Nacht. Das einzige Problem besteht darin, daß einige von uns sich selbst an Bruchstücke dieser Phasen nicht mehr erinnern können. Doch dies kann durch ein Training verbessert werden, wie ich es in meinem Buch *Dreamlife: Understanding and Using Your Dreams* beschrieben habe.

Sowohl von den Zauberlehrlingen der westlichen okkulten Traditionen als auch den Novizen des tibetischen Buddhismus wurde verlangt, daß sie ihr bewußtes Visualisierungsvermögen trainierten und entwickelten. Dieses Vermögen wurde als wesentliche Voraussetzung für ein Voranschreiten auf dem magischen oder spirituellen Pfad betrachtet. Mit Visualisierung begann für den Akolythen der Prozeß der psychologischen und spirituellen Schulung, die zur Meisterschaft und inneren Umwandlung führte. Und für den Meditierenden von heute gelten dieselben Maßstäbe.

Techniken der Visualisierung

Wie bereits erwähnt, gehören die Anleitungen des heiligen Ignatius zur Visualisierung noch immer zu den besten, die uns heute zur Verfügung stehen. Lesen Sie die Zusammenfassung im 5. Kapitel

Techniken der Visualisierung

mehrmals durch, und versuchen Sie diese Anleitungen in eine Form der Praxis umzusetzen, die Ihnen am geeignetsten erscheint.

Aber es gibt auch noch andere ausgezeichnete Anleitungen. Kathleen McDonald betont in ihrer Einführung in die buddhistische Meditation *(Wege zur Meditation)*, daß der Geist vor der Visualisierung in der richtigen Verfassung sein muß – offen, klar und entspannt. Zu angestrengtes Bemühen verursacht Spannungen, und dies verhindert positive Ergebnisse. Der Geist muß gesammelt sein wie bei allen Meditationsformen. Ich selbst empfehle, die Aufmerksamkeit zunächst auf den Atem zu richten. Erst wenn Geist und Körper sich beruhigt haben und die Sammlung gefestigt ist, sollte die Visualisierung versucht werden.

Kathleen McDonald macht den Meditierenden darauf aufmerksam, daß er nicht *mit den Augen* visualisieren soll. Das visualisierte Bild sollte im Geist selbst erscheinen, in seinem eigenen Raum. Mein Rat ist, sich auf die Stelle zwischen den Augen und etwas oberhalb davon zu konzentrieren, auf das sogenannte dritte Auge, wie diese Stelle in den östlichen und okkulten Traditionen genannt wird. Konzentrieren Sie sich in entspannter, aber beständiger Weise, und wenden Sie Ihre Aufmerksamkeit, sobald die Meditation sich vertieft hat, vom Atem zu der Stelle hin, wo sich das «dritte Auge» befindet. Strengen Sie sich nicht an. Stellen Sie sich vor, daß Sie auf diesen Punkt aus geringer Entfernung von hinten (das heißt von innerhalb Ihres Kopfes) blicken.

Nehmen Sie zunächst einfach die Dunkelheit wahr, die Sie dort «sehen». Fühlen Sie sich wohl mit dieser Dunkelheit. Sie ist objektiv vorhanden, eine Erfahrungstatsache. Nehmen Sie ihre Beschaffenheit wahr. Ist sie schwarz, oder erscheint sie Ihnen farbig, ganz gleich wie schwach? Welche Eigenschaften hat die Dunkelheit oder die Farbe – ist sie beispielsweise hart oder weich? Bemerken Sie, wie ruhig dieser visualisierte Raum ist.

Während der ersten Visualisierungssitzung und den darauffolgenden sollten Sie nicht mehr tun als das. Benutzen Sie diese Dunkelheit als Sammlungspunkt Ihrer Meditation, und fahren Sie damit solange fort, bis Sie das Gefühl haben, daß sie sich «stabilisiert» hat, bis also Ihr Geist nicht mehr ständig von ihr abgelenkt wird oder Ihre Aufmerksamkeit dauernd zu Ihren geschlossenen Augen abschweift. Wir sind so sehr auf das Sehvermögen ausgerichtet, daß es uns schwerfällt, von

Visualisierung

der Idee loszukommen, das Visualisieren müsse etwas mit den körperlichen Augen zu tun haben.

Ist Ihre Konzentration auf das «dritte Auge» gut gefestigt, sei es in der ersten oder einer der folgenden Sitzungen, lassen Sie dort ein Bild entstehen. Beginnen Sie mit einer einfachen geometrischen Figur. Ein Dreieck aus weißen Linien ist normalerweise am besten. Lassen Sie dieses Dreieck erscheinen. Erwarten Sie nicht, daß es scharf und deutlich ist oder fest und unbewegt in der Vorstellung verbleibt. *Kämpfen Sie nicht darum, etwas daraus zu machen, was es nicht ist.* Es mag nur eine verschwommene Form sein und erscheint vielleicht eher als *Idee* eines Dreiecks, denn als ein wirkliches Dreieck. Lassen Sie es so. Das ist für den Anfang völlig in Ordnung.

Arbeiten Sie mit diesem Dreieck während mehrerer Meditationssitzungen. Werden Sie nicht ungeduldig, wenn Sie keinen Fortschritt bemerken. Auch wenn sich Ihr Visualisierungsvermögen nicht sehr schnell zu entwickeln scheint, erhalten Sie doch ein ausgezeichnetes Training in Visualisierung und Sammlung. Statt auf den Atem konzentriert zu sein, ist Ihre Aufmerksamkeit nun auf etwas Subtileres in Ihrem Inneren ausgerichtet. Für die Entwicklung meditativer Sammlung ist dieser Schritt von unschätzbarem Wert.

Sollten Sie jedoch das Gefühl haben, weitere Unterstützung zu benötigen, dann zeichnen Sie mit einem weißen Stift ein gleichschenkliges Dreieck von 7,5 Zentimeter Seitenlänge auf ein schwarzes Blatt Papier. Haben Sie diese Materialien nicht zur Hand, reicht auch ein dunkles Dreieck auf weißem Grund. Befestigen Sie das Blatt Papier an einer bis ein Meter dreißig entfernten Wand, und achten Sie darauf, daß es sich in Augenhöhe befindet, wenn Sie auf Ihrem Meditationskissen oder Ihrem Stuhl sitzen. Setzen Sie sich dann hin, und konzentrieren Sie sich auf das Bild. Blinzeln Sie nur, wenn das Offenhalten der Augen unangenehm wird.

Sie werden etwas Seltsames bemerken. Der Geist will sich fortwährend von dem Bild abwenden. Nachdem er es geprüft hat, beginnt er sich zu langweilen und verlangt nach etwas anderem, das ihn anregen soll. Widerstehen Sie der Versuchung, die Augen abzuwenden oder den Blick über das Dreieck wandern zu lassen, wie es der Geist gewöhnlich tut, wenn er ein Objekt betrachtet. Aus diesem Grund ist es auch wichtig, das Dreieck nicht zu groß zu zeichnen. Der Geist muß es mit einem Blick erfassen können, ohne den Blickwinkel zu verändern. Sollte das für Sie auch noch bei einem kleinen Dreieck schwierig sein, setzen Sie einen Punkt in seine Mitte, und konzentrieren Sie sich auf ihn.

Haben Sie das Dreieck wenigstens eine Minute lang fixiert, schließen Sie Ihre Augen, als würden Sie einen Schnappschuß davon machen. Versuchen Sie das Bild deutlich in Ihrem Geist zu bewahren. Beginnt es zu verblassen, öffnen Sie die Augen und blicken es erneut unverwandt an. Schließen Sie die Augen dann wieder, und versuchen Sie, diese geistige Vorstellung festzuhalten. Es kann mehrere Sitzungen erfordern, bis Ihnen das wirklich gelingt, doch mit Übung wird sich sicher eine Verbesserung einstellen. Ich habe schon früher darauf hingewiesen, daß die Fähigkeit zu visualisieren bereits vorhanden ist. Alles, was Ihnen fehlt, ist die Übung, sie in das Bewußtsein zu bringen.

Farbiges Visualisieren

Wenn Sie kein Dreieck zeichnen mußten, sondern sich von Anfang an auf die reine Visualisierung konzentriert haben, werden Sie sich bald in der Lage fühlen, mit Farben zu arbeiten. Ich empfehle, mit Grün zu beginnen, da es neutral ist und eine erdende Qualität hat. Stellen Sie sich ein grünes Dreieck vor weißem Hintergrund vor. Lassen Sie das Dreieck leer – drei grüne Linien in weißem Raum. Arbeiten Sie damit, wenn nötig, über mehrere Sitzungen hinweg, bis sich das Bild in Ihrem Geist an dem Punkt des «dritten Auges» stabilisiert hat. Dann verwandeln Sie es in ein ausgefülltes Dreieck. Wechseln Sie nun zwischen dem ausgefüllten und dem leeren Dreieck hin und her. Verbinden Sie das mit dem Atem, so daß das Dreieck beim Einatmen grüne Fläche und beim Ausatmen grüner Umriß ist.

Der nächste Schritt ist nun, mit anderen geometrischen Formen und Farben weiterzumachen. Nehmen Sie zuerst eine grüne Kreislinie. Gehen Sie dann beim Einatmen zu einer grünen Kreisfläche über, und wechseln Sie beim Ausatmen zu der grünen Kreislinie. Wiederholen Sie diesen Vorgang mit einem blauen Dreieck, danach mit einem blauen Kreis, des weiteren mit einem Quadrat, einem Kreuz und

Visualisierung

einem fünfzackigen Stern, und arbeiten Sie jedesmal mit der umrissenen und der ausgefüllten Form. Verwenden Sie dann bei jeder dieser Formen eine andere Farbe – Rot, Orange, Gelb.

Anfangs ist es besser, während einer Meditationssitzung nur mit einer Form und einer Farbe zu arbeiten, doch wenn Sie erst ausreichend mit der Praxis vertraut sind, können Sie während der Sitzung von einer Form und Farbe zu einer anderen Form und Farbe wechseln. Entscheiden Sie sich aber – das ist sehr wichtig – schon *vor* der Sitzung, welche Form Sie nehmen wollen. Denken Sie nicht während der Sitzung daran, was Sie tun wollen. Entscheiden Sie sich zum Beispiel für eine Aufeinanderfolge von Dreieck, Kreis, Quadrat und Stern in Grün; dann für dieselbe Folge in Blau, dann in Rot, Orange und Gelb. Legen Sie auch fest, zu welchem Zeitpunkt Sie von einer Form zur nächsten wechseln. Nehmen Sie den Atem zu Hilfe. Entscheiden Sie sich zum Beispiel dafür, nach jedem zehnten Ein- und Ausatmen zu wechseln. Üben Sie, schließlich bei jedem Ausatmen zu wechseln oder bei jedem Ein- und Ausatmen die ausgefüllte gegen die umrissene Form auszutauschen.

Der nächste Schritt ist die Kombination der Formen. Entscheiden Sie sich auch hier wieder vor der Meditation für die Art der Kombination. Wechseln Sie von einem Dreieck in einem Kreis zu einem Kreis in einem Dreieck. Dann plazieren Sie beide in ein Quadrat und so fort. Benutzen Sie auch andere Formen. Israel Regardie empfiehlt in *The Tree of Life* den Gebrauch der Tattvas, der hinduistischen Symbole für die Elemente. Es sind fünf an der Zahl, und sie werden so kombiniert, daß sie dreißig Elemente und Unterelemente symbolisieren. Die fünf Formen sind ein gelbes Quadrat (*prithivī* – Erde), eine horizontale silberne Sichel (*apas* – Wasser), ein rotes gleichseitiges Dreieck (*tejas* – Feuer), ein blauer Kreis (*vāju* – Luft) und ein schwarzes Oval (*ākāsha* – Äther). Alle fünf Symbole werden als ausgefüllte Formen visualisiert und können auf jede Art miteinander kombiniert werden; ein rotes Dreieck kann auf einen blauen Kreis gelegt werden, ein gelbes Quadrat auf ein rotes Dreieck, ein schwarzes Oval auf eine silberne Sichel und so weiter (aber tauschen Sie nicht die Farben aus, jede Farbe soll mit ihrer eigenen spezifischen Form verbunden bleiben).

Warum geometrische Formen?

Es gibt zwei Vorteile bei der Verwendung geometrischer Formen im Visualisierungstraining. Zum einen sind diese Formen klar und einfach. Zum anderen, und das ist der entscheidendere Punkt, wohnen ihnen symbolische Bedeutungen inne, was deutlich wird an dem Ausmaß, in dem die großen Weltreligionen von ihnen Gebrauch machen, vom Kreuz der Christen bis zum Rad der Buddhisten. (Wenn Sie mehr über die religiöse Bedeutung der Hauptsymbole wissen wollen, sehen Sie dazu J. C. Cooper, *Illustriertes Lexikon der traditionellen Symbole* oder meine Auseinandersetzung damit in *The Elements of Meditation*.) Wie wir schon im 2. Kapitel feststellten, sind das Kreuz, der Kreis, das Quadrat und das Dreieck archetypische Formen mit einer besonderen Anziehungskraft für das Unbewußte, denn, wie bei allen anderen Archetypen, scheinen wir für sie erbliche Prädisposition zu haben. Psychologen haben festgestellt, daß diese Formen spontan bereits im ersten Gekritzel kleiner Kinder erscheinen. Weil wir sie seit Beginn unseres Lebens in unserem Unbewußten tragen, können Sie als Schlüssel zu den geistigen Kräften dienen, die dem Unbewußten innewohnen.

Es hängt jedoch vom einzelnen ab, ob nur zwei oder drei Wochen regelmäßige Praxis oder fünf bis sechs Monate benötigt werden, um die Visualisierung dieser Formen in all den verschiedenen Farben und Kombinationen ganz zu erreichen. Die goldene Regel ist tägliches Üben und ein hohes Maß an Geduld. Ungeduld erschwert einen Fortschritt bei der Meditation in jeder Beziehung. Erinnern Sie sich häufig daran: Je ungeduldiger Sie sind, desto länger wird es schließlich dauern und desto mehr Geduld werden Sie letztlich benötigen (s. Kasten 11).

Bildliches Visualisieren

Wenn Sie geometrische Formen deutlich visualisieren und Ihre Visualisierung mindestens fünfzehn Minuten lang aufrechterhalten können, gehen Sie zu bildlichen Visualisierungen über – Visualisierung von Gegenständen, Menschen und Orten. Beginnen Sie mit vertrauten

Visualisierung

KASTEN 11:

Yantras und Mandalas

Die symbolische Kraft geometrischer Figuren zeigt sich besonders im Yantra, einem Diagramm, das in seiner typischen Form aus einem äußeren Kreis (manchmal ist es auch ein Quadrat) und inneren Quadraten, Dreicken und Lotosblütenblättern besteht. Solche Yantras repräsentieren in einer visuellen Form die Energie-Verdichtungen, aus denen sich der Kosmos zusammensetzt (sie sind das visuelle Gegenstück der Mantras, auf die ich im 10. Kapitel eingehen will). Sie sind in ihrer Bedeutung transpersonal und symbolisieren die höchste Wahrheit – Formlosigkeit, die als die Formen in Erscheinung tritt.

In der Meditation bündeln Yantras die Energien des Übenden, und zwar nicht nur dadurch, daß sie als Brennpunkt der Aufmerksamkeit dienen, sondern auch, weil sie durch die symbolische Bedeutung der Formen, die sie enthalten, auf das Unbewußte einwirken. Der Meditierende blickt zu Beginn ganz unbewegt auf das Yantra, die Augen sind so lange wie möglich geöffnet. Sobald es dann mit all seinen komplizierten Einzelheiten visualisiert werden kann, wird es als geistiges Bild in der inneren Welt wachgerufen.

Es gibt keine klare Unterscheidung zwischen einem Yantra und einem Mandala; doch für gewöhnlich wird die Bezeichnung Mandala für Darstellungen benutzt, die geometrische und andere Formen und Figuren vereinen. Letztere können allgemeiner Art sein, wie das buddhistische Rad des Lebens, das die verschiedenen Bereiche darstellt, in denen die Lebewesen sich aufhalten; oder sie können sich auf ein bestimmtes spirituelles Wissen beziehen. In diesem Fall dienen sie der Anrufung des betreffenden Wesens (das heißt, der Übende erweckt in sich die spirituelle Qualität, die es repräsentiert), oft in Verbindung mit der Wiederholung des zu diesem Wesen gehörenden Mantra.

Jung vertrat die Ansicht, daß Mandalas und Yantras spontan aus dem menschlichen Unbewußten emporsteigen, also eine gleichsam angeborene Symbolisierungsform spiritueller Wahrheiten darstellen. Bei seiner therapeutischen Arbeit fand er heraus, daß seine Patienten in einem bestimmten Stadium des Heilungsprozesses häufig ein Mandala oder ein Yantra träumten. Er regte sie dann an, diese zu zeichnen. Meditationen über diese persönliche Darstellung der inneren Welt halfen den Patienten noch weiter auf ihrem Weg zur Ganzheit.

Wird ein Mandala oder ein Yantra in der Meditation verwendet, ist es wichtig, ihm keine bewußte Bedeutung zuzuschreiben – es sei denn, man ist in den genauen Umgang damit eingeweiht. Stellen Sie es einfach in das Zentrum Ihrer Sammlung, und lassen Sie es direkt mit dem Unbewußten kommunizieren. Später, während der Meditation oder auch spontan, wenn der Geist mit anderen Dingen befaßt ist, tauchen vielleicht plötzlich in Ihrem Bewußtsein Einsichten über seine «Bedeutung» auf. Doch in gewisser Weise sind diese Einsichten nicht so bedeutsam wie die Wandlung, die sich auf der unbewußten Ebene vollzieht; eine Wandlung, die sich in einem stärkeren Gefühl innerer Harmonie und Ganzheit manifestiert, gefolgt von dem wachsenden Bewußtsein, daß man sich spirituell entwickelt.

Objekten, je einfacher, desto besser (eine Vase, ein Stuhl, ein Gartenwerkzeug, eine brennende Kerze), und achten Sie darauf, daß diese Objekte keine starken Gefühle oder Assoziationen wecken, die Ihre Sammlung stören könnten. Sind Ihnen diese Visualisierungen gelungen, gehen Sie zu komplexeren Gegenständen über. In allen Fällen sollte die Visualisierung erst das Objekt im ganzen erfassen, bevor Sie sich den spezifischen Einzelheiten zuwenden. Betrachten Sie Form und Größe ganz genau. Untersuchen Sie Farbe und Proportionen.

Sind Sie schon so weit vorangeschritten, daß Sie mit einem so komplexen Objekt wie Ihrem Auto arbeiten wollen, so bestimmen Sie

Visualisierung

den Winkel, von dem aus Sie es betrachten wollen. Versuchen Sie, sich die genauen Proportionen, die exakte Form der Fenster und Reifen, die genaue Position der Türgriffe, den exakten Farbton ins Bewußtsein zu rufen. Dann verändern Sie den Blickwinkel. Betrachten Sie Ihren Wagen nun von vorn, und nehmen Sie alle Einzelheiten wahr; dann von hinten und schließlich von der anderen Seite. Zerbrechen Sie sich nicht den Kopf über Einzelheiten, die Sie durch die Visualisierung nicht klären können. Arbeiten Sie mit der Visualisierung selbst; sehen Sie, was wirklich da ist. Rationalisieren Sie nicht. Läßt sich ein Detail nicht klären, lassen Sie es und gehen zu einem anderen über. Gehen Sie nach der Meditation zu Ihrem Auto, und überprüfen Sie die Einzelheiten, die unklar geblieben sind. Betrachten Sie sie lange genug, um sie Ihrem visuellen Gedächtnis einzuprägen. Verwenden Sie keine Worte. Machen Sie mehrere «Schnappschüsse», indem Sie sich genau auf das Objekt konzentrieren, dann die Augen schließen und das Bild geistig festhalten.

Falls Sie weiterhin Probleme mit Ihrem Gedächtnis haben, visualisieren Sie einen Gegenstand, der sich im Raum befindet. Eine brennende Kerze ist besonders geeignet. Sie können dann, wenn es Ihnen notwendig erscheint, jederzeit die Augen öffnen und Ihren Blick auf die Kerze richten. Betrachten Sie auch dies als Teil der Meditation, und schenken Sie dem wirklichen Gegenstand genausoviel Aufmerksamkeit wie der Visualisierung. Einen Augenblick später schließen Sie die Augen wieder und reproduzieren das Bild in Ihrer Vorstellung.

Das Visualisieren von Menschen

Sobald Sie mit vertrauten Objekten gut arbeiten können, gehen Sie zu erdachten über. Ein imaginäres Auto, eine imaginäre Blume, ein imaginäres Paar Schuhe. Wenn Sie auch damit gut vorankommen, wenden Sie sich Menschen zu. Noch einmal: Vermeiden Sie die ablenkende Wirkung starker Gefühle oder Assoziationen. Nehmen Sie besser einen Bekannten oder einen flüchtigen Freund als jemanden, dem Sie sich sehr nahe fühlen oder dem Sie feindlich gesonnen sind (solche Personen sollten eher in Verbindung mit der Liebende-Güte-Meditation, die im 5. Kapitel vorgestellt wurde, gewählt werden).

Das Visualisieren von Menschen

Beginnen Sie wieder mit dem Gesamtbild, und gehen Sie dann zu den Einzelheiten über – zur Farbe der Augen, der Form des Gesichtes, der Frisur, der Form der Lippen. Versuchen Sie nicht, den ganzen Körper aufzunehmen. Das Gesicht reicht fürs erste. Wie bei der Visualisierung von Gegenständen gehen Sie auch hier zunächst von realen Personen aus und wechseln dann zu imaginären. Entscheiden Sie vor Beginn der Meditation, welche Eigenschaft die erdachte Person repräsentieren soll. Wählen Sie eine positive Eigenschaft – Liebe, Kameradschaftlichkeit, Vertrauen, Humor, Stärke, Weisheit, Reinheit, Unschuld, Mut. Konzentrieren Sie sich, sobald Ihre Meditation sich vertieft hat, auf diese Eigenschaft, und lassen Sie ein Gesicht Gestalt annehmen, das diese Eigenschaft symbolisiert.

Beachten Sie an dieser Stelle die schöpferische Kraft des Geistes. Haben Sie alle Visualisierungsübungen in diesem Buch durchgearbeitet und mit der folgenden immer erst dann begonnen, wenn Sie die vorangegangene beherrschen, werden Sie sehen, daß der Geist, wie beim Träumen, das Gesicht ohne Ihr bewußtes Bemühen hervorbringt. Und wie beim Träumen müssen Sie mit Überraschungen rechnen. Weisheit wird vielleicht nicht von einem alten Mann oder einer alten Frau dargestellt, sondern von einem kleinen Kind; Reinheit nicht von einer Nonne oder einem Mönch, sondern von einer nackten Gestalt. Manchmal erscheinen auch Tiere statt Menschen. Gelegentlich haben die Gesichter etwas Mythisches, das an die Symbole erinnert, die die ägyptischen Gottheiten repräsentieren. Kümmern Sie sich nicht darum, ob diese Bilder aus Ihren persönlichen Erinnerungen stammen oder eine universale, symbolschaffende Eigenschaft des menschlichen Unbewußten repräsentieren. Nehmen Sie die Bilder einfach zur Kenntnis, und konzentrieren Sie sich darauf, alle mit ihnen in Verbindung stehenden Details zu erhellen.

Sollte ein angsteinflößendes Bild auftauchen, obwohl Sie sich auf eine positive Eigenschaft konzentrieren, seien Sie dadurch nicht beunruhigt: In vielen Symbolsprachen der Welt werden die wichtigen Eigenschaften (oder Kräfte) des menschlichen Geistes auf zwei Arten symbolisiert – gütig und zornig. Reinheit könnte also durch eine Vestalin symbolisiert sein oder durch das Feuer, das die Verderbtheit vernichtet, die der Reinheit im Wege steht. Beunruhigt Sie jedoch ein Bild besonders stark, so verbannen Sie es, indem Sie es in einen weißen

Visualisierung

Kreis einschließen. Lassen Sie den Kreis immer kleiner werden, bis er zu einem Punkt zusammengeschrumpft ist. Lassen Sie dann den Punkt verschwinden, und visualisieren Sie an seiner Stelle ein Kreuz (oder ein anderes von Ihnen bevorzugtes Symbol) in einer Ihnen angenehmen Farbe. Bleiben Sie so lange dabei, bis Sie sich wieder wohlfühlen. Vorausgesetzt, Sie haben die Visualisierungsübungen mit den geometrischen Formen sorgfältig durchgearbeitet, werden Sie keine Schwierigkeiten mit diesem Verfahren haben.

Das Visualisieren von Landschaften

Die letzte Stufe des Visualisierens ist jene, die viele fälschlicherweise schon zu Beginn in Angriff nehmen wollen: das Visualisieren einer Landschaft. Das ist schwieriger, als man denkt, einfach deshalb, weil es schwer ist, alle Details eines so komplexen Objekts zu erfassen. Vielleicht gelingt es Ihnen schon in den Anfängen der Visualisierungspraxis, einen Eindruck von einer bestimmten Aussicht heraufzubeschwören; doch das reicht nicht aus. Die Visualisierung ist erst dann gelungen, wenn alles, oder fast alles, erfaßt wird. Darum warten Sie mit der Visualisierung von Landschaften, bis Sie sich in Ihrer Praxis gefestigt fühlen.

Wie bei Gegenständen und Personen beginnen Sie auch hier mit einem Ort, der Ihnen vertraut ist. Vielleicht wählen Sie eine Häuserfront mit Geschäften, die Sie gut kennen. Nehmen Sie zunächst das gesamte Bild wahr, dann widmen Sie sich den Details. Lesen Sie die Namensschilder über den Läden; die Schrift ist dabei genauso kräftig wie in Wirklichkeit. Sehen Sie sich die Auslagen in den Fenstern an. Kommt ganz von selbst Bewegung ins Bild, lassen Sie sie zu, und beobachten Sie, wie Menschen vorübergehen, die Geschäfte betreten und wieder verlassen. Richten Sie Ihre Aufmerksamkeit auf die Farben, und versuchen Sie sie klar und deutlich zu erkennen. Widerstehen Sie der Neigung, Ihre Aufmerksamkeit über die gesamte Szenerie wandern zu lassen. Konzentrieren Sie sich statt dessen zuerst darauf, sie in ihrer Gesamtheit zu erfassen (so, wie Sie das auch bei den geometrischen Formen taten). Richten Sie Ihre Aufmerksamkeit dann auf eins der Geschäfte, das Sie auf das genaueste inspizieren. Gehen Sie

Das Visualisieren von Landschaften

dann zum nächsten über und immer so weiter, bis Sie mit der ganzen Reihe fertig sind.

Können Sie erfolgreich mit einer Ihnen vertrauten Szenerie arbeiten, dann lassen Sie als nächstes eine erdachte entstehen. Bestimmen Sie wieder *vor* der Meditation den Gesamtausschnitt – vielleicht Hügel oder Berge, ein Fluß, Wälder oder Strand oder eine unbekannte Stadt aus Gegenwart, Vergangenheit oder Zukunft. Entscheiden Sie sich für eine Szene, und sobald Ihre Meditation gefestigt ist, lassen Sie diese von sich aus erstehen, während Sie sich selbst auf die Vorstellung von «Hügeln», «Fluß» oder «Strand» oder etwas anderem konzentrieren. Wenn die Landschaft nicht vor Ihrem inneren Auge erscheinen will, versuchen Sie noch nicht etwas anderes. Richten Sie Ihre Aufmerksamkeit auf den leeren Raum, in dem die Landschaft zu gegebener Zeit auftauchen wird – vielleicht in dieser Sitzung, vielleicht in der nächsten. Ist nach drei Sitzungen noch immer nichts geschehen, versuchen Sie es mit einer anderen Szene. Die ursprünglich gewählte hat Ihre schöpferische Vorstellungskraft vielleicht nicht ausreichend angeregt, oder es gibt tief in Ihrem Inneren längst vergessene schmerzliche Assoziationen, die verhindern, daß die Szenerie in Ihr Bewußtsein eintreten kann. Versuchen Sie es jetzt nicht weiter, sondern nehmen Sie sich vor, zu einem späteren Zeitpunkt wieder darauf zurückzukommen. Eines Tages wird sie von ganz allein da sein.

Wenn, was wahrscheinlicher ist, die gewünschte Szene erscheint, sich jedoch unerwartet in etwas anderes verwandelt (Berge werden zu Dächern einer Stadt, ein Fluß wird zu einem See oder einem Meer, wie es in Träumen häufig geschieht), lassen Sie die Veränderungen zu, und warten Sie ab, wohin die Meditation führt. Ihre schöpferische Vorstellungskraft ist jetzt gut und richtig entwickelt, und es ist durchaus sinnvoll, sie ein wenig zu erforschen. Übertreiben Sie es aber nicht. Sie meditieren ja nicht nur, um bezaubernde Phantasiereisen zu unternehmen. Tun Sie es dennoch, dann vergewissern Sie sich, daß Sie auch bei diesen Gelegenheiten Meditationstechniken mit einbeziehen (zum Beispiel die Atembeobachtung), die Sie erden, so daß die Sammlung und Selbstdisziplin, für die Sie so viel getan haben, nicht langsam schwächer wird.

Visualisierung

Erdende Meditation

Wann immer Sie in Ihren Meditationen mit Visualisierungen arbeiten, ist es ratsam, in Verbindung damit auch eine erdende Meditation zu praktizieren. Sollten Sie zweimal am Tag meditieren, schafft es eine gute Balance, wenn Sie morgens eine erdende Meditation und abends eine fließende Meditation üben. Meditieren Sie einmal täglich, bleiben Sie an drei aufeinanderfolgenden Tagen bei einer Praxis, und wechseln Sie dann für die nächsten drei Tage zu der anderen über. Arbeiten Sie bei der fließenden Meditation mit Visualisierungen, dann tun Sie es nicht ausschließlich, denn nur allzu leicht läßt man sich von den Landschaften, die auftauchen, bezaubern – den langen, gewundenen Pfaden, die sich in den Hügeln verlieren, den Flüssen und Wäldern von unbeschreiblicher Schönheit, den alles überblickenden Burgen und den hochgelegenen Ortschaften im Schnee. Nur allzu schnell läßt der Geist sich dazu verführen, diesen Visionen zu folgen, und letztlich ist dies auch nicht besser, als sich von der freien Assoziation der Gedanken ablenken zu lassen. Dazu ist aber Visualisierung, als eine Meditationspraxis, sicherlich nicht gedacht.

Die Anwendung von Visualisation

Das bringt uns zu der Frage, wozu das Visualisieren eigentlich gut ist. Ich habe bereits erwähnt, daß das Visualisierungsvermögen seelische Veränderungen herbeizuführen vermag. Doch wie geschieht das genau? Das hängt, so die Antwort, von der Art der Meditation ab, die Sie praktizieren. Auf einige Möglichkeiten, Visualisierungen anzuwenden, möchte ich erst zurückkommen, nachdem ich im 9. Kapitel objektive Meditationen vorgestellt habe. Für fließende Meditationen ist Visualisierung ein ganz wichtiges Merkmal, weil sie zum einen den Grundton der Meditation erzeugt, wie Ignatius dies in seinen *Geistlichen Übungen* lehrte, und weil sie zum anderen als visuelles Pendant zur inneren Stimme fungieren kann.

Benutzen Sie beispielsweise OM als Samen bei der fließenden Meditation, können Sie gleichzeitig das Sanskrit-Symbol für OM visualisieren (siehe Abbildung 2). Lama Anagarika Govinda beschreibt in

Die Anwendung von Visualisation

Schöpferische Meditation und Multidimensionales Bewußtsein sehr detailliert, wie Formen und die mit ihnen verbundenen Farben in der Mantra-Meditation (10. Kapitel) benutzt werden können, indem der Meditierende, während er jedes Wort des Mantra rezitiert, das entsprechende Symbol visualisiert.

Abbildung 2: *Om-Symbol (Sanskrit)*

Verwendet man ein visualisiertes Symbol gleichzeitig mit der Wiederholung eines Wortes, wie beispielsweise OM, so beschleunigt das ein Vertiefen der Sammlung, da die Aufmerksamkeit zur gleichen Zeit auf eine visuelle und eine akustische Vorstellung gerichtet ist. Es wird auch gesagt, daß ein Laut wie OM und auch die mit ihm verbundene visuelle Form Ausdruck ewiger schöpferischer Kräfte sind – oder der archetypischen Mächte des Unbewußten –, denen (wenn man sich ausreichend intensiv und regelmäßig auf sie sammelt) das Vermögen innewohnt, uns in die innere Welt zu führen, in der wir alle miteinander, mit der Geschichte unserer Gattung und mit den in allen großen Religionen bekannten spirituellen Kräften in Verbindung stehen.

Bei der fließenden Meditation kann natürlich die Visualisierung auch als alleiniger Brennpunkt der Aufmerksamkeit gewählt werden. Sie können beispielsweise das Symbol für OM anstelle des Lautes benutzen. Oder Sie können mit einem der Bilder arbeiten, die aus der Meditation über bestimmte Eigenschaften wie Liebe, Weisheit oder Frieden hervorgegangen sind. Oder Sie richten Ihre Aufmerksamkeit auf einen Ort, der diese Qualitäten für Sie symbolisiert – einen Tempel, eine Waldlichtung, einen hoch aufragenden Berg. Lassen Sie sich

Visualisierung

in diesem Falle von Ihrer Visualisierungskraft nicht von diesem Ort wegführen; bleiben Sie bei diesem Brennpunkt. Lassen Sie die Bedeutung der besonderen Eigenschaft, die der Ort symbolisiert, aufsteigen. Ist die Eigenschaft Liebe: Was ist Liebe? Ist die Eigenschaft Frieden: Was ist Frieden? Werfen Sie dies nicht als Fragen auf. Erlauben Sie ihnen, sich aus eigener Kraft zu bilden und ihre eigenen besonderen Einsichten hervorzubringen.

Das Auflösen von Visualisierungen

Am Ende der Meditation – und das gilt für alle Meditationen, bei denen mit Visualisierungen gearbeitet wird – lösen Sie das Objekt der Sammlung wieder auf und lassen es in den Raum zurückkehren, aus dem es hervorging. Tun Sie dies mit einem Gefühl der Dankbarkeit für dieses Objekt. Öffnen Sie also nicht einfach die Augen und beenden damit die Meditation. Wenn Sie das Objekt Ihrer Meditation nicht auflösen, können Sie ihm weiter verhaftet und sein Gefangener bleiben, als «ein Mensch, den seine Besitztümer besitzen», wie Lama Govinda es ausdrückt. Keine schlechte Sache, denken Sie vielleicht, denn die Visualisierung symbolisiert eine positive Eigenschaft. Doch Sie müssen in der Wirklichkeit leben, in der das Bewußtsein seine Aufmerksamkeit alltäglichen Angelegenheiten zuwenden muß. Meditation soll diese Aufmerksamkeit schärfen und Sie nicht in einem verträumten, entrückten Zustand zurücklassen, in dem Sie weniger, keineswegs besser in der Lage sind, mit der Welt da draußen zurechtzukommen. Die Meditation wird auf einer unbewußten Ebene weiterwirken, auch wenn Sie sie beendet haben, dessen können Sie sicher sein. Allmählich wird sich die Eigenschaft, über die Sie meditieren, die Rolle, die sie in Ihrem Leben spielt, mehr und mehr in Ihrem Wesen manifestieren und Ihr bewußtes Verhalten dadurch beeinflussen, daß sie Sie selbst verändert, und nicht indem sie sich zwischen Sie und die Dinge des täglichen Lebens stellt.

Führen Sie also auf jeden Fall die Auflösungsübung durch. Dabei lassen Sie die Visualisierung immer schwächer werden, bis sie in die Leere verschwindet. Sollte sich das für Sie als schwierig erweisen, greifen Sie zu der von mir schon zuvor erwähnten Methode: Schließen

Das Auflösen von Visualisierungen

Sie die Visualisierung in einen Kreis ein, und lassen Sie diesen sanft und liebevoll immer kleiner werden, bis er nur noch ein Punkt ist, der dann schließlich ganz verschwindet. Dann kehren Sie zu Ihrer erdenden Meditation zurück. Richten Sie Ihre Aufmerksamkeit auf den Atem oder auf das Ihnen vertraute Objekt der Sammlung, und bleiben Sie mindestens zehn Ausatmungen lang dabei. Zum Schluß visualisieren Sie die Ihnen bekannte, sichere, freundliche Umgebung, auf die Ihr Blick fällt, wenn Sie die Augen öffnen (das muß nicht in allen Einzelheiten geschehen). Bleiben Sie während der nächsten zehn Ausatmungen bei dieser Visualisierung, öffnen Sie dann die Augen, und kehren Sie in den gegenwärtigen Augenblick zurück.

8. Subjektive Meditation: Den eigenen Geist erkennen

Als Einführung in dieses und das nächste Kapitel muß etwas zu dem Verhältnis zwischen den beiden Themen, also zwischen *subjektiver* und *objektiver* Meditation gesagt werden. Bei der ersten, der subjektiven Form wird manchmal von «eigener Kraft», bei der zweiten von der «Kraft des Anderen» gesprochen. Der Unterschied zwischen beiden Wegen führt mich zu der im 1. Kapitel aufgeworfenen Frage zurück, was nämlich in der Meditation «ich» und was «nicht ich» ist? Wenn Gott oder der Buddha Gegenstand der Sammlung ist, ist dieses Wesen dann immanent oder transzendent, in mir oder außerhalb von mir? Oder, um die Frage noch zu erweitern: Befindet sich die spirituelle Kraft, die es repräsentiert, innerhalb der Schöpfung oder außerhalb? Im Christentum beschuldigen die, die behaupten, sie sei innerhalb, jene, die sie außerhalb sehen, daß sie Gott zu ihrem Ebenbild machten, indem sie ihn als alten Mann im Himmel personalisierten, der über das Leben der Menschen entscheidet wie ein Arbeitgeber, der über seine Arbeiter Entscheidungen fällt. Auf der anderen Seite beschuldigen die, die sie außerhalb glauben, jene, die sie innerhalb sehen, daß sie Gott zu einer blinden Kraft entpersönlichen, die das Leben zwar bewahrt, aber nichts vom Leben weiß und sich keinen Deut darum kümmert.

Gleichgültig, welche Ansicht wir uns zu eigen machen, es ergeben sich aus jeder zwangsläufig Probleme. Wenn Gott transzendent ist und außerhalb der Schöpfung existiert, dann ist Er weder unendlich noch allmächtig; denn ist Gottes Schöpfung von Ihm getrennt, hat Er sie aus etwas anderem als sich selbst geschaffen, das heißt aus einer Substanz – wir können sie Materie nennen – die nicht Teil Gottes ist, so wie auch der Ton in der Hand des Töpfers kein Teil von ihm ist. Die Ansicht, daß Gott allem Existierenden immanent ist, vermeidet zwar, Ihn auf diese Weise einzuschränken, wirft aber andere Probleme auf. Unser

Subjektive Meditation

Geist kann die Vorstellung eines unbegrenzten Gottes – und Immanenz impliziert diese Vorstellung – nicht erfassen. Jede Aussage, die wir über einen solchen Gott machen, kann zwangsläufig nicht alles einschließen; damit ist aber alles, was wir über Ihn sagen, begrenzt und notwendigerweise auch falsch. (Der Buddha war sehr weise, Aussagen über die höchste Wahrheit zu verweigern!)

Der einzelne muß selbst entscheiden, wie er die Frage – Immanenz oder Transzendenz – zu beantworten sucht; doch ähnlich wie Jung bin ich der Ansicht, daß das Kriterium der «Wahrheit» bei der Beschäftigung mit dieser Frage die Nützlichkeit ist. Jede Vorstellung, die uns zu innerem Wachstum verhilft, ist «wahr», bis wir in unserer Entwicklung einen Punkt erreichen, an dem etwas anderes für uns nützlicher wird. Daher muß die «wahre» Vorstellung eines unendlichen Gottes Ihn als immanent *und* transzendent enthalten, als persönlichen und unpersönlichen Gott (und, auf einer Ebene jenseits unseres rationalen Verstehens, ohne Unterschied zwischen beidem). Ein unendlicher Gott ist nicht auf diese Immanenz und Transzendenz *beschränkt*, aber als Symbole für ein unendliches Wesen müssen Immanenz und Transzendenz zusammengenommen ausreichen. Dazu muß noch die Weigerung treten, Gott auf das männliche Prinzip zu beschränken. Jedes Symbol der Unendlichkeit sollte auch das weibliche Prinzip umfassen, Gott ist «Er» und «Sie» gleichermaßen, und auch hier gibt es auf einer Ebene jenseits unseres rationalen Verstehens keinen Unterschied.

Nach dieser symbolischen Interpretation ist Gott sowohl innen als auch außen, sowohl immanent als auch transzendent, sowohl männlich als auch weiblich. Und da *wir,* bis wir Erleuchtung erlangen, ohne Zweifel sehr begrenzte Geschöpfe sind, bleibt es uns überlassen, ob wir uns auf den immanenten oder den transzendenten, auf den männlichen oder den weiblichen Aspekt beziehen wollen (oder auf alle vier gleichzeitig). Das ist einer der Gründe, warum jede Rasse ihr eigenes Bild von den Gottheiten entworfen hat.

Wenn ich von «Gott» spreche, irritiere ich möglicherweise die Buddhisten, die die Vorstellung eines höchsten Schöpfergottes nicht in der Form kennen, wie das im Christentum und anderen theistischen Religionen der Fall ist. Vielleicht verwirre ich auch jene Leser, die zwar an innerem Wachstum sehr interessiert sind, für die aber Spiritualität nicht mit «Gott» verbunden ist. Doch sind, und darauf habe ich gerade hingewiesen, all unsere menschlichen Vorstellungen begrenzt. Der Begriff «Gott» stellt eine Möglichkeit dar, eine spirituelle Kraft zu bezeichnen. Wird er in dieser Weise benutzt, haben die meisten Buddhisten, meiner Erfahrung nach, keine Probleme damit. D. T. Suzuki beispielsweise, einer der bedeutendsten Interpreten des Buddhismus, verwendete den Begriff sehr häufig. Ich hoffe, daß im weiteren Verlaufe des Buches deutlich wird, wie ähnlich die großen Traditionen Spiritualität begrifflich erfassen. Viele der scheinbaren Unähnlichkeiten zwischen den Traditionen haben ihren Ursprung eher in der Schwierigkeit, spirituelle Wirklichkeit in Worte zu fasssen, als in Unterschieden der tatsächlichen spirituellen Erfahrung.

Gottesvorstellungen

Sind wir mit dieser Schwierigkeit – nämlich spirituelle Wirklichkeit in Worte zu fassen – konfrontiert, kann die hinduistische Weise, von Gott zu sprechen, sehr hilfreich sein. Im Hinduismus wird auf drei verschiedene Arten von Gott gesprochen. Erstens gibt es den Gott, der Gestalt und Attribute besitzt. Dieser Aspekt ist transzendent und wird sowohl von den Symbolen, die Menschen für Gott erdacht haben, als auch von den großen spirituellen Lehrern repräsentiert. Zweitens gibt es den Gott ohne Gestalt, doch mit Attributen. Dieser Aspekt ist immanent und wird symbolisiert durch Gott als vollkommene Liebe, Weisheit und Stärke und als uns innewohnendes Potential, diesen Attributen Ausdruck zu verleihen. Drittens gibt es den Gott ohne Gestalt und ohne Attribute. Dieser Aspekt ist jenseits von Transzendenz und Immanenz. Er ist die Gottheit der christlichen Mystiker, der Brahman der Hindus, das En-Sof der hebräischen Kabbalisten und das Nirvāna der Buddhisten. Der Gott, über den nichts ausgesagt werden kann, der Gott, den man erfahren muß, statt über ihn zu diskutieren; der Gott, der nicht anders als im unmittelbaren Wissen zu erkennen ist.

Keiner der drei Aspekte Gottes ist notwendigerweise «falsch» oder den anderen beiden unterlegen. Jeder hat seinen Platz im Leben seiner Anhänger. Und wenn Gott tatsächlich unendlich ist, umfaßt Er/Sie in jedem Fall alle drei Aspekte. Für viele Menschen scheint es wichtig, sich durch alle drei Aspekte hindurch «aufwärts» zu bewegen; zum Beispiel aus der Vorstellung von einem himmlischen Vater herauszuwachsen, wenn diese zu sehr nach einem alten Mann im Himmel geraten ist, und sich zu der Vorstellung von Gott als vollkommene Liebe, Weisheit und Macht hinzuentwickeln, um auch darüber wieder hinauszuwachsen, wenn diese Vorstellung die grenzenlose Natur der höchsten Wahrheit zu sehr zu begrenzen scheint. Nähert man sich dieser letzten Wahrheit, erkennt man, daß die ersten beiden Aspekte noch in ihr enthalten sind: Sie veranschaulichen diese letzte Wahrheit und führen die Menschen zu ihr hin.

Beschäftige ich mich also in diesem Kapitel mit Meditationen über die uns innewohnende spirituelle Kraft (subjektive Meditationen) und im nächsten Kapitel mit Meditationen über die transzendente spirituelle Kraft außerhalb von uns (objektive Meditationen), so ziehe ich damit keine Grenzlinien zwischen diesen beiden Wegen. Jeder stellt eine Möglichkeit dar, sich der einen Wahrheit zu nähern, und viele Meditierende folgen beiden Pfaden, statt einen als dem anderen überlegen zu betrachten. Aus eigener Erfahrung halte ich die für die besten Lehrer, die ihre Lehren (und damit sich selbst) nicht über die Lehren anderer stellen. Da sie in ihrer eigenen Entwicklung mit vorangekommen sind, haben sie solche Engstirnigkeit hinter sich gelassen und sind in der Lage, die Wahrheit überall da zu entdecken, wo sie zu finden ist. Ihnen widerstrebt es nicht, ihre Tradition da zu kritisieren, wo es gerechtfertigt ist. Sie leben aufgeschlossen und frei, denn sie sind an kein Dogma gebunden, das der Weisheit im Wege steht.

Das Wesen der subjektiven Meditation

Subjektive Meditation geht nach dem Prinzip der Erforschung des eigenen Geistes vor, durch die man Einblick in die wahre Natur des eigenen Bewußtseins gewinnt. Von allen großen Richtungen ist der Zen-Buddhismus vermutlich das beste Beispiel für diese subjektiven, den Geist erforschenden, sich auf die «eigene Kraft» stützenden Weg der Meditation, und aus diesem Grund möchte ich mich im folgenden auf den Zen-Buddhismus konzentrieren.

Stellen Sie sich einen Mann oder eine Frau vor, in einem stillen

Das Wesen der subjektiven Meditation

Raum mit gekreuzten Beinen dasitzend, mit gesenktem Blick und halb geschlossenen Augen. Nur das leichte, kaum wahrnehmbare Kommen und Gehen des Atems tief unten im Unterleib verrät uns, daß er oder sie keine Statue ist. Soll das, fragt sich vielleicht der Nicht-Meditierende, etwa «Erforschung des Geistes» sein? Denn zur Erforschung des Geistes müssen doch sicherlich auch Papier und Bleistift gehören oder irgendwelche Computertests, mit denen man intellektuelle Fertigkeiten beweisen kann oder die Fähigkeiten zum logischen Denken oder Lösen von Problemen.

Als nächstes stellen Sie sich denselben Mann oder dieselbe Frau vor, wie er oder sie an einem klaren Sommertag über Land geht, mit Freude nach links und rechts blickt, alles in sich aufnimmt, ganz gesammelt auf alles, was sich für Augen, Ohren und Nase an Eindrücken bietet, auf das Gefühl von kühlem Gras, das die Beine streift, auf den Windhauch, das Surren der Insekten, die Sonne im Nacken, die gesprenkelten Schatten unter den Bäumen, den Gesang der Vögel. Wie kann auch das, wundert sich der Nicht-Meditierende, als Erforschung des Geistes beschrieben werden? Sicherlich genießt der Mann oder die Frau nur den Müßiggang. Ein ganz angenehmer Zeitvertreib, der aber sicher noch weniger mit Erforschen zu tun hat als das ruhige Sitzen auf einem Kissen.

An diesen Beispielen werden die Irrtümer deutlich, denen der beobachtende Nicht-Meditierende unterliegt. Für ihn hat Untersuchen mit Vergleichen zwischen der eigenen geistigen Verfassung und der anderer Menschen zu tun, mit dem Erreichen eines bestimmten Wissensstandes und dem Erhalt von Zertifikati und Diplomen. Nur der Meditierende weiß, daß die Untersuchung des Geistes mittels der *Achtsamkeit,* wie es die Zen-Buddhisten nennen, geschieht; die Aufmerksamkeit ist klar und genau auf das gerichtet, was den Geist in jedem Moment beschäftigt, sei es bei der Meditation oder den Aktivitäten des täglichen Lebens.

Subjektive Meditation

Achtsamkeit

Achtsamkeit bedeutet, daß wir die Aufmerksamkeit nicht zu allen möglichen Dingen abschweifen lassen, sondern auf die Erfahrung richten, die wir *eben jetzt* machen, auf die Erfahrung, *jetzt* und *hier* lebendig zu sein, in den aufeinanderfolgenden Augenblicken des Daseins, die alles sind, was wir tatsächlich haben. Obwohl wir unser Leben als etwas betrachten, das eine bis zu unserer Geburt zurückreichende Geschichte hat und eine Zukunft, die sich vor uns erstreckt, haben wir in Wirklichkeit immer nur den gegenwärtigen Moment, und im Handumdrehen haben wir ihn verloren und erleben den darauffolgenden Augenblick und dann den Augenblick danach. Und jeder Moment ist, sowie er in die Vergangenheit entschwindet, genauso unerreichbar wie der Moment unserer Geburt.

Warum aber sollen wir Achtsamkeit üben? Warum lassen wir das Leben nicht in benommener Zerstreutheit an uns vorüberziehen, mit unseren Gedanken immer irgendwo anders als da, wo wir uns wirklich befinden? Natürlich bleibt es jedem selbst überlassen, dies zu tun. Aber diejenigen, die die Wirklichkeit kennenlernen wollen, müssen damit beginnen herauszufinden, wer sie sind, müssen die Wirklichkeit erkennen, wie sie von Augenblick zu Augenblick entsteht und vergeht. Ohne dieses Wissen können wir nicht darauf hoffen, die größere Wirklichkeit zu erkennen, die jenseits des Entstehens und Vergehens unserer unmittelbaren Erfahrung liegt.

Bedeutet das, wir dürfen uns nie in Gedanken verlieren, die Zukunft planen oder uns an die Vergangenheit erinnern? Nein, das heißt es nicht. Es bedeutet, daß wir, wenn wir für die Zukunft planen oder uns an Vergangenes erinnern, wissen sollten, was wir da tun. Aufgrund einer bewußten Entscheidung des Geistes sollten wir planen oder uns erinnern, aber uns nicht fortwährend in Planungen und Erinnerungen abgleiten lassen, um die Wirklichkeit des *Jetzt* zu vermeiden. Der Buddhismus lehrt, daß der Geist, oder eher der ichbezogene und egoistische Teil des Geistes, uns beherrscht, um seine eigene Wichtigkeit aufzublähen und uns mit List zu dem Glauben zu verleiten, er sei das, was wir wirklich sind. Wir schaffen diesen Egoismus und lassen ihn in uns, wie einen Kuckuck im Nest, heranwachsen. Wir verbringen unser Leben damit, ihn mit unserer Aufmerksamkeit zu füttern, ihn gegen vermeintliche Angriffe zu verteidigen; wir ergreifen die Dinge, von denen wir glauben, er wolle sie, und vermeiden die, von denen wir glauben, er wolle sie nicht. Selbstsucht wird zu unserem Lebenswerk, und während wir ihr dienen, vergessen wir, was unser wirkliches Lebenswerk sein sollte.

Nicht umsonst erinnern uns viele der großen Traditionen immer wieder daran aufzuwachen, die Augen zu öffnen, wiedergeboren zu werden. Damit soll uns gesagt werden: Wenn wir uns dafür entscheiden, halbwach durchs Leben zu gehen, dann werden die Täuschungen, die Phantasien und Alpträume unserer kindischen Tagträume alles sein, was wir erleben.

Der Zen-Buddhismus

Für den Zen-Buddhismus bedeutet Achtsamkeit, ganz bei dem zu bleiben, was eben geschieht. Die oben aufgeführten beiden Beispiele von der Person, die in einem ruhigen Raum sitzt, und der, die durch eine sommerliche Landschaft wandert, wobei der Geist auf das jeweilige Tun ausgerichtet ist, illustrieren das. Ob der Zen-Übende nun formal meditiert, durch eine Landschaft wandert oder eine belebte Straße entlanggeht – sein Geist ist fest im jeweiligen Tun verankert. Wenn der Zen-Übende ißt, so ißt er. Arbeitet er, dann arbeitet er. Sitzt er, so sitzt er. Stets nimmt er die Unantastbarkeit, das Heilige des Augenblicks wahr, denn das Leben ist zu kostbar, um es nicht zu beachten, zu heilig, um es zu ignorieren, zu faszinierend, um sich von ihm abzuwenden.

Das japanische Wort «Zen» leitet sich von dem chinesischen «Ch'an» ab, das über das Pali-Wort «Jhāna» auf das Sanskrit-Wort «Dhyāna» zurückzuführen ist und einfach Meditation bedeutet. Doch Zen ist eine Form der Meditation innerhalb der profunden Philosophie des psychischen und spirituellen Wachstums, die ursprünglich auf die Lehren des Buddha zurückgeht und von einer langen Reihe von Patriarchen immer wieder neu dargelegt wurde – bis schließlich Bodhidharma, der achtundzwanzigste Patriarch, sie im sechsten Jahrhundert n. Chr. nach China brachte und dadurch zum ersten Patriarchen des Ch'an (Zen) wurde.

Subjektive Meditation

Bodhidharma lehrte, daß alle Menschen von Beginn an Buddhas sind. «Buddha-Natur», der erleuchtete Geist, ist stets in uns gegenwärtig, und der einzige Grund, warum wir das nicht erkennen, ist unsere Unwissenheit. (Ich erinnere mich, wie ein buddhistischer Lehrer zu der Gruppe, der ich angehörte, zum ersten Mal sagte: «Ihr seid alle Buddhas», und wie ich dachte: «Er meint alle anderen, nur mich nicht.» Meine spätere Erkenntnis der Unwissenheit eines solchen Denkens war ein tiefgreifender, erleuchtender Moment für mich.) Zen ist der Weg, diesen erleuchteten Geist, unsere «ursprüngliche Natur», zu entdecken. Es ist der Weg, unsere Unwissenheit fallenzulassen, uns zu entdecken und ein Leben in dynamischer Unmittelbarkeit zu führen. Das setzt aber die Erkenntnis voraus – und sie ist für westliche Menschen oft schwer zu akzeptieren –, daß der intellektuelle, rationale Verstand eine wesentliche Ursache unserer Unwissenheit ist. Oder, besser gesagt: Wie wir unseren intellektuellen, rationalen Verstand *benutzen*. Unser Fehler liegt in der Annahme, wir könnten durch ihn die Geheimnisse des Lebens verstehen; dabei führt er uns, sich selbst überlassen, einfach nur im Kreise herum. Natürlich sollten wir unseren rationalen Verstand benutzen (und tatsächlich macht der Buddhismus von allen großen Religionen am meisten Gebrauch davon), aber wir müssen auch erkennen, daß er nur ein Werkzeug ist, mächtig und von großem Wert innerhalb seines Bezugsrahmens, aber eine Behinderung, wenn er falsch angewendet wird.

Die Beschränkungen des rationalen Verstandes sind in der Tat so offensichtlich, daß es eigenartig ist, daß man uns erst darauf hinweisen muß. Kann man den rationalen Verstand beispielsweise dazu verwenden, unsere Liebe zu unseren Kindern oder unserem Partner zu erklären – oder gar diese Liebe zum Ausdruck zu bringen? Kann der Verstand unser Gefühl für Poesie, für Kunst und Musik erklären oder ausdrücken? Kann er unsere Freude und Trauer, die Inspirationen und Sehnsüchte, die unser Leben bewegen, erklären oder ausdrücken? Kann er die Freude erklären oder ausdrücken, die wir in der Natur empfinden – wenn wir den Mond in einer frostigen Nacht erblicken oder Gewitterwolken vor einer sich gelb färbenden Sonne, wenn wir den Duft von Weihrauch aufnehmen oder Befriedigung verspüren über unsere Arbeit mit Blumen und Tieren? Kann er auch nur das

Medium erklären, von dem der rationale Verstand selbst abhängig ist, nämlich Denken und Bewußtsein? Kaum.

In dem Fall ist es aber absurd, von ihm zu erwarten, daß er uns unser Leben erklärt, uns hilft, unsere spirituellen Sehnsüchte zu verstehen, oder uns sagt, was geschieht, wenn wir sterben. Und es ist die Tragik unserer westlichen Kultur, daß wir seit Beginn des wissenschaftlichen Materialismus davon ausgegangen sind, daß er das kann. Der rationale, logische Verstand ist eine wunderbare Gabe, aber er bringt uns – wie jede andere Gabe – nur in Bedrängnis, wenn wir seinen Platz in unserem Leben nicht kennen.

Die drei Pfeiler des Zen

Das Zen war von Beginn an bestrebt, dem rationalen Verstand seinen Platz zuzuweisen, und die Meditationstechniken, die das Zen lehrt, sind genau diesem Ziel gewidmet. Doch der Zen-Übende muß, wenn er diese Techniken erfolgreich anwenden will, gleichzeitig drei Eigenschaften des Geistes entwickeln und kultivieren, die drei Grundlagen, auf denen Zen ruht: den *großen Glauben,* den *großen Zweifel* und die *große Entschlossenheit* (siehe dazu Philip Kapleau: *Die drei Pfeiler des Zen*). Großer Glaube bedeutet nicht blinder Glaube. Der Buddha selbst war sehr darum bemüht, seinen Anhängern zu vermitteln, sie sollten nicht alles, was er sagte, einfach deshalb glauben, weil er, der Buddha, es sagte. Seine Lehren sollten vielmehr ausprobiert, geprüft und nur dann beibehalten werden, wenn sie sich als brauchbar erwiesen. *Großer Glaube* bedeutet im wesentlichen, das Leben des Buddha zu betrachten (oder das Leben des spirituellen Lehrers, dem wir folgen wollen) und zu wissen, daß dies der Mensch sei, dem wir ähnlich sein wollen. Es ist also ein Glaube, der eine konkrete Grundlage hat: Wenn der Buddha seine hohe Menschlichkeit auf etwas zurückführte, das er «Erleuchtung» nannte, dann ist diese Erleuchtung auch für uns etwas Notwendiges.

Großer Zweifel – D. T. Suzuki bevorzugt in seinen *Essays in Zen Buddhism* den Begriff *«großer Geist des Forschens»* – bezieht sich auf die brennende Frage, warum das Leiden existiert. Wenn es so etwas wie Erleuchtung gibt, oder wenn, wie das Christentum erklärt, Gott Liebe ist, warum müssen Menschen dann leiden? Warum? Es muß darauf eine Antwort geben! *Großer Zweifel* bedeutet, daß wir den Wunsch, wie der Buddha zu sein, nicht nur uns selbst zuliebe hegen; wir hoffen vielmehr, durch das Erlangen der Erleuchtung eines Buddha die Leiden anderer, aber auch unser eigenes Leiden verstehen und lindern zu können.

Große Entschlossenheit spricht für sich selbst. *Großer Zweifel* wird uns nicht weit führen, wenn wir nicht entschlossen sind, diesen Zweifel aufzulösen. Ohne große Entschlossenheit verwandelt sich unser Zweifel in Verzweiflung. Große Entschlossenheit ist es, die uns vorantreibt. Sie ist es, die uns nicht ruhen läßt, immer wieder nach dem «Warum?» zu fragen. Warum gibt es Gier und Selbstsucht? Warum müssen Unschuldige leiden? Warum kommen die Schuldigen voran? Warum gibt es Haß, Eifersucht, Betrug und Ausbeutung? Warum?

Die Antwort auf diese Frage kann nicht die theoretische Behauptung sein, daß die Welt in Wirklichkeit vollkommen ist und daß uns nur Steine in den Weg gelegt werden, um uns zu prüfen. Versuchen Sie, das jemandem zu erzählen, der gerade verhungert, oder jemandem, der von seinen gewalttätigen Mitmenschen sinnlos zum Krüppel geschlagen wurde, oder jemandem, der durch einen schmerzlichen Verlust einen Schock erlitten hat, oder jemandem, dem gesagt wurde, er sei unheilbar krank. Nein, die Antwort auf den *großen Zweifel* ist eine innere Begegnung mit dem *Geist,* ein «Wissen», das nicht aus Glauben erwächst, sondern aus unmittelbarer Erfahrung. Ist dies einmal realisiert, helfen wir den Leidenden nicht dadurch, daß wir ihnen erzählen, sie sollten stark sein, sondern dadurch, daß wir ihnen unsere eigene Stärke geben, so wie der Buddha und wie Christus ihre Stärke gaben.

Samādhi, Satori und Kenshō

Wie beschreibt das Zen nun diese innere Erkenntnis? Die Begriffe, die dafür verwendet werden, lauten Samādhi, Satori und Kenshō. Da Zen äußerlich so einfach ist und Dogmen vermeidet, die sich um so viele andere Religionen herum gebildet haben, und da das Wort «Zen» bereits Eingang in die populäre Literatur gefunden hat, wird die

Samādhi, Satori und Kenshō

wirkliche Bedeutung dieser Begriffe in ihrem Zen-Kontext oft mißverstanden. Zum Beispiel sprechen manche Menschen von einem «Zen-Zustand», wenn sie so in eine Tätigkeit vertieft sind, daß sie sich selbst vergessen. Oder sie reden von Samādhi und Satori, als bedeuteten diese Begriffe dasselbe; oder sie behaupten, Samādhi habe überhaupt nichts mit Zen zu tun.

Es gibt aber, wie Sekida in einem der besten der heute zur Verfügung stehenden Handbücher des Zen *(Zen-Training)* verdeutlicht, im Zen zwei Arten von Samādhi, und beide unterscheiden sich von Satori. Sekida nennt sie *positiver Samādhi* und *absoluter Samādhi*. Positiver Samādhi tritt dann ein, wenn wir tatsächlich vollkommen in einer Beschäftigung aufgehen; das kann die Beschäftigung mit einem Gemälde sein oder einer Kampfkunst, einem Zen-Kōan oder dem Atem. Bei all diesen Aktivitäten bleibt ein Rest von Selbstbewußtsein bestehen. Absoluter Samādhi tritt dann ein, wenn wir – nach Sekidas Worten – zu dem Kunstwerk oder dem Kōan oder den Bewegungen der Atemmuskeln *werden* und jedes Selbstbewußtsein ausgelöscht ist.

Beide, der positive wie auch der absolute Samādhi, müssen gemeistert werden, sagt Sekida, und beide können zu Kenshō führen, der ersten Erfahrung von Satori, der Erleuchtung. Aber Satori ist auch fortwährender absoluter Samādhi, und so ist absoluter Samādhi das Ziel der Zen-Schulung (oder eher das Tor zu dieser Schulung, denn das Wort «Ziel» impliziert, das ein Ende erreichbar wäre). Im absoluten Samādhi hört die Reflexionstätigkeit des Bewußtseins auf, und es kommt dazu, daß man

> nichts wahrnimmt, nichts fühlt, nichts hört, nichts sieht. Dieser Geisteszustand wird «nichts» genannt. Aber das ist keine hohle Leere. Es ist eher der lauterste Zustand unseres Daseins. Man denkt nicht über ihn nach, und direkt weiß man nichts von ihm... Die Erfahrung dieses Großen Todes ist zweifellos... nichts Alltägliches. Dennoch muß man vollständig durch diesen Zustand hindurch, wenn man echte Erleuchtung und Verwirklichung erlangen will; denn zur echten Erleuchtung kann man nur kommen, wenn man seine alten gewohnten Bewußtseinsebenen abgestreift hat.[14]

Subjektive Meditation

Wenn Sie aus diesem Zustand wieder hervorkommen, schreibt Sekida (S. 110f.),

> fühlen Sie sich voller Frieden und Heiterkeit und mit starker geistiger Kraft und Würde ausgestattet. Sie sind intellektuell wach und klarsichtig, in Ihren Gefühlen rein und empfindsam. Sie sind in der Hochstimmung eines großen Künstlers. Ihre Fähigkeiten zum Verständnis und zum Genießenkönnen der Musik, der Kunst und der Schönheiten der Natur sind beachtlich gesteigert.

Sobald Sie diesen Zustand erreicht haben, können einfache Dinge in der Außenwelt wie der Laut eines bei der Gartenarbeit an einen Bambusschaft schlagenden Kiesels oder der Anblick von Blüten eine so überwältigende Wirkung haben, daß «das ganze Universum einstürzt».

Anders ausgedrückt: Wenn Sie Kenshō einmal erfahren haben, können die einfachsten Erlebnisse Sie wieder in diesen Zustand hineintreiben, denn Kenshō ist «nicht mehr und nicht weniger als das Erkennen Ihres eigenen geläuterten Geistes... befreit von der verblendeten Weise des Bewußtseins». In diesem Zustand werden Sie der Laut des an den Bambus schlagenden Steins oder die Blüte, statt sich Ihrer selbst als Erfahrendem bewußt zu sein. In diesem Augenblick des Werdens erkennen Sie Ihre Einheit mit der Schöpfung. Sie sind mitsamt dem Laut und dem Anblick in dieser Schöpfung, und die Schöpfung ist in Ihnen. Schöpfung geschieht fortwährend, ohne Unterbrechung; sie ist keine Ansammlung von getrennten Punkten wie ein Foto in der Zeitung.

Sekida schreibt bezüglich der beiden Hauptschulen des Zen-Buddhismus – Rinzai-Zen und Sōtō-Zen –, daß zwar beide den positiven und den absoluten Samādhi einschließen, das Rinzai-Zen jedoch dem ersteren und das Sōtō-Zen dem letzteren mehr Bedeutung beimißt. Kapleau formuliert allgemeiner, daß das Rinzai-Zen, in dem die Kōan-Meditation häufig verwendet wird, sich auf alle drei Pfeiler des Zen – großer Glaube, großer Zweifel, große Entschlossenheit – gleichermaßen stützt, während es im Sōtō-Zen mit seiner Ausrichtung auf Zazen («Sitzen in Versunkenheit») vor allem um den großen Glauben geht (s. Kasten 12). Man sitzt in Meditation in dem Wissen,

KASTEN 12:

Zazen

In gewisser Hinsicht ist Zazen die schwierigste Meditationsform, da der Fokus des Bewußtseins hierbei das Denken selbst ist. Statt die Gedanken durch den Geist hindurchziehen zu lassen, ohne ihnen Beachtung zu schenken, beobachtet der Übende in Zazen die Gedanken, *ohne sich jedoch von ihnen ablenken zu lassen.* Jeder aufkommende Gedanke wird als das betrachtet, was er ist: eine vorübergehende Schöpfung des Geistes. Der Meditierende läßt ihn vorbeiziehen, ohne sich an ihn zu klammern, ganz gleich, wie reizvoll er ist, und ohne ihn abzuwehren, ganz gleich, wie unangenehm er ist.

Eine hilfreiche Analogie ist vielleicht die Vorstellung von einem Beobachter auf einer Autobahnbrücke, der die Autos unter sich vorbeirasen sieht. Kein Auto wird durch den Beobachter aufgehalten, keins beschleunigt. Alle werden mit derselben Objektivität betrachtet. Der Beobachter fällt keine Urteile, indem er ein Auto attraktiver findet als ein anderes. Alle Autos haben dieselbe Eigenschaft gemeinsam, nämlich Bewegung. Sie alle kommen aus einer Richtung und entschwinden in eine andere.

Die Beobachtung der Gedanken unterstützt die Erforschung des Geistes in dreierlei Hinsicht.

1. Sie distanziert Sie von Ihren Gedanken. Dadurch können die Gedanken nicht mehr länger die überwältigenden, gefühlsmäßigen Reaktionen hervorrufen, die zu Leiden führen. (Das bedeutet nicht, daß Sie auch aufhören, angenehme Empfindungen zu erleben; sondern es bedeutet, daß diese Gefühle mehr aus der Erfahrung erwachsen als aus bloßen Gedanken über Erfahrung.)

2. Sie ermöglicht Ihnen zu erkennen, was Denken wirklich ist – eine Folge von Worten oder Bildern, so flüchtig wie Schneeflocken, die ins Feuer fallen. Der Geist wird doch wohl mehr sein als das?

3. Sie befähigt Sie, die Leere zu erkennen, aus der die Gedanken aufsteigen und in die hinein sie wieder verschwinden.

Für den Buddhismus ist «Leere» ein ganz wesentlicher Begriff; er bezieht sich auf das formlose Potential, aus dem die Schöpfung unaufhörlich hervorströmt und in das hinein sie unausgesetzt entschwindet. In gewisser Weise ist «Leere» kein so geeignetes Wort dafür, weil es an ein Vakuum und an Auslöschung denken läßt, während das, wovon wir sprechen, ein unendliches Potential ist.

Eine in Zazen häufig verwendete Übung, um die Erforschung des eigenen Denkens zu schärfen, besteht darin, jeden Gedanken, sobald er aufsteigt, zu identifizieren. Einige Gedanken sind «Erinnerungen», andere sind «Hoffnungen», «Erwartungen», «Nostalgie», «Zweifel» und so weiter. Ebenso werden auch die Gefühle identifiziert («Ärger», «Furcht»...). Der Meditierende identifiziert sich jedoch nie *mit* einem dieser vorübergehenden Phänomene, noch beurteilt er es. Diese Phänomene sind, was sie sind: flüchtige Episoden an der Oberfläche des Geistes.

Nach einiger Zeit der Übung wird ein Punkt erreicht, wo die Gedanken weniger häufig aufkommen. Der Beobachter ist immer noch da, aber auf der Autobahn ist es nun ruhig geworden. Die Ruhe wird mit derselben unvoreingenommenen Bewußtheit betrachtet wie zuvor die Gedanken. Und begleitet wird diese Ruhe von tieferer Einsicht in die Leere.

daß sich Satori zu gegebener Zeit selbst offenbaren wird – wie ein heranreifendes Samenkorn. Sich einem Kōan mit großem Zweifel und großer Entschlossenheit zu widmen bedeutet, so sagt Kapleau, daß da ein Element von Ich-Bewußtsein existiert, ein Bewußtsein, daß da jemand mit etwas beschäftigt ist, und die Folge ist ein positiver Samādhi, der in einen absoluten Samādhi münden kann. Arbeitet man dagegen vorrangig mit dem großen Glauben, ist dieses Ich-Bewußtsein weniger stark, weniger positiv, und (obwohl dieser Weg schwieriger ist) die Folge ist ein absoluter Samādhi, der dann vielleicht die Erfahrung eines positiven Samādhi möglich macht.

Das Satori auf die Probe stellen

Nach der ersten Erfahrung von Satori (Kenshō) folgt eine Zeit des *Reifens*, in der der Übende sein neues Verständnis in Harmonie mit seinen Gedanken, Gefühlen und seinem Verhalten bringt. Zen bedeutet nicht Weltflucht, und viele der großen Zen-Lehrer, Männer wie auch Frauen, waren Laien. Zen bedeutet, das Leben in seiner ganzen Fülle zu leben, wie immer die jeweiligen Umstände auch beschaffen sind. Im Verlaufe dieses Reifeprozesses gehen auch die Zen-Mönche und -Nonnen manchmal hinaus in die Welt und reisen von einem Kloster zum anderen, um die Echtheit ihres Satori von anderen Zen-Meistern überprüfen zu lassen; oder sie nehmen die Rolle eines Laien an, um es im täglichen Leben zu erproben. Stellt sich bei diesen Prüfungen heraus, daß das Satori echt ist und zu jeder Zeit wiedererlangt werden kann, ist die Periode des Reifens abgeschlossen, und nun besteht die Aufgabe darin, die ganze Persönlichkeit im Lichte des Satori zu gestalten. Wie kann das Leben so gelebt werden, daß Satori allgegenwärtig ist? Wie kann man in einer Welt der Vielfalt leben, wenn man weiß, daß die Welt in Wirklichkeit eine Einheit ist? Nur wenn der Übende diese Aufgabe vollendet hat, wird er als Rōshi («Alter Meister») anerkannt, als jemand, der befähigt ist, andere zu belehren. Und in der Zen-Tradition kann diese Anerkennung nur von einem anderen Rōshi erteilt werden, einem, der selbst in der direkten Übertragungslinie der Zen-Patriarchen steht, die bis zu Bodhidharma zurückreicht.

Es ist nicht so, daß nur die Rōshis das Zen verstünden, aber es ist so, daß sie – vorausgesetzt, sie haben ihren Titel auf rechte Weise erhalten und nicht von irgendeiner Pseudo-Zengruppe, die das wahre Zen zu

Subjektive Meditation

vertreten vorgibt – die richtigen Leute sind, das Satori anderer zu prüfen. Ohne diese Prüfung ist es allzu leicht, sich etwas vorzumachen und zu glauben, die Erfahrungen in der Meditation – wenngleich an sich wertvoll – seien das, was man im Zen unter Satori versteht. Um sich dieser Prüfung zu unterziehen, ist es wichtig, so lehrt das Zen, daß sich der Übende dem Lehrer ganz und gar anvertraut, daß er «großen Glauben» in ihn setzt als denjenigen, der Satori bereits erreicht hat, und seinen Anweisungen so genau wie möglich folgt.

Das heißt aber nun nicht, daß Sie Ihr Recht aufgeben müssen, Fragen zu stellen oder Ihren Lehrer letztlich sogar abzulehnen, wenn Sie wollen. Solche Selbstauslieferung ist in jedem System ausgesprochen gefährlich; sie kann zu dem blinden Gehorsam führen, den alle Diktatoren und Kultführer bei ihren Anhängern zu erreichen suchen. Wenn Sie sich bei einem bestimmten Lehrer schulen wollen, müssen Sie nur aufrichtig und ehrlich sein. Sie müssen akzeptieren, daß der Lehrer nur dann richtig geprüft werden kann (denn Sie prüfen ihn genauso wie er Sie), wenn Sie der Methode folgen, die er anbietet. Folgen Sie ihr, und warten Sie ab, was geschieht. Wenn Sie es mit dem Lehrer auf einen ernstgemeinten Versuch ankommen lassen – das heißt ihm folgen, als könnten seine Regeln Ihnen wirklich weiterhelfen –, und dann nach einer angemessenen Zeit erkennen, daß sie nicht hilfreich für Sie sind, sollten Sie den Lehrer aufgeben und einen anderen suchen.

Das Kōan

Einer der faszinierendsten Aspekte der Zen-Meditation ist das Üben mit Kōan. Kōan gibt es nicht nur im Zen-Buddhismus. Alle Religionen (und psychologischen Richtungen) enthalten sie. Kōan tauchen ganz von selbst auf, wenn wir die für unser inneres Leben so fundamentalen Fragen stellen: «Was ist Liebe?» «Woher kommt das Leben?» «Warum gibt es Leid?» «Was ist Geburt?» «Was ist Tod?» Und – das Kōan im Herzen aller Kōan – «Wer bin ich?»

Die Unterschiede zu anderen Richtungen liegen nun darin, daß das Zen diese Kōan «frontal» angeht und sie in einer scheinbar unsinnigen Sprache wiedergibt. Warum frontal? Weil ein direkter Angriff auf die

Das Kōan

Geheimnisse im Zentrum des Lebens wirksamer ist als philosophische Debatten, bei denen immer die Gefahr besteht, daß man sich im Kreise dreht. Warum in unsinniger Sprache? Weil die Antworten auf diese Rätsel «unsinnig», das heißt nicht mit dem «gesunden Menschenverstand» zu entdecken sind. Wie ich bereits ausführte, kann der rationale, bewußte Geist auf viele grundlegende Fragen keine Antworten geben. Diese Antworten kommen als Intuition tief aus unserem Unbewußten, als wären es Dinge, die wir längst «wissen» und an die wir uns nur zu erinnern brauchen. Wir finden diese Antworten nicht, wenn wir uns nach außen wenden, wie ein Wissenschaftler es tut, sondern indem wir nach innen schauen wie die Mystiker, Dichter und Künstler.

Zen spielt Ihnen also einen Streich. Es stellt Ihnen eine Frage, die nicht durch Ihr rationales, lineares, analytisches Entweder-oder-Denken gelöst werden kann. Je mehr Sie versuchen, sie auf diese Weise zu lösen, um so unerreichbarer wird die Antwort und um so ärgerlicher die Frage. Sie suchen nach Antworten auf die Frage, bei der Meditation im Sitzen ebenso wie während des Tagesablaufs, und jedesmal, wenn Sie auf eine Lösung stoßen, beeilen Sie sich, sie Ihrem Rōshi mitzuteilen; der aber wird Sie immer wieder zurückweisen und erneut auf die Suche schicken. Und dann plötzlich ist die Antwort da, oft völlig unerwartet, und alles ist sehr klar, sehr einfach und sehr, sehr komisch. Wie konnten Sie nur so dumm gewesen sein, sie nicht sofort gesehen zu haben? Gehen Sie diesmal zu Ihrem Rōshi, wird er lächeln und Ihre Lösung bestätigen; und er wird Ihnen ein neues Kōan geben, mit dem Sie nun üben sollen.

Ich habe die Erfahrung gemacht, daß Meditierende die Kōan-Meditation entweder sofort akzeptieren, wenn sie davon hören, so als antworte etwas in ihnen auf das vorbereitende Kōan «Was ist ein Kōan?», oder sie finden die ganze Angelegenheit ziemlich albern. Ich hielt einmal vor einer Meditationsgruppe einen längeren Vortrag über Kōan, bei dem mir viel Unverständnis entgegengebracht wurde und abwertende Bemerkungen zu hören waren wie: «Das klingt aber alles sehr intellektuell.» «Intellektuell» sind nun Kōan mit Sicherheit nicht; und nachdem ich kläglich die blauen Flecken registriert hatte, die solche Kommentare auf meinem Ego hinterlassen hatten, mußte ich zugeben, daß der Fehler in meiner Art der Darstellung gelegen hatte. Ein Kōan zu geben ist sehr viel angebrachter, als darüber zu reden.

Aber wir sind nun mal Kinder unserer Kultur. Wir sind so an verbale

Subjektive Meditation

Darstellungen gewöhnt, daß wir in der Lage sein sollten, den Wert einer Sache zu erkennen, auch wenn er hinter Nebelschleiern von Worten verborgen ist. Trotz der Unzulänglichkeiten in meinen Ausführungen hätte also das Wesen des Kōan für jeden, der es erkennen wollte, offenbar werden müssen. Bei anderen Gelegenheiten geschah das normalerweise auch. Aber die Erfahrung lehrt mich, wie nur eine Erfahrung dies vermag, daß Kōan-Meditation nicht für jeden geeignet ist. Das bedeutet nicht, daß die Menschen, die Kōan ablehnen, weniger fähig sind zu meditieren als die, die Kōan akzeptieren. Es bedeutet lediglich, daß das Kōan für Sie entweder gleich bei der ersten Begegnung einen (wenn auch verrückten) Sinn ergibt und Sie mit seiner Version des großen Zweifels ansport – oder eben nicht. Entweder das Kōan zieht Sie in seinen Bann, ungeachtet der Stimmen des rationalen Verstandes, oder Sie sehen in ihm eine Ablenkung, die die innere Ruhe stört, mit der Sie zu arbeiten versuchen.

Das Kōan, das dem Anfänger am häufigsten gegeben wird, ist «Mu». Der Rōshi wird bei dieser Gelegenheit eine kurze Geschichte erzählen. Und niemals hat wohl eine so kurze Geschichte bei so vielen Menschen zu so großen inneren Kämpfen geführt. Die Geschichte berichtet von einem Mönch, der eines Tages den chinesischen Zen-Meister Chao-chou (jap. Jōshū) fragte: «Hat ein Hund Buddha-Wesen?» Und Jōshū antwortet: «Wu.» «Wu» («Mu» im Japanischen, der Form, in der das Kōan üblicherweise gegeben wird) bedeutet wörtlich «nicht» oder «keine». Auf den ersten Blick sieht es also so aus, als beantworte Jōshū die Frage negativ. Auf den ersten Blick. Doch in der bekanntesten Kommentar-Sammlung zu den Kōan, dem *Mumonkan* («Die torlose Schranke») sagt der Zen-Mönch Wu-men (jap. Mumon, 13. Jahrhundert) folgendes über «Mu»:

> Bei der Übung des Zen müßt ihr die Schranke der Patriarchen durchschreiten. Um diese wunderbare Erleuchtung zu finden, müßt ihr den Weg des Denkens völlig abschneiden. Wenn ihr die Schranke nicht durchschreitet und den Weg des Denkens nicht abschneidet, gleicht ihr einem Gespenst, das an den Gräsern und Büschen haftet. Nun frage ich euch, was ist die Schranke der Patriarchen? Es ist dieses eine Wort «Mu». Das ist das Tor zum Zen. Darum wird es das *Mumonkan* des Zen genannt... Wollt ihr diese

Das Kōan

Schranke nicht durchschreiten? Erweckt euren ganzen Körper... bringt einen Geist großen Zweifels auf und konzentriert euch auf dieses Wort «Mu». Tragt es bei euch, bei Tag und bei Nacht. Bildet keine nihilistische Auffassung von Leere oder eine relative Auffassung von «hat» oder «hat nicht». Es wird so sein, als hättet ihr eine rotglühende Eisenkugel verschluckt, die ihr nicht ausspeien könnt, auch wenn ihr es versucht. Alle täuschenden Gedanken und verblendeten Vorstellungen, die sich bis zur Gegenwart hin angesammelt haben, werden vernichtet, und wenn die Zeit gekommen ist, werden Innen und Außen auf natürliche Weise eins sein. Ihr werdet es wissen, aber nur für euch selbst, wie ein Stummer, der einen Traum gehabt hat. Dann wird es ganz plötzlich eine Umwandlung geben, und ihr werdet den Himmel in Erstaunen setzen und die Erde erschüttern.[15]

«Mu» kann also nicht für bare Münze genommen werden. Siebenhundert Jahre später gibt uns ein anderer großer Zen-Lehrer, D. T. Suzuki, eine ähnliche Anleitung:

Natürlich soll er nicht darüber nachdenken, denn «Wu» ergibt im Zusammenhang mit «Hund» oder mit «Buddha-Wesen» keinerlei rationalen Sinn; es ist «Wu», nur das. Das Kōan behauptet weder das Vorhandensein von Buddha-Wesen, noch leugnet es das Buddha-Wesen, obgleich Chao-chous Antwort dem reinen Wortsinn nach eine Verneinung zu beinhalten scheint. Wenn dieses Kōan dem Anfänger gegeben wird, steht «Wu» ganz für sich selbst, und so war es von allen Zen-Meistern, die es als einen «Augen-Öffner» benutzten, von Anfang an gemeint.[16]

Aber wenn «Mu» nicht das bedeutet, was es aussagt, dann wirkt das Kōan doch wohl eher als «Augen-Schließer»? Und auf gewisse Weise tut es das auch. Um auf das Kōan eine Antwort zu finden, müssen wir unsere Augen für eine Art des Sehens verschließen, bevor wir sie für eine andere öffnen. Doch warum bloß konnte Jōshū nicht sagen, was er mit «Mu» meinte? Die Antwort lautet: Hätte er es getan, wäre es Jōshūs Antwort gewesen, nicht unsere. Und von uns wiederholt, hätte die Antwort aus lauter leeren Worten bestanden. Jōshū war ein zu gütiger Lehrer, als daß er das hätte zulassen können (s. Kasten 13).

KASTEN 13:

Mehr über die Kōan

Es gibt viele Kōansammlungen. Zu den umfangreichsten gehören das *Mumonkan* («Die torlose Schranke») und das *Hekiganroku* («Niederschrift von der blaugrünen Felswand»); beide liegen heute in zahlreichen Übersetzungen in europäische Sprachen vor (ich zitiere hier nach der englischen Fassung von Sekida und Grimestone). Die umstrittenste Sammlung ist das *Gendai Sojizen Hyoron* («Kritik des heutigen Pseudo-Zen»), welche in englischer Übersetzung von Joel Hoffman erhältlich ist. Sie ist deshalb umstritten, weil zwar auch das *Mumonkan* und das *Hekiganroku* Kommentare von Zen-Meistern zu den Kōan enthalten, das *Gendai* aber tatsächlich Lösungen gibt.

Es gab eine Zeit, da stieß bereits die Aufnahme von Kommentaren in die Kōansammlungen auf großen Widerstand, und einige Zen-Meister verbrannten sie, wenn sie ihnen in die Hände fielen. Sie hätten sich keine Sorgen machen müssen. Die Kommentare sind ebenso unergründlich wie die Kōan selbst. Lösungen zu geben ist jedoch eine andere Sache, denn der Weg hin zur Lösung ist das Wichtigste, nicht so sehr die Lösung selbst. Sie ist lediglich der Beweis, daß der Weg gegangen wurde. Außerdem ist die «richtige» Lösung nicht unbedingt für alle Zen-Schüler dieselbe; und der Meister wird den Schüler, sobald er eine Lösung gefunden hat, ohnehin mit einem anderen Kōan prüfen, dann wieder mit einem anderen und noch einem, manchmal in rascher Aufeinanderfolge. So kann der Meister sehen, ob die «richtige» Antwort echt ist oder einfach nur nachgeplappert wurde.

Man könnte aber auch sagen, daß der Versuch herauszufinden, *warum* eine bestimmte Lösung «richtig» ist, von ebenso

Das Kōan

großem Wert sein kann wie die direkte Auseinandersetzung mit einem Kōan oder den Kōan-Kommentaren eines der großen Meister. Probieren Sie es selbst aus. Hier ist zunächst einmal ein Kōan aus dem *Bi-Yän-Lu** mit einem Kommentar von Meister Hsüä-dou:*

> Ein Mönch fragte Dschau-dschou:* Alle die Zehntausende von Dinglichkeiten gehen zurück auf Eines. Welches ist der Ort, auf den das Eine selbst zurückgeht?
> Dschau-dschou sagte: Als ich (noch) in Tjiang-dschou lebte, machte ich mir (einmal) einen Leinenrock, der hatte ein Gewicht von sieben Pfund.

Der Kommentar von Hsüä-dou:

> Umgarnte den Alten gefährlichen Bohrer
> mit listigem Fragegeflecht.
> Des siebenpfündigen Rockes Gewicht,
> wie viele mögen's verstehen?
> Wir aber heute schleudern ihn fort,
> weit in den Westsee hinein.
> Die reineren Winde zur Fahrt stromab,
> wem kann man sie gönnen zu wehn?[17]

Und hier ein Kōan aus dem *Gendai* mit der Antwort:

Meister: Was predigt der Hauptpfeiler des Hauses?
Schüler: Der Zen-Meister erwacht früh am Morgen und nimmt sich seiner Schüler an. In einem gewöhnlichen Haus erhebt der Vater vom frühen Morgen an seine Stimme und kümmert sich um die Angelegenheit seiner Familie.

---

* Vgl. hierzu Anm. 17.

Subjektive Meditation

Mit einem Kōan üben

Am besten ist es, mit einem Kōan zu üben, das man von einem Zen-Meister zugewiesen bekommt. Tatsächlich heißt es manchmal, daß wir uns nicht selbst ein Kōan aussuchen sollten, nicht einmal aus so anerkannten Sammlungen wie dem *Mumonkan* oder dem *Hekiganroku*. Der Meister gibt dem Schüler das Kōan, das zu einem bestimmten Zeitpunkt das richtige für ihn ist; und er ist die geeignete Person, um zu beurteilen, ob der Schüler mit seiner Antwort wahres Begreifen zeigt oder nicht. Doch weist Grimstone in seiner Einleitung zum *Mumonkan* darauf hin, daß es nur wenige authentische Zen-Meister gibt. Wir müssen also unter Umständen allein arbeiten; Grimstone versichert uns aber, daß auch «ohne die Hilfe [eines Meisters] viel getan werden kann. Es gibt zahlreiche Beispiele von Zen-Schülern, die ihren eigenen Weg zur Erleuchtung gefunden haben.»

Wenn Sie Kōan-Meditation ausprobieren wollen und allein arbeiten müssen, wählen Sie zunächst ein Kōan aus dem *Mumonkan* oder dem *Hekiganroku*. Die Kōan beider Sammlungen müssen nicht der Reihe nach durchgearbeitet worden, aber die meisten Zen-Meister geben als Einstieg das Kōan «Mu». Lassen Sie uns also davon ausgehen, daß Sie mit «Mu» üben. Die beste Zusammenfassung, die ich von einem authentischen Zen-Meister zu diesem Thema kenne, ist *Zen-Training, Das große Buch über Praxis, Methoden, Hintergründe* von Katsuki Sekida. In diesem Buch zeichnet Sekida unseren Weg wie ein weiser Freund vor, freundlich aber bestimmt darauf achtend, daß wir jede Einzelheit verstanden haben. Für mich persönlich waren seine Anleitungen ebenso hilfreich wie einige der direkten Belehrungen, die ich über Kōan-Meditation erhalten habe. Zusammengefaßt sagt Sekida:

1. Stufe: Nachdem Sie sich zur Meditation niedergesetzt haben, wenden Sie sich Ihrem Atem zu. Atmen Sie durch den Mund, und stoßen Sie den Atem mit etwas Nachdruck durch die leicht geöffneten Lippen wieder aus. Das hilft, eine gewisse Spannung in der Atemmuskulatur aufzubauen, und trägt dazu bei, umherschweifende Gedanken im Zaum zu halten. Auf dieser Stufe kann der Atem entweder gezählt werden (wobei der Zählvorgang so lange dauern sollte wie das Ausatmen), oder Sie können damit beginnen, innerlich «Mu» zu sagen.

Mit einem Kōan üben

2. Stufe: Hat sich Ihre Sammlung gefestigt, dann atmen Sie jetzt durch die Nase; die Atmung sollte, um die Sammlung noch weiter zu vertiefen, ziemlich grob, ja sogar hörbar sein. Sie können Ihre Augen, die auf der 1. Stufe geöffnet bleiben sollten, jetzt schließen, wenn Sie das vorziehen. Obwohl bei der Kōan-Meditation traditionell die Augen geöffnet bleiben sollten, um Schläfrigkeit zu vermeiden, helfen geschlossene Augen dem Meditierenden, die Aufmerksamkeit nach innen zu wenden, und machen auf diese Weise die Erfahrung des absoluten Samādhi eher möglich.

Wie Sie auf der 1. Stufe Ihren Atem gezählt haben, sollten Sie nun jedes Ausatmen mit «Mu» begleiten. «Mu» bedeutet «Nichts», aber denken Sie nicht, daß Sie jetzt die Bedeutung des Nichtseins erkunden. Ihr Lehrer wird Sie fragen: «Was ist Mu?» oder «Zeigen Sie mir Mu!»; aber das ist keine Aufforderung, sich in begrifflichen Spekulationen zu ergehen. Sie müssen «Mu» erfahren, und um das zu erreichen, müssen Sie «Mu» einfach nur als «Laut Ihres eigenen Atems nehmen und keine andere Vorstellung davon haben». Bleiben Sie dabei, «Mu» zu sagen, und zwar ohne jedes philosophische Spekulieren, und eines Tages «wird Ihnen aufgehen, daß die Antwort immer schon gegeben ist; Sie werden in die Hände klatschen und in lautes Lachen ausbrechen.»

Sekida läßt uns wissen, daß Kōan-Meditation eine Sache ist, die einem alles abverlangt. Und es stimmt, daß manche Menschen beim Üben mit einem Kōan so heftig schwitzen, als würden sie sich intensiv körperlich betätigen. Doch das heißt nicht, daß sich nicht im Laufe der Zeit auch Stille einstellen wird. Es zeigt nur, daß wir uns noch in der Konzentrationsphase der Meditation befinden; und Sekida lehrt uns, diese Konzentration so zu vertiefen, so auf unserem Kōan herumzukauen, als hinge unser Leben davon ab.

Entfaltet sich die 2. Stufe so, wie sie sollte, dann entwickeln sich die ersten Anzeichen des positiven Samādhi. Sie werden von bestimmten Veränderungen des Körpergefühls begleitet. Zuerst, schreibt Sekida, verliert man das Empfinden für die einzelnen Gelenke und Muskeln, und an seine Stelle tritt ein allgemeines Druckgefühl, «als trage man eine schwere Rüstung». Wenn sich der Samādhi immer noch weiter vertieft, erlöschen schließlich alle körperlichen Empfindungen. Das ist das «Abfallen» von Körper und Geist. Sekida drückt es so aus:

Subjektive Meditation

«Doch, es gibt da immer noch etwas, aber man kann nicht mehr sagen, was das ist.»

3. Stufe: Der Atem verliert nun alles Grobe und Rauhe und ist kaum noch wahrnehmbar. Die Pausen zwischen den Atemzügen werden länger, und der Abstand zwischen Ein- und Ausatmen kann bis zu einer Minute betragen. Daran ist kein bewußtes Bemühen beteiligt, der Vorgang vollzieht sich ganz von allein. Gelegentlich, wenn der Sauerstoffvorrat aufgebraucht ist, wird der Körper ihn wieder durch ein sehr langes Einatmen ausgleichen. Nun ist man in der Lage, in den absoluten Samādhi einzutreten. Auch das Wiederholen von «Mu» hört nun auf. Alles ist Ruhe und Schweigen. Kein einziger Gedanke dringt in den Geist, der von klarem Leuchten erhellt; es ist, als erleuchte der Geist sich selbst «und als erstreckte sich das Universum grenzenlos um Sie her».

Die 3. Stufe repräsentiert also beides – Stille und Einsicht; und eine Einsicht der tiefsten Art, bei der der Geist sich nicht länger selbst erforscht, sondern *er selbst geworden ist.*

«Mu» mit dem Verstand erforschen

Trotz der Warnung, Mu nicht begrifflich zu untersuchen, verspüren Sie vielleicht dennoch, besonders in den Anfängen, das starke Bedürfnis, gerade das zu tun (und das wird Ihnen bei allen Kōan so gehen). Sekida gesteht uns zu, diesem Bedürfnis nachzugehen, vorausgesetzt wir erkennen, «daß wir Mu nun mit unserem Kopf rezitieren, statt es in den Unterleib zu drücken». Die beste Methode, diese Untersuchung durchzuführen, ist, sich innerlich immer wieder zu fragen: «Was ist Mu?» Doch seien Sie vorsichtig. Lassen Sie sich nicht von der Vorstellung begrifflichen Denkens in die Irre führen. Versuchen Sie auch jetzt nicht, «Mu» zu *definieren,* es durch ein Wort oder eine Reihe von Wörtern zu ersetzen. Betrachten Sie Mu von allen Seiten, als betrachteten Sie forschend eine Blume oder einen Sonnenuntergang. Lassen Sie sich nicht von irgendwelchen Rationalisierungen, die Ihr Geist sicher hervorbringen wird, einfangen.

Und denken Sie an Sekidas Warnung. «Denken Sie nicht, daß Sie

«Mu» mit dem Verstand erforschen

jetzt die Bedeutung des Nichts erforschen.» Wie kann «das Nichts» überhaupt «erforscht» werden oder eine «Bedeutung» haben in dem Sinne, in dem wir diese Begriffe üblicherweise verstehen? Und fühlen Sie sich nicht versucht, über das Wort «Nichts» zu meditieren, anstatt sich einfach nur «Mu» zu vergegenwärtigen. Mu hat für die Menschen des Westens insofern einen besonderen Wert, als zwar die Kenntnis der verneinenden Wortbedeutung unserem großen Zweifel beim Üben mit Mu auf die Sprünge helfen kann, Mu selbst jedoch einfach nur ein Laut ist, bar aller Assoziationen, die den Geist für gewöhnlich in Träumereien verwickeln.

Eine begriffliche Auseinandersetzung mit Mu ist, wie Sekida sagt, weniger geeignet, Sie zum absoluten Samādhi zu führen, als der nichtbegriffliche Ansatz, doch sie kann unter Umständen eher zu einem positiven Samādhi führen. Und da man Samādhi sowohl auf der positiven als auch auf der absoluten Ebene erreichen muß, ist es meiner Meinung nach sinnvoll, beide Methoden, die begriffliche und die nichtbegriffliche anzuwenden. Üben Sie intensiv mit einem Kōan, so wird das Erforschen mit dem Verstand bei Ihren alltäglichen Verrichtungen ganz von selbst auftauchen, und das sollte unterstützt werden. Es wäre falsch, Ihre «glühende Kugel des Zweifels» im Meditationsraum zurückzulassen.

Ein Zen-Meister, den Suzuki zitiert, beschreibt, wie man die «glühende Kugel des Zweifels» bewahrt:

> Widmet euch ganz diesem Kōan und ergründet seinen Sinn, sitzend oder liegend, gehend oder stehend... Bemüht euch entschlossen, es jederzeit gegenwärtig zu haben. Die Tage vergehen, die Jahre folgen eins aufs andere, doch wenn die Zeit sich erfüllt und euer Geist ganz gesammelt auf dieses eingestimmt ist, wird es in euch ein plötzliches Erwachen geben – ein Erwachen zum Geist der Buddhas und Patriarchen. Ihr werdet von da an, wohin ihr euch auch wenden mögt, von keinem Zen-Meister mehr in die Irre geführt werden.[18]

Das heißt, kein Zen-Meister wird Ihre Erleuchtung prüfen und sie unzulänglich finden können. Sie werden nichts *erreicht* haben, weil es nichts wirklich zu erreichen gibt. Da Sie bereits am richtigen Ort sind, wohin sollten Sie auch gehen? Das einzige, was geschehen ist, ist, daß

Subjektive Meditation

Sie diesen Ort nun zum ersten Mal erkannt haben. Und wenn Sie diese Erkenntnis erst einmal haben, wie könnte Sie Ihnen wieder genommen werden? Wohin denn?

Ist «Mu» einfach ein Mantra?

Die größte Ausgewogenheit zwischen der nichtbegrifflichen und der begrifflichen Methode, mit einem Kōan zu üben, erzielt man, wenn man die erste bei der Meditation im Sitzen anwendet und die zweite im Alltagsleben – immer wieder auf das Kōan zurückkommend, häufig auf eine verspielte, entspannte Weise, neugierig und doch auch wieder nicht neugierig, und immer daran denkend, daß die Lösung (oder eher die *Auflösung*) zwangsläufig kommen wird, wenn die Zeit reif dafür ist. Und wenn sie kommt, ist, wie Sekida sagt, das Gefühl da, daß «die Antwort schon gegeben ist». Ein alter Zen-Spruch lautet: «Ich habe geglaubt, ich hätte einen langen Weg vor mir, bis ich mich umsah und entdeckte, daß ich schon vor vielen Jahren an meinem Ziel vorbeigekommen bin.» Es ist gut, sich in Verbindung mit dem Kōan an diese Worte zu erinnern.

Menschen, die Mantra-Meditation üben, fragen manchmal, inwiefern sich das nichtbegriffliche Üben mit «Mu» (oder jedem anderen Kōan) von Mantra-Meditation (10. Kapitel) unterscheidet. Hier wie da das Wiederholen eines Lautes, das Leerwerden des Geistes. Wo liegt also der Unterschied? Unterschiede zwischen Meditationsformen sind immer mehr Schein als Wirklichkeit und lösen sich, je tiefer man gelangt, zunehmend auf. Doch es gibt hier einen gewichtigen anfänglichen Unterschied: Beim Üben mit einem Kōan ist unsere Geistesverfassung mitbestimmt von einem großen »Zweifels-Klumpen», den man noch dadurch vergrößern kann, daß man, wie Zen-Meister Hakuin rät, zu sich sagt: «Mein Körper selbst ist Mu; was bedeutet all das?» Das Kōan hat eine Bedeutung, und diese Bedeutung ist es, die schließlich zur Einsicht führt.

Bei der Mantra-Meditation sammeln Sie sich auf die Wiederholung des Mantras, und es ist das Mantra als solches, das Sie zur Einsicht führt. Wenn die wahre Einsicht aufsteigt, gibt es keinen Unterschied zwischen dem, was Ihnen das Kōan, und dem, was Ihnen das Mantra offenbart. Sie verwenden vielleicht unterschiedliche Worte, um es zu beschreiben, doch wahre Einsicht bedeutet, die Einheit zu erfahren, die bereits vorhanden ist, die Einsicht, in der wir «leben, weben und sind». Vorausgesetzt, die verschiedenen Meditationswege geben uns den Raum und die Stille, darin wir erkennen, wer wir wirklich sind, dann können sie uns gar nicht in verschiedene Richtungen führen.

Der erleuchtete Geisteszustand

Mit welchen Worten beschreibt das Zen diese wahre Einsicht? Beziehungsweise, da es doch keine Kluft zwischen der Einsicht und dem Zustand des Geistes gibt, in dem sie entsteht: Wie beschreibt das Zen diesen Geisteszustand? Hören Sie Zen-Meister Han Shans Worte, wie sie von Lu K'uan Yu (Charles Luk) ins Englische übersetzt und zusammengefaßt wurden. Nachdem Han Shan zunächst der Schule des Reinen Landes gefolgt war, bei der die meditative Übung in der hingebungsvollen Wiederholung der Nembutsu-Formel (Namu Amida Butsu – «Verehrung dem Buddha Amitābha») besteht, kam er mit zwanzig Jahren zum Ch'an und erhielt das Kōan: «Wer meditiert über den Namen des Buddha?» (eine Variante des Kōan «Wer bin ich?»). Acht Jahre später, bei der Meditation, «war (ihm) plötzlich, als wäre sein Körper verschwunden», und in seiner Erfahrung des absoluten Samādhi ein paar Tage später

> ... verschwanden sein Körper und sein Geist, an ihre Stelle trat eine große Helligkeit, rund und voll, klar und still, wie ein riesiger runder Spiegel, der alle Berge, Flüsse und die große Erde enthielt. Danach bemerkte er eine stille Gelassenheit innerhalb und außerhalb seines Körpers und erfuhr [bei der Meditation] keine Behinderung mehr durch Laute und Formen.[19]

Bei einer anderen Gelegenheit sagt Han Shan mit seinen eigenen Worten:

> Alles, was in der großen Leere in Aufruhr gewesen war, war nun still, wie nach schwerem Regen, wenn auch die Wolken sich aufge-

löst haben. Die Luft schien durch und durch gereinigt und alles war vollkommen ruhig, ohne daß ein einziger Schatten oder ein einziges Bild sich zeigte. Der Geist war leer, und die umgebenden Objekte waren reglos; die daraus erwachsene Glückseligkeit war unvergleichlich.[20]

Um seinen Geisteszustand noch weiter zu beschreiben, zitiert Han Shan dann folgende Verse aus dem *Shūrangama-Sūtra:*

In vollkommener Reinheit ist das klare Licht alldurchdringend.
Mit seiner leuchtenden Stille hüllt es die große Leere ein.
Weltliche Dinge, von nahem betrachtet,
sind nur Trugbilder, im Traum gesehen.

Diese Zeilen besagen nicht, daß weltliche Dinge nicht existierten, sondern daß sie *nicht in der Weise existieren, in der wir sie normalerweise erfahren.* Wir betrachten sie als voneinander getrennte, statische, unzusammenhängende, isolierte Dinge, die durch Grenzen, so scharf wie Messerklingen, voneinander abgeschnitten sind, während doch in Wirklichkeit alles eine bewegte, dynamische, unaufhörlich strömende Manifestation der einen Lebenskraft, der einen Einheit ist. Nichts kann dieser Einheit genommen, nichts hinzugefügt werden. Jeder von uns ist für sie unentbehrlich, ebenso jeder Baum, jeder Berg, jedes Insekt. Und weil es zwischen uns und dieser Einheit keine Grenzen gibt, *sind* wir wirklich sie. Unser Geist enthält die ganze Welt; oder wie William James, einer der Begründer der modernen Psychologie und einer ihrer klügsten Köpfe um die Jahrhundertwende schrieb: «Ein Objekt in seiner Gesamtheit zu kennen bedeutet, die ganze Welt zu kennen.»

Zen hat, vielleicht mehr als jede andere Tradition, einen Weg gefunden, diese Einheit zu repräsentieren. Ich möchte hier ein weiteres Beispiel für die Erfahrung eines solchen Geisteszustandes anführen. Es ist einem anderen Werk von Lu K'uan Yu entnommen, *The Transmission of the Mind Outside the Teachings.* Diesmal sind es die Worte eines seiner westlichen Schüler, der lange Zeit mit dem Kōan «Alle Dinge gehen auf Eines zurück; worauf geht dieses Eine zurück?» gerungen hatte.

Zuerst war der Geist voller Gedanken, aber allmählich trat eine Veränderung ein, und ich konnte meinen Geist von allem, außer dem Kōan, freimachen. Dann kam ich nicht weiter... ich fühlte mich nutzlos und verloren. Doch ich war entschlossen und zog mich in die Einsamkeit der Berge zurück... das Kōan war allzeit in meinem Geist. Eines Tages hielt ich bei einem Fluß an und setzte mich erschöpft nieder. Plötzlich hörte ich – und wie mir schien, nicht mit den Ohren – das Seufzen des Windes in den Bäumen. Sofort ließ meine Erschöpfung nach, und ich gelangte in einen Zustand, in dem ich so entspannt war, daß ich mich dem vollkommenen Fließen öffnen konnte. Alles tropfte von weißglühendem Licht oder von Elektrizität (obwohl es eigentlich keine Gegenstände mehr gab), und mir war, als verfolgte ich hier das Werden des ganzen Kosmos, unaufhörlich, glutflüssig. Wie kann es soviel Licht geben?... Alles ist Erleuchtung. Mein vorherrschender Eindruck war der des Eintauchens ins Innerste des Seins – keine Formen, keine Persönlichkeiten, keine Gottheiten, nur Glückseligkeit.[21]

Beschreibungen sind nur die Hälfte des Weges

Lu K'uan Yu geht von demselben Unterschied zwischen positivem und absolutem Samādhi aus wie Sekida, wenn er über Beschreibungen wie die obige sagt: «Wenn ein Meditierender beschreiben kann, was er erfahren hat, dann ist es nicht der absolute, sondern noch der relative Zustand. Es ist die Hälfte des Weges.» Auf dieser Ebene gibt es immer noch einen Unterschied zwischen der Person, die erkennt, und dem Objekt, das erkannt wird. Die nächste Stufe auf dem Weg ist das Verschwinden dieses Unterschieds, so daß man *wird,* was man wirklich ist, anstatt es nur zu beobachten.

Diese Erfahrung, sagt Meister Hakuin,

ist nicht zu beschreiben und läßt sich anderen nicht vermitteln. Nur jene, die selbst Wasser getrunken haben, wissen, ob es kalt oder warm ist... Vergangenheit, Gegenwart und Zukunft sind zusammengedrängt in diesem Augenblick deines Bewußtseins. Selbst die

Subjektive Meditation

Himmelswesen kennen keine Freude, die sich dieser vergleichen ließe.[22]

Sōtō-Zen

Suzuki bezeichnet in *The Field of Zen* das Rinzai-Zen mit seiner Betonung der Kōan-Meditation als den *Aktivitätsaspekt* des Zen und das Sōtō-Zen mit seiner Betonung des Zazen (Sitzen in Versunkenheit) als den Aspekt der *stillen Kontemplation*. Das bedeutet nicht, daß diese Aspekte voneinander zu trennen wären. Eine meiner befreiendsten Erfahrungen am Beginn meiner Beschäftigung mit Zen war die Entdeckung der Einheit zwischen diesen beiden Schulen. Und die Einheit zwischen allen buddhistischen Schulen sowie – aus buddhistischer Sicht jedenfalls – zwischen Buddhismus und anderen Religionen. Unter den Menschen des Westens, die zum Buddhismus konvertiert sind, bemerke ich in letzter Zeit eine ablehnende Haltung gegenüber dieser Offenheit (so sind wir Westler nun mal). Dieser Ablehnung bin ich aber nie bei denen begegnet, die innerhalb der buddhistischen Tradition selbst großgeworden sind. Für diese Menschen repräsentieren die verschiedenen buddhistischen Schulen, ja die verschiedenen Religionen überhaupt, einfach nur verschiedene Pfade, die denselben Berg hinaufführen.

Das Rinzai-Zen umfaßt also sowohl Aktivität als auch stille Kontemplation, legt aber mehr Nachdruck auf den Aktivitätsaspekt, während das Sōtō-Zen ebenfalls Aktivität und stille Kontemplation einschließt, die Betonung jedoch mehr auf der stillen Kontemplation liegt. Den Laien ist es vollkommen selbst überlassen, sich in beidem zu schulen, und normalerweise wird diese gegenseitige Befruchtung auch gefördert. Auch die großen Zen-Meister der Vergangenheit pflegten während ihrer Schulung von einem Meister zum anderen zu gehen, um die Weisheit zu empfangen, wo immer sie zu finden war. Und einer der größten Meister war natürlich Dōgen Zenji.

Zen-Meister Dōgen: Ich habe Dōgen, der im dreizehnten Jahrhundert das Sōtō-Zen in Japan begründete, bereits im 4. Kapitel erwähnt. Die beiden wichtigsten Punkte in der Lehre Dōgens sind zum einen, daß es keine Kluft zwischen Meditation und Erleuchtung gibt, und zum anderen, daß Buddhismus rechtes Verhalten im alltäglichen Leben bedeutet (siehe zum Beispiel *Zen Master Dogen: An Introduction with Selected Writings,* von Yuho Yokoi und Daizen Victoria).

Diese beiden Punkte veranschaulichen die Tatsache, daß man nicht meditiert oder rechtes Verhalten im Alltag zeigt, um Erleuchtung zu erreichen, sondern weil es das ist, was Erleuchtete tun. Beide Aktivitäten sind Manifestationen der Erleuchtung und nicht so sehr der Weg, der zu ihr führt. Das heißt keineswegs, wir könnten selbstzufrieden meinen, daß keine weiteren Anstrengungen nötig seien, vorausgesetzt, wir meditierten ein wenig und verhielten uns richtig. Die Lehre ist weitaus subtiler. Unser Geist ist ursprünglich eins mit dem Geist des Buddha, denn er enthält die Essenz derselben Erleuchtung, doch wird sich unsere Erleuchtung ohne unermüdliches Üben nicht offenbaren. Sobald wir aber in rechter Weise üben, ist schon das, wie Dōgen sagt, Erleuchtung – noch ohne Tiefe zwar, doch sie wird durch rückhaltlose, hingebungsvolle Praxis schließlich zu tiefer Erleuchtung werden.

Kōan werden im Sōtō-Zen wenig verwendet, denn Dōgen lehrte, daß die buddhistische Schulung selbst (Meditation, Verehrung des Buddha, Halten der Gebote) das höchste Kōan ist. Der Sōtō-Meister ist aber nicht abgeneigt, einem Schüler ein Kōan zu geben, wenn es hilfreich ist für ihn. Und im *Shōbōgenzō Zuimonki* (einer Sammlung von kurzen Unterweisungen Dōgens für seine Schüler) spricht Dōgen auch über eins der berühmtesten Kōan, *Nansen und die Katze.* Dōgens Schwerpunkt lag jedoch auf dem Zazen, bei dem der Geist vollkommen gesammelt ist und auf diese Weise der Erleuchtung Raum gibt, sich zu manifestieren. Dōgen gibt ganz klare Anweisungen, wie man dabei vorgehen soll.

In der Sōtō-Zen-Meditation sitzt der Praktizierende üblicherweise mit dem Gesicht zur leeren Wand (anders als beim Rinzai-Zen; dort sitzt man normalerweise mit dem Gesicht zur Meditationshalle). Dōgen weist den Übenden an, den ganzen oder halben Lotossitz einzunehmen, wobei das linke Bein über das rechte und die linke Hand in die Handfläche der rechten gelegt wird. Dann empfiehlt er:

Subjektive Meditation

Atme ruhig durch die Nase, deine Augen bleiben geöffnet... Mache einen tiefen Atemzug, schwinge deinen Körper zur rechten und zur linken Seite und sitze dann fest wie ein Fels. Denke an nichts. Wie macht man das? Indem man jenseits von Denken und Nicht-Denken denkt. Eben dies ist die Grundlage des Zazen.

Dōgen erklärt nun, daß Zazen keine Schritt-für-Schritt Meditation ist:

> Vielmehr ist es einfach das mühelose und wohltuende Üben eines Buddha, die Verwirklichung der Weisheit des Buddha. Die Wahrheit zeigt sich, da es keine Verblendung gibt. Wenn du das verstehst, bist du vollkommen frei, wie ein Drache, der Wasser gefunden hat, oder wie ein Tiger, der auf einem Berg ruht. Das höchste Gesetz wird sich von selbst zeigen, und du wirst frei sein von Überdruß und Verwirrung.

Mit Recht könnte der Leser einwenden, daß dies wohl nur für Dōgen «das mühelose und wohltuende Üben eines Buddha» war, für uns gewöhnlich Sterbliche aber alles andere als das ist. Dōgen wußte das natürlich und erinnert uns daran, daß sogar Shākyamuni-Buddha (der historische Buddha) sechs Jahre lang stetig Zazen übte, bevor er Erleuchtung erlangte, und Bodhidharma, der Begründer des Zen, neun Jahre (und es heißt, er habe sich die Augenlider abgeschnitten, um das Einschlafen zu verhindern).

Dōgen erinnert uns noch einmal an das Paradoxon im Herzen aller Meditation: Wenn die Erleuchtung einmal erlangt ist, erscheint sie so geradezu lächerlich simpel, daß es gerechtfertigt ist, den Weg zu ihr als «mühelos» zu bezeichnen. Er ist so mühelos, wie die Augen zu öffnen und das zu erblicken, was schon immer dort vor uns gewesen ist. So mühelos, wie am Leben zu sein. So mühelos, wie den nächsten Atemzug zu machen. Es ist nicht etwas «da draußen», etwas, das wir erfassen müssen wie das Erlernen einer fremden Sprache. Es bedeutet ganz einfach, die Realität dessen, was Sie längst wissen, wiederzuerkennen.

Doch bis wir das verwirklicht *haben,* erscheint uns nichts schwieriger. In gewissem Sinne ist nichts schwieriger, denn wir selbst schaffen die Schwierigkeit. Wir sind wie jemand, der sich selbst auf dem Fuß steht und sich wundert, warum er nicht gehen kann. Solange wir nicht erkennen, daß ein Fuß den anderen behindert, sind wir nicht frei, einen Schritt zu machen oder zu sehen, daß wir unser Leiden selbst verursachen. Doch sobald die Erkenntnis erwacht und wir von unseren Zehen steigen, lachen wir darüber, wie absurd einfach alles war. Wir waren schon frei und sind es immer gewesen.

Dōgens Lehren sind außerordentlich hilfreich, auch wenn ihre Tiefe auf den ersten Blick oft nicht ersichtlich ist. Dōgen sagt uns, daß wir, obwohl wir vom Gegenteil überzeugt sind, in Wirklichkeit niemals von der Erleuchtung getrennt sind und niemals getrennt von der Gnade, innerhalb welcher Tradition auch immer wir Meditation üben mögen. Erforderlich ist nur, daß wir uns dafür öffnen.

Schlußbetrachtung

Einige Menschen erkennen durchaus den Wert der subjektiven Meditation als Weg, das zu erforschen, was in unserem Geist geschieht, lehnen sie aber als Pfad zu spirituellem Wachstum ab, weil sie hier eine gewisse Hybris am Werke sehen. Ich hoffe, ich habe dazu beitragen können, diesen Eindruck zu zerstreuen. Subjektive Meditation ist keine Selbstverherrlichung; vielmehr ist sie ein Weg zu erkennen, daß das Ich, wie wir es sehen, nicht wirklich existiert. Dieses Ich ist ein erlerntes Konstrukt, eine bloße Anschauung über unser Leben, von der wir irrtümlich meinen, sie *sei* unser Leben.

Alle Pfade des spirituellen Wachstums sprechen von der Notwendigkeit, das Ich zu negieren, ob sie es nun beschreiben als Verlust des Ich, als Handeln ohne einen Gedanken an das Ich oder als das Demütigmachen des Ich. Zen und der Buddhismus ganz allgemein gehen noch einen Schritt weiter und weisen darauf hin, daß der Verlust des Ich in Wirklichkeit gar kein Verlust ist, denn wie können wir etwas verlieren, das wir nie besaßen? Das Ich ist überhaupt kein «Ding». Können Sie sagen, was es ist? Versuchen Sie es! Bestenfalls werden Ihnen einige nichtssagende Beschreibungen einfallen, die selbst Ihrer Vorstellung von sich selbst in keinster Weise gerecht werden – und schon gar nicht dem, was Sie wirklich sind. Und selbst diese Beschreibungen sind einem steten Wandel unterworfen. Ihr Alter, Ihre Berufs-

KASTEN 14:

«Sag mir, wer du bist!»

Es gibt noch eine andere Möglichkeit, mit einem Kōan zu üben. Ich möchte sie am Beispiel des Kōan «Wer bin ich?» zeigen.

Sie brauchen dazu einen Partner, wobei Sie beide abwechselnd die Rolle des Fragenden und des Antwortenden übernehmen. Setzen Sie sich einander gegenüber hin. Es bleibt Ihnen überlassen, ob Sie Augenkontakt halten oder nicht, aber untersuchen Sie nach der Sitzung, ob es schwierig für Sie gewesen ist, dies zu tun, und falls ja, weshalb.

Richten Sie Ihre Aufmerksamkeit auf den Atem, bis Sie einen Zustand ruhiger Sammlung erreicht haben. Ihr Partner beobachtet Sie, und wenn er den Moment für geeignet hält, sagt er: «Sag mir, wer du bist!»

Denken Sie nicht darüber nach, oder versuchen Sie nicht, sich eine Antwort abzuringen. Sagen Sie ganz einfach das, was Ihnen in den Sinn kommt. Taucht nichts auf, dann schweigen Sie, bis etwas kommt. Findet Ihr Partner, daß das Schweigen zu lange andauert, kann er noch einmal sagen: «Sag mir, wer du bist!» Wenn Sie sprechen, akzeptiert Ihr Partner alles, was Sie sagen, ohne Kommentar oder Beurteilung.

Nachdem fünf Minuten verstrichen sind (Sie können einen Wecker stellen, oder Ihr Partner kann auf eine Uhr sehen), tauschen Sie die Rollen. Nun sind Sie an der Reihe und fragen: «Sag mir, wer du bist!», und es ist an Ihrem Partner zu antworten.

Die Übung kann 30 bis 40 Minuten dauern, wobei die Rollen alle 5 Minuten gewechselt werden. Am Ende der Übung können Sie miteinander über Ihre jeweiligen Gefühle sprechen, doch auch das, ohne sie zu beurteilen. Man kann sich in die

Schlußbetrachtung

Empfindungen des anderen einfühlen, doch sie sollten niemals abgelehnt oder als belanglos erachtet werden.

Bei dieser Übung geschieht es häufig, daß Ihrem Partner und Ihnen anfänglich nur Etikettierungen einfallen – Ihr Name, Ihr Beruf oder Ihr Familienstand. Doch im Laufe dieser Übung lassen Sie diese Bezeichnungen hinter sich, und Sie werden sehen, was dann entsteht.

Ich komme auf die Frage «Wer bin ich?» im 10. Kapitel zurück. Selbstverständlich können Sie auch allein mit ihr üben wie mit jedem anderen Kōan. Der Vorteil der Partnerübung (zusätzlich zur Übung mit sich allein, nicht als Ersatz) liegt in der Tatsache, daß uns die Präsenz einer anderen Person helfen kann, einige der Schranken abzubauen, die wir in uns errichtet haben, um Selbsterkenntnis zu vermeiden. Ein Partner kann uns zu größerem Selbstvertrauen verhelfen, und wenn unser Vertrauen während der Übung weiter wächst, können wir einem anderen Menschen oft mehr sagen als uns selbst.

Diese und ähnliche Übungen werden von John Crook in seinem Buch *Space in Mind* noch ausführlicher besprochen.

tätigkeit, Ihr Familienstand, Ihre Ansichten und Haltungen, Ihre Vorlieben und Abneigungen, Ihre Stimmungen, Lebensziele und Überzeugungen – sie alle verändern sich im Verlauf von Wochen und Monaten. Die Person, die Sie jetzt sind, unterscheidet sich sehr von der, die Sie einmal waren. Außer in einer Beziehung. Und das ist Ihr Gewahrsein, der Beobachter ohne Namen, der das flüchtige Schauspiel des Lebens verfolgt, das auch das Schauspiel des Ich ist, von dem Sie glauben, es lebe dieses Leben. Lu K'uan Yu weist darauf hin, daß Ch'an dies symbolisiert, indem es von *Gastgeber* und *Gast* spricht. In Wirklichkeit sind wir der Gastgeber, doch in unserer Verblendung identifizieren wir uns mit dem Gast.

Zen fordert uns auf, uns dessen bewußt zu werden und zu begreifen, daß wir, wenn wir das kleine trügerische Ich verlieren, die Totalität des Seins erfahren. Auch in folgendem Zitat kommt diese Wahrheit zum Ausdruck: «Wer sein Leben findet, der wird's verlieren; und wer sein Leben verliert um meinetwillen, der wird's finden» (s. Kasten 14).

9. Objektive Meditation I: Die Mysterien von Leben und Tod

Wie schon im letzten Kapitel erwähnt, unterscheidet sich objektive von subjektiver Meditation dadurch, daß ihr Ausgangspunkt die Vorstellung einer spirituellen Kraft «da draußen» ist, mit der der Meditierende in Verbindung treten, bei der er Hilfe suchen und erhalten kann. In der einfachsten Form bedeutet das, ein Gewahrsein ihrer Präsenz zu entwickeln, sei diese nun visualisiert oder empfunden. Es kann hier aber auch um den imaginativen Aufbau eines höchst detaillierten Bildes der im Zentrum der Meditation stehenden Wesenheit gehen, gefolgt von einer Visualisierung, bei der uns dieses Wesen die persönlichen Eigenschaften, die wir gern entwickeln möchten, tatsächlich überträgt.

Bevor wir uns mit den entsprechenden Techniken beschäftigen, muß gesagt werden, daß die Meditation über ein Wesen «da draußen» manchmal nur der Beginn der Übung ist. Schreitet der Meditierende voran, erreicht er einen Punkt, an dem sich die Grenzen zwischen der spirituellen Kraft «da draußen» und der «hier drinnen» auflösen. Die christlichen Mystiker drückten es so aus, daß Gott als ebenso innen wie außen erkannt wird. Das Himmelreich ist kein Land über den Wolken, sondern eine lebendige Wirklichkeit in unserem Herzen. Wir selbst sind es, und keine Grenzposten und Grenzsoldaten, die uns durch unsere Unwissenheit davon ausschließen. Ob wir nun mit der subjektiven oder der objektiven Meditation beginnen, der Kreis wird sich letztlich schließen. Sehen Sie nach innen, und Sie werden entdecken, daß Sie auch nach außen schauen. Sehen Sie nach außen, und Sie werden schließlich entdecken, daß Sie auch nach innen schauen.

Objektive Meditation I

Der Ansatz des tibetischen Buddhismus

Die Praktiken der objektiven Meditation finden vielleicht ihren klarsten Ausdruck im tibetischen Buddhismus mit seinen außerordentlich detaillierten Visualisierungen. Sie will ich im folgenden näher beschreiben. Nach seinem Training in Visualisierung (siehe 7. Kapitel) befaßt sich der Übende mit einem der minutiös ausgearbeiteten Rūpas (Statuetten) oder Thankas (Bilder) jenes Buddha oder Bodhisattva, der im Zentrum der Aufmerksamkeit stehen soll. Er nimmt die genaue Haltung der Hände wahr (jede Geste oder Mudrā hat eine besondere Bedeutung), die symbolischen Objekte in den Händen, die Einzelheiten in der Kleidung, den Gesichtausdruck und so weiter. Jeder dieser Züge wird dann in der Visualisierung genau reproduziert.

Es gibt zwei Gründe für diesen Reichtum an Details. Der erste ist, daß sie das Visualisierungsvermögen ungeheuer stärken. Können Sie ein Rūpa oder ein Thanka bis ins kleinste Detail visualisieren, sind Sie wirklich ein sehr fähiger Visualisierer. Der zweite Grund besteht darin, daß noch die kleinste Einzelheit eine symbolische Bedeutung von tiefem psychologischen und spirituellen Wert für den Meditierenden hat, selbst wenn er sich der genauen Bedeutung nicht bewußt ist.

Bei einigen Übungen wird die Visualisierung von einem Meditationslehrer begleitet. Er zählt die Einzelheiten des Buddha oder Bodhisattva auf und ermöglicht so dem Übenden, sie während der Meditation der Reihe nach in die Visualisierung einzubeziehen. Für Mönche, Nonnen und erfahrene Meditierende wird der Lehrer diese Aufzählung mit großer Geschwindigkeit vornehmen, denn er weiß, sie ist den Zuhörern so vertraut, daß sie die Visualisierung mit der Geschicklichkeit eines Kindes aufbauen, das ein geliebtes, häufig gespieltes Puzzle vervollständigt.

Beispiele für diese von einem Lama begleiteten Visualisierungen finden sich in Kathleen McDonalds Buch *Wege zur Meditation*. Arbeiten Sie jedoch allein, ist es das beste, mit einem einfachen Bild zu beginnen, das eine bestimmte Bedeutung für Sie hat – normalerweise, aber nicht notwendigerweise, ist es das Bild eines spirituellen Lehrers. Stellen Sie ein solches Bild vor sich in Augenhöhe, und sehen Sie es unverwandt an; blinzeln Sie nur, wenn es unbedingt notwendig ist. Nehmen Sie jedes Detail in sich auf. Glauben Sie, das Bild in Ihrem

Der Ansatz des tibetischen Buddhismus

Geist fixiert zu haben, schließen Sie die Augen, als machten Sie einen Schnappschuß davon. Wenn das Bild allmählich verblaßt, öffnen Sie die Augen und sehen Sie es sich noch einmal an. Wie beim Visualisieren von geometrischen Formen sollten Sie auch hier Ihre Augen nicht über das Bild wandern lassen. Nehmen Sie zuerst das gesamte Bild in sich auf, gehen Sie dann der Reihe nach bewußt zu bestimmten Bereichen und konzentrieren Sie sich auf jeden so lange, bis Sie alles deutlich erfaßt haben.

Bei diesem Vorgehen nehmen Sie auch die symbolische Bedeutung auf, die das Bild vermitteln soll. Es wird einen generellen Symbolgehalt haben – etwa Liebe, Erbarmen oder Gelassenheit –, doch finden Sie heraus, durch welche *besonderen* Details er vermittelt wird. Sie bemerken vielleicht, daß die Augen diese Eigenschaft ausstrahlen, als gäben sie Strahlen unsichtbaren Lichts ab. Dann bemerken Sie vielleicht, daß eine Hand in Ihre Richtung weist, in einer Geste, die Geben symbolisiert. Dann mag Ihnen ein feines Lächeln um den Mund bewußt werden – die ermutigende Botschaft, daß letztlich alles gut ist. Als nächstes entdecken Sie vielleicht, daß die sanften Falten der Kleidung einen fast greifbaren Eindruck von Wärme und Weichheit vermitteln, während die Farben, vielleicht Weiß und Blau, Reinheit und Spiritualität andeuten. Dann bemerken Sie vielleicht die Zartheit der Hände, die einfühlsame, liebevolle Berührung symbolisiert. Und so weiter.

Indem Sie das Bild erforschen, finden Sie heraus, wie es Ihnen seine Botschaft übermittelt, wie es durch Symbole lebendig wird, wie Sie durch Ihr Darauf-Eingehen dazu beigetragen haben, es zum Leben zu erwecken, und so mit dem Künstler am Akt des Erschaffens teilhaben. Dadurch werden Sie schließlich verstehen, wie und warum das Bild für Ihr Erleben eine besondere Rolle spielt.

Diese Identifikation der Symbole wird Ihrem Visualisierungsvermögen zugute kommen; Sie können dieses aber noch weiter fördern, indem Sie Ihre Beschreibung des Bildes auf Band sprechen und es während der Meditation ablaufen lassen, so wie der Lama die Qualitäten der Rūpas oder Thankas für die Mönche und Nonnen rezitiert. Bei der Beschreibung schließen Sie alle von Ihnen identifizierten Symbole ein. Für einen Christen mag die Beschreibung eines Marienbildes beispielsweise so ausfallen (ich verwende Fra Angelicos Gemälde der Madonna mit dem Kind):

Objektive Meditation I

Marias Kopf ist von einem Heiligenschein aus goldenem Licht umgeben; er symbolisiert ihre Spiritualität und die Ausstrahlung dieser Spiritualität in die ganze Welt. Sie blickt mich direkt an, und ihre Augen sind voll der Liebe, die sie für alle Menschen empfindet. Ihr Gesicht ist schön, und sie hat das ruhige Lächeln eines Menschen, der weiß, daß Gottes Gnade allen gilt. Ihre rechte Hand ist erhoben, die Handfläche zeigt nach außen, und Daumen und Zeigefinger berühren sich in einer Geste, die beruhigende Sicherheit und Furchtlosigkeit symbolisiert. Marias Überkleid ist von einem kräftigen Blau und fällt in weichen Falten bis zu den Füßen herab. Ihr Unterkleid, das an ihrem Hals sichtbar wird, hat die rote Farbe des Opfers. Mit ihrem linken Arm hält sie das Jesuskind an ihrem Herzen; dies symbolisiert die Liebe zwischen Mutter und Kind und den Eintritt der Macht Christi in diese Welt, um die Herzen der Menschen zu wandeln.

Wenn Sie das Bild in Ihrem Geist aufgebaut haben (mit oder ohne die Hilfe einer Bandaufnahme), dann halten Sie es dort deutlich klar und ohne Unterbrechung während Ihrer Meditation gegenwärtig. Haben Sie bestimmte Lebensprobleme oder hegen Sie Absichten und Ziele, bei denen Sie Unterstützung brauchen, bitten Sie um Hilfe und stellen Sie sich vor, wie diese Hilfe von der Visualisation in Form von Lichtstrahlen in Sie hineinströmt. Nach der tibetischen Tradition fließt üblicherweise weißes Licht aus der Stirn der visualisierten Gestalt, rotes Licht aus der Kehle und blaues Licht aus dem Herzen – Symbol für die Bereinigung aller Hemmnisse, von denen Körper, Rede und Geist betroffen sein mögen.

Die letzte Stufe der Meditation ist die Auflösung der Visualisierung in Sie selbst hinein. Das ist aus zwei Gründen wichtig. Der erste ist, wie bereits im 7. Kapitel erwähnt, daß die Nichtauflösung der Visualisierung dazu führen kann, daß Sie ihr anhaften. Es mag sein, daß Sie an die objektive Existenz von Christus, Maria, Buddha oder einem anderen Wesen glauben und Ihnen die Vorstellung, dieser Visualisierung anzuhaften, deshalb sogar reizvoll erscheint. Doch die Visualisierung ist ebenso wie das Bild, auf dem sie beruht, eine Schöpfung des Geistes und muß als solche erkannt werden. Das bedeutet nicht, daß die Hilfe, die die Visualisierung durch die Lichtstrahlen zu geben scheint, ge-

Der Ansatz des tibetischen Buddhismus

schickte Autosuggestion sein muß, nur eine Form, das Vertrauen aufzubauen, das Sie brauchen, um die Hindernisse auf Ihrem Weg zu überwinden. Ihr Glaube mag ebensogut davon ausgehen, daß die Visualisierung wirklich einen Kanal zwischen Ihnen und der spirituellen Kraft, die sie repräsentiert, öffnet. Bei alldem bleibt aber eine Darstellung immer nur eine Darstellung. Haften Sie ihr an, begehen Sie den Fehler, das Symbol für das wirkliche Objekt zu halten. Die spirituelle Kraft ist weitaus stärker als die Methoden, die Sie zur ihr führen. Man darf die beiden nie verwechseln.

Der zweite Grund, die Visualisierung in sich hinein aufzulösen, besteht darin, daß man so die Integration der Eigenschaften, die sie repräsentiert, in das eigene Sein symbolisiert. Es ist – etwas diesseitiger gedacht –, als meditiere man über das Vorbild einer Person, der man gleichen möchte, und stellte sich dann vor, eins mit dieser Person zu werden. Das ist eine wirkungsvolle psychologische Technik, die persönliche Veränderungen bewirken kann, ganz abgesehen von der wesentlich tiefergehenden spirituellen Bedeutung, die diese Übung für uns haben mag.

Die Visualisierung wird aufgelöst, indem Sie sich vorstellen, daß sie sich von ihrer Position vor Ihnen langsam nach oben bewegt, bis sie sich über Ihrem Kopf befindet und sich dann so dreht, daß sie mit Ihnen in die gleiche Richtung blickt. Dann löst sie sich in Licht auf, und dieses Licht sinkt durch den Scheitelpunkt Ihres Kopfes in Sie hinein, bis es in Ihrem Herzen zur Ruhe kommt. Im tibetischen Buddhismus wird dem visualisierten Buddha oder Bodhisattva eine bestimmte Farbe zugeordnet, in die er sich auflöst und zu Ihrem Herzen hinabsinkt. Gibt es keine bestimmte Farbe, dann kann immer das Symbol des weißen Lichtes benutzt werden. Meditieren Sie aber über Christus, Maria oder einen christlichen Heiligen, werden Sie in Ihrer Vorstellung vielleicht eine bestimmte Farbe mit ihnen verbinden. Blau vielleicht, das universelle Symbol der Spiritualität; oder Gold, das Symbol königlicher Majestät; oder Rot, das Symbol von Mut und Opfer; oder Grün, das Symbol der Kreativität, Fruchtbarkeit und Erdenergie. Oder Violett, eine sehr mystische Farbe.

Es besteht meist gar nicht die Notwendigkeit, sich bewußt für eine bestimmte Farbe zu entscheiden. Üben Sie zunächst einmal die Auflösung der Visualisierung in weißes Licht. Warten Sie ab, ob nach einer gewissen Zeit innerhalb der Visualisierung eine Farbe von sich aus erscheint. Wie immer Sie aber zu der Farbe kommen, sie ist eine wichtige Hilfe bei Ihren Übungen. Farben sind leicht zu visualisieren, und am Ende der Meditation werden Sie unter Umständen bemerken, daß diese Farbe Ihr Herz erfüllt und Sie unterstützt, wenn Sie Ihre Aufmerksamkeit wieder nach außen richten. Das ist nicht zu verwechseln mit dem Haften an der Visualisierung, denn die Farbe symbolisiert nun die Eigenschaft in Ihnen selbst, die durch die Meditation entwickelt wurde und nun zur praktischen Anwendung gelangt.

Die westlichen Mysterientraditionen

Visualisierungsübungen wie diese werfen erneut die Frage auf, inwieweit die Erfahrungen, zu denen der Meditierende gelangt, «wirklich» sind. Die Kraft der Visualisierung kann soweit gehen, daß Christus, Maria oder der Buddha so intensiv erlebt werden, als wären sie körperlich anwesend, und die Macht ihrer Liebe wird tatsächlich empfunden. Charles Seymour, eine der Autoritäten auf dem Gebiet der westlichen Mysterientraditionen – in ihnen wird ebenfalls sehr viel mit Techniken der schöpferischen Imagination gearbeitet –, berichtet, daß es ihm anfangs fast unmöglich erschien, zwischen reiner Phantasie und echten, durch die rechte Anwendung des schöpferischen Geistes erreichten Ergebnissen zu unterscheiden. Später, nach jahrelanger Erfahrung, entwickelte er ein System von Gegenproben (dazu gehörte der Vergleich von Einzelheiten seiner Erfahrungen mit denen anderer Meditierender), das ihm ermöglichte, den Unterschied zwischen beiden mit «ziemlicher Sicherheit» bestimmen zu können.

Seymour beschreibt, daß der Übergang von der Phantasie zu echten Ergebnissen davon abhängt, ob der Meditierende sich so verhält, *als wären* die Bilder real, ohne sich um das «Warum und Wozu des logischen, menschlichen Verstandes» zu kümmern. Dieses zeitweilige Aufgeben von Zweifeln befreit die Vorstellungskraft, die sich nun von der Phantasie zu echter Kreativität hin bewegen kann. Seymour behauptet, daß ein Anhänger der Mysterientraditionen (ein Magier im ursprünglichen, eigentlichen Sinne) wirklich ist, was er zu sein glaubt und wo er zu sein glaubt. Diejenigen, deren religiöse Anschauungen

Die westlichen Mysterientraditionen

eher orthodox ausgerichtet sind, werden hier Parallelen zur Macht des Glaubens entdecken. Wenn Sie daran glauben, daß Sie Christus unmittelbar erfahren können, werden Sie in der Lage sein, die Berge des Zweifels zu versetzen, die Sie, bildlich gesprochen, von ihm trennen.

In Alan Richardsons Buch *Dancers to the Gods* findet sich einiges von dem Material, das Seymour seinen Gegenproben zugrunde legte. Die umfangreichste Sammlung von Seymours Schriften legt Dolores Ashcroft-Nowicki in ihrem Buch *The Forgotten Mage: The Magical Lectures of Colonel C. R. F. Seymour* vor; mit Sicherheit ist es eins der besten Bücher auf diesem Gebiet.

Mein schon lange bestehendes Interesse an den westlichen Mysterienreligionen hatte zwei Ursachen, die eng miteinander verknüpft waren. Die eine war mein Anliegen, die psychologischen Systeme, die die Menschen früherer Jahrhunderte kannten, zu bestimmen; die andere der Wunsch, die verschiedenen spirituellen Traditionen zu untersuchen und ihnen zugrunde liegende Ähnlichkeiten herauszufinden. Später, als postgraduierter Student, las ich die Werke Jungs und erkannte die Bedeutung, die er den magischen Traditionen bei der Erforschung des menschlichen Unbewußten zuschrieb, und dies verstärkte mein Interesse.

Die Mysterienreligionen und die mit ihnen verbundenen alchimistischen und magischen Traditionen waren ursprünglich Systeme inneren psychologischen und spirituellen Wachstums. Der Begriff «magisch», der heute kaum noch mehr als einerseits Bühnenzauber und andererseits Möchtegern-Amateure des Übernatürlichen bezeichnet, leitet sich von derselben Wurzel ab wie das alte, vermutlich aus dem Sanskrit stammende Wort «Magus» (Plural Magi, daher Magier, magisch), mit dem die Anhänger des Zoroastrismus, der antiken Religion Persiens, bezeichnet wurden, wie sie etwa bei der Geburt Christi als die Weisen (oder Magi) aus dem Morgenland auftreten.

Magie in seiner ursprünglichen Form hat also nichts mit Bühnenzauber, Zaubersprüchen, Verwünschungen, Amuletten und Zaubertränken zu tun. Sicher kann sich der Magier im Verlauf der inneren Weiterentwicklung paranormale Fähigkeiten aneignen – von den Hindus (siehe Kasten 15, S. 221) «Siddhis» genannt –, deren Existenz als durch die moderne parapsychologische Forschung erwiesen gelten kann. Aber die Entwicklung der Siddhis war eher ein Nebenprodukt, wie dies für alle Meditationsformen gilt; sie war nicht das Ziel der magischen Praktiken. Der schändliche Versuch spirituell unreifer Individuen, mittels der Siddhis Macht über ihre Mitmenschen auszuüben, war der Ursprung der sogenannten «schwarzen Magie». Sie ist eine Umkehrung der wahren Absichten der magischen Tradition, da der Praktizierende versucht, die höheren Kräfte zu seinem eigenen irdischen Vorteil *herab*zubeschwören, statt sich zu diesen Kräften *hinauf* zu begeben, dorthin, wo die innere Natur eigentlich hingehört (s. Kasten 15).

Esoterische und Exoterische Aspekte

Die Begriffe «Mysterium» und «okkult» bezeichnen Geheimes und Verborgenes. Die Mysterienreligionen hatten (wie alle Religionen) sowohl eine esoterische als auch eine exoterische Seite. Die erstere war nur jenen zugänglich, die bereit waren, sich einer umfangreichen Schulung zu unterziehen, um Gnosis zu erlangen, die unmittelbare Erkenntnis der spirituellen Kräfte; letztere all jenen, denen das äußerliche Befolgen der religiösen Regeln genügte. Ein Merkmal der Mysterientraditionen war aber die Stärke des esoterischen Zweigs. Bei der Einweihung in die «Mysterien», die inneren Geheimnisse, sah der Anhänger die Götter von Angesicht zu Angesicht, wie Apuleius in *Der goldene Esel* berichtet, und drang «zu den Grenzen des Todes... zur Schwelle der Persephone» vor; und erst «nachdem er durch alle Elemente getragen worden war», kehrte er zur Erde zurück. In Wirklichkeit war das eine Einweihung in den Tod und die Welt jenseits des Todes, aus der der Initiierte, wie der Schamane (siehe 6. Kapitel), mit dem geheimen Wissen zurückkehrte, das alle Furcht auflöst und dem Menschen die Gewißheit gibt, ein unsterbliches Wesen zu besitzen.

Die Ursprünge der westlichen Tradition

Die magische Tradition des Westens hat ihre Wurzeln in den Mysterientraditionen Kleinasiens und des Nahen Ostens, die wiederum ihre Ursprünge noch weiter östlich gehabt haben könnten (siehe Joscelyn

KASTEN 15

Die Siddhis

Im 2. Kapitel wies ich bei der Erörterung des kollektiven Unbewußten darauf hin, daß übersinnliche Fähigkeiten (Siddhis) vermutlich von dieser Ebene aus wirken. Solche Fähigkeiten funktionieren nicht durch die normalen bewußten Kanäle, ob es sich nun um Telepathie handelt (Empfangen der Gedanken anderer), Hellsehen (Empfangen von Informationen über die Umgebung) oder Präkognition (Empfangen von Informationen über die Zukunft). Sie zeigen sich als «Ahnungen», «Intuitionen» oder «Gefühle». Oft weiß der Empfänger gar nicht, ob die Informationen richtig sind oder nicht, und er ist vielleicht auch nicht in der Lage, sie auf Wunsch zu empfangen. Klinische Forschungen sowie spontane Alltagserfahrungen weisen auf das Vorhandensein dieser übersinnlichen Fähigkeiten hin, doch sie sagen uns wenig über die betreffenden Vorgänge oder darüber, wie man diese Fähigkeiten ausbilden kann.

In seinen *Yoga-Sūtras* (siehe 4. Kapitel) führt Patañjali eine eindrucksvolle Liste solcher Fähigkeiten an, sie reichen vom Gehen auf dem Wasser, dem Fliegen im Raum bis zur Unsichtbarkeit. Westliche Leser werden sich auch von den großartigsten Behauptungen kaum überzeugen lassen, doch es ist interessant, daß Patañjali jedes Siddhi mit einem bestimmten Objekt der meditativen Sammlung verbindet. Konzentriert man sich etwa auf die körperlichen Kennzeichen einer anderen Person, so kann man telepathisches Wissen von ihrem Geist gewinnen; konzentriert man sich auf das Leuchten am Hinterkopf, entwickelt man die Fähigkeit, himmlische Wesen zu sehen; konzentriert man sich auf die Beziehung zwischen Ohr und Äther, erwirbt man die übernatürlichen Kräfte des Hörens. Diese Praktiken stehen bei Patañjali neben leichter vorstell-

Objektive Meditation I

baren – sich auf Freundschaft konzentrieren, um Freundschaft zu entwickeln, oder auf Erbarmen, um Erbarmen zu entwikkeln –, so als gäbe es keinen realen Unterschied zwischen den beiden Arten von Fähigkeiten und den Techniken, die man braucht, um sie zu erlernen.

Doch wie alle anderen spirituellen Lehrer warnt Patañjali davor, die Siddhis bewußt zu kultivieren – «Durch Verzicht selbst auf diese Vollkommenheit werden alle Keime der Unreinheit zerstört, und er erlangt die völlige Freiheit.» Diese Kräfte müssen aufgegeben werden, da man ansonsten Gefahr läuft, sich, von ihnen abgelenkt, nur in persönlicher Macht zu üben. Diese stärkt aber nur das Ego – dieses kleine Ich, das zwischen uns und dem Voranschreiten auf dem meditativen Pfad steht.

Doch selbst wenn Sie übersinnliche Erfahrungen nicht bewußt anstreben, so ermöglicht Meditation doch vielen Menschen einen Zugang zu ihnen, da Meditation sie mit den Tiefen des Unbewußten in Berührung bringt. Das kann zunächst bedeuten, daß Sie während der Meditation Bruchstücke von Informationen bekommen, die Sie normalerweise nicht wissen könnten, die sich aber später als zutreffend herausstellen. Oder Sie sehen plötzlich Bilder, deren Realitätsgehalt ebenfalls nachprüfbar ist. Später kann das auch im alltäglichen Leben geschehen, so daß «Koinzidenzen» immer häufiger werden; oder Sie scheinen die Gedanken anderer Menschen aufzunehmen oder Einzelheiten aus ihrem Leben.

Wenn Sie in dieser Richtung nicht besonders begabt sind oder nicht sehr intensiv meditieren, dann werden diese Kräfte nicht übermäßig stark sein. Auf jeden Fall aber wird Ihnen geraten, sie lediglich zur Kenntnis zu nehmen. Gehen Sie ihnen nicht nach. Seien Sie nicht stolz auf sie. Diese Kräfte zeigen Ihnen etwas von den Geheimnissen des Geistes, aber sie sind nicht der Grund dafür, daß Sie meditieren.

Die Ursprünge der westlichen Tradition

Godwin: *Mystery Religions in the Ancient World*). Eine dieser Wurzeln ist die Kabbala, das großartige System der jüdischen Mystik, welches auch in einer christlichen Form existiert, und auf das ich später zurückkommen werde. Eine andere Wurzel liegt im alten Ägypten vor der Zeit der Pyramiden und wird manchmal, nach ihrem mythischen Gründer Hermes Trismegistos (Hermes der «Dreimalgroße») als hermetische Tradition bezeichnet. Von ihm wird einerseits gesagt, er sei Thoth, der alte ägyptische Gott der Weisheit, und andererseits, er sei Adam, der erste Mensch. In der *Tabula Smaragdiana* («Smaragdtafel»), seinem Hauptwerk, findet sich die berühmte Maxime« «Was sich oben befindet, ist wie das, was unten ist; was sich unten befindet, ist wie das, was oben ist.» (Besser bekannt in der Kurzform «Wie oben, so auch unten.») Der Mensch gilt hier als mikrokosmisches Ebenbild des Universums. Die dahinterstehende Lehre besagt, daß wir als Ebenbild Gottes geschaffen wurden und in uns den göttlichen Funken tragen, durch den wir in unmittelbare Beziehung zu den kosmischen Kräften treten können, die alles Erschaffene, Belebtes wie Unbelebtes, tragen und erhalten.

Israel Regardie, ein anderer bekannter Experte der magischen Traditionen des Westens, schreibt über deren Ursprung im alten Ägypten:

Die Mythen und Legenden der Götter, die der Nachwelt von den ägyptischen Priestern überliefert wurden, waren keine nutzlosen Erfindungen unwissender... Männer, die nichts Besseres zu tun hatten, als Geschichten zu erzählen und um die Einbildungen ihres Geistes angenehme und unangenehme Erzählungen zu spinnen... Der primitive Mensch «schuf» die Götter nicht... Was er tatsächlich tat, möglicherweise unbewußt, war, diesen «Mächten» oder großen Naturkräften, die er so genau beobachtete und von denen er ganz richtig glaubte, sie seien Manifestationen oder Symbole des Göttlichen, Namen zu geben (auch diese Namen waren bedeutungsvoll) und ihnen quasi menschliche Fähigkeiten zuzuschreiben.[23]

Man sollte die Mysterienreligionen deshalb respektieren als Traditionen, die aus tiefgehender Erfahrung des inneren Seins und seiner

Objektive Meditation I

Beziehung zur Schöpfung hervorgegangen sind, und sie nicht als kindliche Versuche abtun, die Naturkräfte erklären zu wollen. Genausowenig sollten wir, wie auch beim Hinduismus, den Fehler machen, die «Götter» der Mysterienreligionen als individuelle Wesenheiten aufzufassen; vielmehr sollten wir sie als Symbole für Aspekte der einen schöpferischen Kraft ansehen oder als verschiedene Kanäle, die zu dieser Kraft führen, ähnlich wie die Heiligen in der christlichen Tradition oder die Bodhisattvas im Buddhismus oft verstanden werden.

Regardies Bemerkung, daß auch die Namen, die diesen «Göttern» in der ägyptischen Tradition gegeben wurden, von Bedeutung waren, ist sehr wichtig. Sie erinnert an die Kraft, die bestimmten Lauten innewohnt. Diese Laute symbolisieren auf der auditiven Ebene das, was geometrische Formen auf der visuellen darstellen. Ihr stetes Wiederholen scheint ein Schlüssel zu unserem Unbewußten zu sein, wie andere Laute es nicht sind. Ich habe das OM, den sogenannten Urlaut, bereits im 5. Kapitel erwähnt. Die Namen der ägyptischen Gottheiten haben dieselbe klangvolle, widerhallende Qualität. *Horus,* der falkenköpfige Herr des Himmels und Symbol der Verbindung zwischen Materie und Geist; *Thoth,* der ibisköpfige Mondgott der Erkenntnis; *Isis,* die Göttin der magischen Kräfte und symbolische Mutter des Horus; *Nephthys,* ihre Schwester und Beschützerin der Könige; *Anubis,* der schakalköpfige Herr des heiligen Landes und Beschützer der toten Seelen; *Osiris,* der Bruder von Isis und Nephthys und Herr des Lebens nach dem Tode. Jeder dieser Namen kann in der Meditation so verwendet werden wie das OM.

Die Namen reichen allerdings insofern noch weiter, als ihnen zu dem akustischen noch ein visuelles Symbol beigegeben ist. Auf als Grabbeigaben gefundenen Papyrusrollen findet sich das Pantheon der ägyptischen Götter in ähnlicher Weise dargestellt, wenn auch nicht ganz so minutiös ausgearbeitet, wie die Buddhas und Bodhisattvas der tibetischen Rūpas und Thankas. Wie im buddhistischen Pantheon stellt jedes Symbol eine bestimmte positive Eigenschaft dar. So repräsentiert Horus den innewohnenden, zum Himmel aufsteigenden göttlichen Geist, Thoth repräsentiert die Erleuchtung und Weisheit, die uns auf dem spirituellen Pfad erwarten, Isis die Macht der Liebe und des Erbarmens, Nephthys die beschützende, nährende Kraft, die für uns sorgt, Anubis die Zerstörung der Furcht und die Vorkehrungen für einen sicheren Durchgang durch den Tod, und Osiris repräsentiert die Auferstehung zu einem neuen Leben, wenn dieser Durchgang abgeschlossen ist.

Und bevor wir uns über Tiersymbole entrüsten, sollten wir uns daran erinnern, daß wir im Westen sowohl das Lamm als auch den Fisch als Symbole für Christus verwenden. In unsere Umgangssprache hat der Löwe als Symbol für Mut Eingang gefunden, der Esel gilt als Symbol für Begriffsstutzigkeit, der Maulesel für Sturheit, der Hund für Ergebenheit, die Taube für Frieden und so weiter. Die ägyptischen Tiersymbole dienen dazu, uns an die Qualitäten der spirituellen Kraft zu erinnern – an ihre erhabene Natur, ihre Treue, ihre Sanftmut, ihre Weisheit, ihre Barmherzigkeit. Auch das hinduistische Pantheon enthält Tiergestalten, etwa den affenköpfigen Gott Hanuman (Symbol der Hingabe) und den elefantenköpfigen Ganesha (Symbol der Standhaftigkeit und der spirituellen Stärke).

Meditation in den Mysterientraditionen

Es sind uns keine genauen Einzelheiten über die meditativen Praktiken der Mysterientraditionen überliefert, doch kann kein Zweifel bestehen, daß sowohl Visualisierungen als auch die Wiederholung heiliger Namen dazugehörten. Der Meditierende wird vermutlich bei der Meditation, beispielsweise über Isis, bei jedem Ausatmen ihren Namen gesprochen und gleichzeitig auf die zuvor erwähnte Weise ihr Bild in seinem Geiste geschaffen haben.

Vermutlich wird es auch, besonders bei den kleineren Mysterien (die mit Isis, dem Mond und der Erde zu tun hatten) und vielleicht auch bei den großen Mysterien (die sich auf Osiris, die Sonne und das zukünftige Leben bezogen), Reisen gegeben haben, die denen der Schamanen (siehe 6. Kapitel) nicht unähnlich waren. Dabei begleitete der Meditierende die visualisierte Gottheit in die inneren Reiche, wo ihm Geheimnisse offenbart wurden und er einen Eid ablegen mußte, diese Geheimnisse nicht Uneingeweihten zu enthüllen. Die Wirkung dieser Praxis wurde noch dadurch unterstützt, daß der Meditierende in die geheimen inneren Räume des Tempels geführt wurde und daß er manchmal rituell an jeder Station ein Kleidungsstück (Symbol der

Objektive Meditation I

Unwissenheit) ablegte, so daß er schließlich vollständig entblößt ins innerste Heiligtum eintrat. (Lesen Sie dazu die Legende von Ishtars Abstieg in die Unterwelt; auf ihr basiert der «Tanz der sieben Schleier».)

Es ist auch vorstellbar, daß der Meditierende sein Bewußtsein «übertrug», wie dies bis zum heutigen Tag in bestimmten Praktiken des tibetischen Buddhismus und der magischen Traditionen des Westens geschieht. Dabei wird eine deutliche Visualisierung von der eigenen Person aufgebaut, die dem Meditierenden gegenübersitzt und zeremonielle Gewänder trägt. Ist die Visualisierung stark genug (was sehr langes, hingebungsvolles Üben erfordern kann), visualisiert der Übende sich in das visualisierte Abbild hinein und blickt nun von dort auf das physische Ich.

Ist das Bewußtsein auf diese Weise auf die Visualisierung übertragen worden, soll es dem Übenden möglich gewesen sein, in diesem «Astralleib» nach Belieben zu anderen Orten in dieser oder einer anderen Welt zu reisen, wobei er anderen häufig körperlich sichtbar war. Es ist möglich, daß diese Übung mit der Reise ins Reich der Isis oder des Osiris verbunden war oder daß letztere nur in der inneren Welt des Geistes stattfand.

In den letzten Jahren begann sich auch die westliche Psychologie zunehmend für diese mutmaßliche Bewußtseinsübertragung bei sogenannten Out-of-Body-Erfahrungen zu interessieren, bei denen die Betreffenden das Empfinden haben, ihren physischen Körper zu verlassen und ihn von irgendwo anders im Raum zu beobachten. Zu solchen Erfahrungen kommt es meist angesichts einer ernsten Krise oder in den Momenten zwischen dem klinischen Tod und der Wiederbelebung im Krankenhaus. Es wird heftig darüber gestritten, ob das Bewußtsein bei diesen Gelegenheiten tatsächlich den Körper verläßt oder nicht; doch vieles deutet darauf hin, daß die betreffenden Personen bisweilen in der Lage waren, Informationen zu sammeln, die sie am Ort ihrer physischen Präsenz nicht hätten bekommen können (siehe dazu etwa Michael Sabom: *Recollections of Death*).

Eins scheint gewiß: Die in die Mysterien Eingeweihten hatten keinen Zweifel daran, daß die gewonnenen Erfahrungen Erfahrungen vom Tode und vom Leben nach dem Tode waren. Es heißt, die Eingeweihten hätten dadurch, daß sie zunächst durch die Grenzbereiche reisten, die die sichtbare von der unsichtbaren Welt trennt, und von dort in einen Zustand der Glückseligkeit eingingen, jegliche Furcht vor dem Tod verloren. Paul Brunton zitiert aus einem der wenigen erhaltengebliebenen Fragmente zu diesem Thema:

> Der Geist wird beim Tod auf die gleiche Weise ergriffen und erregt wie bei der Einweihung in die Großen Mysterien. Im ersten Stadium gibt es nur Irrtümer und Unsicherheiten, Mühen, Phantasien und Dunkelheit. Und nun, angelangt am Rande des Todes und der Einweihung, hat alles einen schreckenerregenden Anstrich; alles ist Entsetzen, Zittern und Furcht. Doch wenn auch diese Szene durchgestanden ist, zeigt sich ein wunderbares, göttliches Licht... vollkommen und eingeweiht, sind sie nun frei; gekrönt und siegreich wandeln sie in den Gefilden der Seligen.[24]

All denen, die mit dem *Tibetanischen Totenbuch* vertraut sind – einem Handbuch, aus dem die Lamas den Sterbenden vorlasen, um ihnen eine Karte für das Land, das sie nun betreten würden, mitzugeben –, wird die obige Schilderung seltsam vertraut vorkommen. Die Parallelen zwischen dem «schreckenerregenden Anstrich» und den furchterregenden «rasenden Gottheiten» des tibetischen Textes weisen ebenso klar auf eine übereinstimmende Erfahrung wie die Parallelen zwischen dem «wunderbaren, göttlichen Licht» der Mysterien und dem «klaren Licht», das dem dahinscheidenden Tibeter das Nahen der wahren Weisheit ankündigt.

Hinweise auf die alten Gottheiten

Es ist nicht schwierig, noch im heutigen Ägypten auf Spuren der Symbolkraft der alten Götter zu stoßen. Sehen Sie sich die 5000 Jahre alten Abbilder in Farbe und Stein in den Museen und Tempelruinen an. Suchen Sie die Dunkelheit der großen Pyramide von Gizeh auf. Fahren Sie aufs Land hinaus, wo die Menschen das Land noch bebauen wie zu den Zeiten, als man die Götter kannte. Sitzen Sie am Nil, und meditieren Sie über eine Visualisierung von Isis oder über den Klang ihres Namens. Beobachten Sie die klare Mondsichel in einer milden

Objektive Meditation I

Nacht, und meditieren Sie über Anubis oder Osiris. Ägypten flüstert immer noch seinen Zauber, als regte sich in der Tiefe der Seele eine ferne Erinnerung, beinahe bewußt werdend.

Das trifft nicht nur auf Ägypten zu. Achten Sie einmal darauf, wenn Sie in ferne Länder reisen, wie die dort heimischen Götter für Sie auf eine Weise «plausibel» werden, daß der Eindruck noch lange nach Ihrer Rückkehr in Ihnen nachhallt. Es ist, als träte jede Gottheit gemäß jener dritten Möglichkeit ins Sein, daß der Geist eines Volkes sich mit der schöpferischen Kraft des Universums vereinigt und sie erschafft. Jede menschliche Rasse und die ihr eigene Weltsicht sind in vieler Hinsicht ein Produkt der klimatischen und landschaftlichen Verhältnisse. So nimmt es nicht wunder, daß jede Rasse die göttliche Wirklichkeit auf ihre eigene Art und Weise symbolisiert. Doch es wäre falsch zu sagen, diese Symbole seien deshalb nur menschliche Erfindungen. Das wäre so, als würden wir behaupten, Steine seien Schöpfungen des Menschen, weil wir mit ihnen unsere Städte gestalten.

Die Kabbala

Die Meditationstechniken der Mysterientraditionen verlangen intensive geistige und emotionale Sammlung, verbunden mit einem hochentwickelten Visualisierungsvermögen und einer strengen Selbstdisziplin. Unterstützt wird all dies durch Rituale, die Gewahrsein und Sammlung weiter vertiefen sollen. Mittels solcher Techniken erklimmt der Übende Schritt für Schritt die verschiedenen Ebenen spiritueller Verwirklichung, bis er die Symbole der Göttlichkeit hinter sich läßt und das letzte Ziel – die Vereinigung mit dem Absoluten – erreicht. Regardie drückt dies auf poetische Weise aus:

> Ist er bei der Krone angelangt, existiert der Magier nicht mehr. Doch es existiert noch jenes überirdische Bewußtsein des Ewigen Lebens, das die wirkliche Individualität des Magiers ausmacht – jener reale Teil von ihm, dessen er sich in den vorangegangenen Leben auf der Erde vielleicht kaum bewußt war – dieser ursprüngliche, universale Geist, der unsichtbar im Herzen von allem pulsiert.[25]

Die Kabbala

Regardies Verwendung des Symbols der Krone führt das wichtige Element der westlichen magischen Tradition ein, auf das ich schon früher hingewiesen habe – die Kabbala. Ich muß dazu sagen, daß ich zwar theoretischen und praktischen Belehrungen über die Kabbala beiwohnen konnte und mit einem großen Teil der umfangreichen Literatur zu diesem Thema vertraut bin, aber trotzdem nicht behaupten kann, das ganze subtile Gewebe dieses Systems verstanden zu haben. Ein solches Verstehen erfordert Jahre des intensiven Studiums, mit dem man, so sagte mir ein orthodoxer Jude, erst beginnen sollte, wenn man die Vierzig überschritten und ausreichend weltliche Erfahrungen und religiöses Wissen erworben hat.

Am einfachsten ist es, sich anhand der zehn Sefiroth (Singular: *sefirah;* siehe Kasten 16, S. 230) ein Bild von der Kabbala zu machen. Sie bilden den sogenannten Baum des Lebens, eine symbolische Darstellung der zehn Kräfte, aus denen sich nicht nur das seelische und spirituelle Leben des einzelnen zusammensetzt, sondern auch der Schöpfungsplan selbst. Eine ausführliche Darlegung des Baums des Lebens würde den Rahmen dieses Buches sprengen – interessierte Leser möchte ich auf die Werke Gerschom Scholems zur Kabbala verweisen –, doch sei hier die wichtige Tatsache erwähnt, daß zwischen den zehn Sefiroth, die den Baum des Lebens bilden, und den Stufen, auf denen der Meditierende bei seinem Voranschreiten auf dem spirituellen Pfad emporsteigt, eine Verbindung besteht.

Charles Poncé zeigt in seinem Buch *Kabbalah: An Introduction and Illumination for the World Today* interessante Parallelen auf zwischen diesen Stufen und den Yoga-Lehren über das Aufsteigen der Kundalinī (4. Kapitel), sowie zwischen den einzelnen Sefiroth und den Yoga-Chakras. Poncé spricht von der Vereinigung der im verbannten weiblichen Prinzip enthaltenen Energie, die in Malkuth, der untersten Sefirah, ruht, mit der männlichen Energie in Kether, der höchsten Sefirah. Durch diese Vereinigung wird die Energie, die in der vor sich hindämmernden Welt unserer Leidenschaften vergeudet wird, mit unserer spirituellen Energie verbunden; es kommt zu einer «mystischen Vermählung» dieser beiden Kräften im Menschen, und die Erleuchtung naht (s. Kasten 16).

Diese «mystische Hochzeit» findet sich auch im Zentrum eines anderen Zweigs magischer Tradition – der Alchimie nämlich, in der

Objektive Meditation I

KASTEN 16:

Der Baum des Lebens

Der Baum des Lebens wird gewöhnlich in folgender Form dargestellt (aufgeführt sind hier die hebräischen Namen und ihre deutschen Entsprechungen):

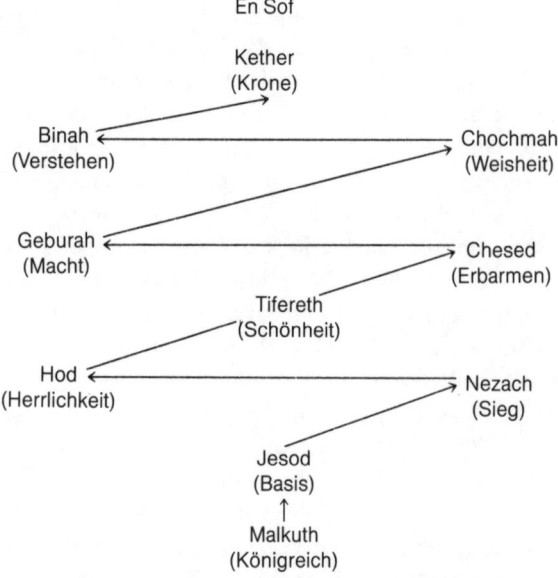

Die Pfeile zeigen, in welcher Richtung und Reihenfolge der Meditierende durch den Baum des Lebens aufsteigt (siehe Text).

---

das «unedle Metall» des Ich in das «Gold» der Erleuchtung verwandelt wird. Es ist faszinierend zu sehen, in welchem Ausmaß diese Symbolik in den magischen Traditionen immer und immer wieder auftaucht. Hinter dieser Symbolik liegt die bereits erwähnte Maxime des Hermes

Die Kabbala

Trismegistos: «Wie oben, so auch unten.» Die materielle Energie des Körpers ist nicht für immer und ewig von gänzlich anderer Art als die spirituelle Energie der Seele. Beide enstammen derselben schöpferischen Quelle. Diese materielle Energie – unser «unedles» Metall – kann aufgewertet und verwandelt werden in spirituelle Energie – in «Gold». Wenn diese Vereinigung sich vollzieht, geht uns urplötzlich auf, wer wir wirklich sind, und von dem Zeitpunkt an leben wir nicht mehr in der begrenzten Welt unserer materiellen Energie, sondern in der grenzenlosen Welt des *Geistes*.

So werden wir in gewisser Weise wie Götter, denn die spirituelle Weisheit und Kraft wirken nun ohne Behinderung in und durch uns. Einige Alchimisten glaubten auch, daß wir nach der Umwandlung des unedlen Metalls unseres materiellen Seins in das Gold des spirituellen Seins – nachdem wir also den «Stein der Weisen» gefunden haben – die Macht erlangen, die natürliche Welt auf ähnliche Weise zu verwandeln. Wir könnten also die unedlen Metalle anderer Menschen und sogar die in unserer Umgebung in Gold verwandeln; so wie auch in den östlichen Traditionen der Kontakt mit einem erleuchteten Wesen im Geist des ihm Ergebenen Erleuchtung hervorheben soll. Der Stein des Weisen kann also sowohl in der spirituellen als auch in der materiellen Welt Anwendung finden. Wieder gilt: «Wie oben, so auch unten.»

Nach Poncé ist die mystische Vermählung von Materie und *Geist* in uns auch von dem Gleichgewicht zwischen den beiden äußeren Säulen des Lebensbaums abhängig. Er vergleich diese beiden Säulen mit Idā und Pingalā und die mittlere Säule, durch die die Energie von Malkuth zu Kether hinaufsteigt, mit Sushumnā, mit den Energiekanälen der Yoga-Tradition also. Ein Unterschied zur Yoga-Lehre besteht für Poncé darin, daß die spirituelle Energie sowohl durch die beiden äußeren Kanäle von Malkuth zu Kether aufsteigen kann als auch durch den mittleren. Der direkte Aufstieg durch den mittleren Kanal ist der schnellste Weg zur Erleuchtung, doch nur wenigen gelingt er. Es ist sicherer, wenn auch langsamer, der Reihe nach von einer Sefirah zur nächsten aufzusteigen und sich dabei die spirituellen Kräfte, die sie enthalten, anzueignen.

Doch der Unterschied zwischen dieser Lehre und der Yoga-Lehre ist eher ein scheinbarer, denn die Philosophie der Kabbala besagt, daß die

Objektive Meditation I

Energie nicht *direkt* durch einen der beiden Außenkanäle hinaufsteigen darf. Sie muß zwischen ihnen abwechseln (siehe Kasten) und nacheinander durch alle Sefiroth hindurchfließen, einschließlich jener, die sich im mittleren Kanal befinden. Auf diese Weise wird innerhalb des Systems ein vollkommenes Gleichgewicht bewahrt. Sollte die Energie ausschließlich durch einen der beiden äußeren Kanäle aufsteigen, ginge dieses Gleichgewicht verloren, und das könnte verheerende Folgen haben.

Um die Meditationstechniken, die sich auf den Aufstieg durch die Sefiroth beziehen, zu verstehen, braucht man einen qualifizierten Lehrer. Sofern ich aber diese Techniken richtig begreife und meine eigenen Meditationen über den Baum des Lebens irgendeinen Sinn haben, folgen sie der Struktur, die der fließenden Meditation eigen ist (siehe 5. Kapitel). Der Meditierende erfährt dabei die mit der jeweiligen Sefirah verbundene wichtigste Eigenschaft (die er auch zum Brennpunkt seiner Aufmerksamkeit macht) und läßt das Unbewußte die wahre Bedeutung dieser Eigenschaft enthüllen und dadurch ihr Potential in seinem Innern freisetzen.

Der Übende sammelt sich also zu Beginn auf Malkuth, das Königreich, den Körper selbst, entweder durch Meditationen wie die im 6. Kapitel beschriebene Meditation über die Elemente, oder durch Techniken der Körperwahrnehmung, wie sie im Vipassanā angewendet werden (4. Kapitel). Hat er auf dieser Ebene Einsicht erworben, geht er weiter zu Jesod, der Basis, der Verbindung zwischen Körper und Geist, betrachtet hier die wahre Natur der Gedanken und Gefühle und erkennt, daß sie nicht die wahre Identität repräsentieren. Der nächste Punkt der Sammlung ist Nezach, der Sieg, denn hier besiegt man die Gedanken und Gefühle, die zuvor die innere Welt beherrschten. Daraufhin zeigt sich Hod, die Herrlichkeit, jene Ruhe und Weiträumigkeit, die dem Erringen des Sieges folgen.

Als nächstes kommt Tifereth, die Schönheit, der Eintritt in die Glückseligkeit der spirituellen Bereiche, gefolgt von Chesed, dem Erbarmen, das von unendlicher selbstloser Liebe gekennzeichnet ist. Es folgt Geburah, die Macht, und zwar die Macht über das eigene Herz und den eigenen Geist und über das Herz und den Geist der anderen. Danach kommt Chochmah, die Weisheit, die alles-erkennende Weisheit des spirituellen Adepten, die es ihm erlaubt, in die

Die Kabbala

wahre Natur der Wirklichkeit hineinzuschauen. Auf Chochmah folgt Binah, das Verstehen, ein Verstehen das uns sagt, weshalb die Wirklichkeit ist, wie sie ist, und ein Verstehen der Schöpfung selbst. Am Ende kommt Kether, die Krone. Wenn Kether erreicht wird, findet die mystische Hochzeit statt, Materie und *Geist* werden eins, und der Meditierende erwacht zu voller Erleuchtung.

Doch Kether ist noch nicht «das Ende». Es gibt eine weitere Stufe, wenn sie denn überhaupt Stufe genannt werden kann, auf der man sogar den Baum des Lebens hinter sich läßt und ins En Sof eingeht – das Absolute, die Gottheit, den Grund unseres Seins, die Erfahrung jenseits aller Erfahrung, in der sich alle Unterschiede auflösen, die Erfahrung, über die wir nichts wissen, bis wir sie *werden*.

Um auf diese Weise den Baum des Lebens hinaufzusteigen, muß der Meditierende die in jeder Sefirah enthaltene Aufgabe lösen, bevor er zur nächsten übergeht. Wir können jetzt erkennen, warum es gefährlich wäre, ausschließlich durch einen der äußeren Kanäle aufzusteigen. Stiege man nur durch den linken Kanal auf und erreichte Hod, die Herrlichkeit, ohne zuvor durch Nezach, den Sieg, hindurchgegangen zu sein, würde dies zu spirituellem Hochmut führen, der das Ego nur aufblähte, statt es zu verringern. Geburah, Macht, zu erlangen, ohne zuvor Chesed, Erbarmen, zu erfahren, hieße, spirituelle Kräfte um des persönlichen Vorteils willen einzusetzen (die Versuchung Christi in der Wüste). Und Binah, Verstehen, zu erlangen, ohne Chochmah (das Wissen, das zu verstehen ist) erreicht zu haben, wäre unmöglich.

Ebenso würde das Aufsteigen durch den rechten Kanal zu Chesed, also ohne den Weg über Hod, bedeuten, daß die Liebe sehr emotional und persönlich wäre und nicht völlig selbstlos. Chochmah zu erreichen, ohne zuvor Geburah erlangt zu haben, würde bedeuten, daß die Weisheit eine rein theoretische wäre, die nicht von der unmittelbaren Erfahrung jener spirituellen Kräfte getragen ist, über die man sich äußert. Steigt der Meditierende nur durch einen der beiden Kanäle auf, so würde er auch Tifereth, die Schönheit, verpassen, das Tor zur spirituellen Wirklichkeit. Er kann natürlich nur durch den mittleren Kanal aufsteigen (sozusagen auf der Überholspur) und dabei von Malkuth, dem Königreich, über Jesod, die Basis, zu Tifereth, der Schönheit, bis hinauf zu Kether, der Krone, steigen. Doch

Objektive Meditation I

wie schon gesagt, ist dies ein sehr schwieriger Pfad, der vermutlich nur von großen mystischen Begabungen verwirklicht werden kann.

Wie kann man aber wissen, ob man die Aufgabe, vor die einen jede Sefirah stellt, abgeschlossen hat? Bei einer formellen kabbalistischen Schulung steht dem Übenden ein Lehrer zur Seite, der den Fortschritt beurteilt. Doch in gewissem Sinne zeigt sich ein Fortschritt auch von selbst, denn wenn die Aufgabe einer Sefirah vollendet ist, erscheint die Aufgabe der nächsten Sefirah von selbst. («Wenn der Schüler bereit ist, erscheint der Lehrer.») Die Sefiroth sind also nicht einfach eine Reihe von Trittsteinen, sondern sie sind eine Karte der Stadien, die ein Meditierender bei jeder Meditationsform durchlaufen muß. Ein guter Lehrer wird sicherstellen, daß Sie sich keine falschen Vorstellungen über Ihre Fortschritte machen. Er wird Ihre Fortschritte unterstützen und Ihnen, bildlich gesprochen, einen Schubs geben, wenn es so aussieht, als wären Sie steckengeblieben, doch letzten Endes wachsen Sie durch Ihre eigenen Bemühungen und durch die spirituelle Kraft, die Sie entwickeln. Eine nützliche Metapher dafür ist eine Luftblase. Wächst sie, so bahnt sie sich ihren Weg an Hindernissen vorbei, bis sie schließlich durch die Wasseroberfläche bricht, hinein ins Licht des Tages.

In einigen kabbalistischen Lehren wird der Übende angeregt, die hebräischen Buchstaben der Sefiroth als visuelle Meditationsobjekte zu nehmen. Die Buchstaben selbst sollen symbolischen Wert besitzen, etwa so wie die geometrischen Formen. Andere Lehren, besonders der christliche Kabbalismus (die Kabbala wurde im 16. und 17. Jahrhundert christlichen Erfordernissen angepaßt), verwenden als Hilfsmittel auch Tarotkarten. Jede Karte ist hierbei einem der Pfade zwischen den Sefiroth zugeordnet. Man kann auch die Tierkreiszeichen nehmen, wobei auf die gleiche Art jedes Zeichen mit einem der Pfade in Verbindung gebracht wird. Poncé beispielsweise gibt Hinweise, wie dies zu geschehen hat. Doch obwohl Tarotkarten aufgrund ihrer reichen Symbolik bei der Meditation eine wertvolle Hilfe sein können, weil sie den Meditierenden dabei unterstützen, sein Visualisierungsvermögen zu entwickeln und mit dem Unbewußten in Kontakt zu treten, gibt es eigentlich kaum eine Rechtfertigung, sie mit der Kabbala in Verbindung zu bringen. Dasselbe gilt für die Tierkreiszeichen. Beide Versuche, eine solche Verbindung herzustellen, haben etwas Künstliches an sich. Sie wurden im neunzehnten Jahrhundert von dem französischen Okkultisten Eliphas Levi ausgearbeitet. Keine von ihnen scheint aber irgendeine Basis in der ursprünglichen kabbalistischen Literatur zu haben.

Die hinduistische Tradition

Die Aspekte des Hatha-Yoga im Hinduismus wurden schon im 4. Kapitel behandelt, doch wie dort bereits erwähnt, gibt es noch vier weitere wichtige Yoga-Pfade: Bhakti-Yoga (der Yoga der Hingabe), Karma-Yoga (der Yoga der guten Werke), Rāja-Yoga (den Yoga der Meditation) und Jñāna-Yoga (der Yoga des Wissens). Zusammengenommen stellen sie einen vollständigen Weg dar, und ganz gleich, welcher Lehre man anhängt, es ist auf jeden Fall sinnvoll, darüber nachzudenken, inwieweit jeder dieser Wege in irgendeiner Form im eigenen Leben existiert. Den einzelnen Pfaden muß nicht mit der gleichen Intensität gefolgt werden, normalerweise werden einer oder zwei besoners betont, aber keiner sollte völlig vernachlässigt werden.

So achtet der ernsthaft Meditierende zum Beispiel auf seinen Körper, den Tempel des Geistes, und sorgt dafür, daß er weder verwöhnt noch vernachlässigt wird (Hatha-Yoga). Er achtet auf seine Taten, versucht Gutes zu tun und sich des Bösen zu enthalten (Karma-Yoga). Er ehrt und respektiert die spirituellen Lehrer, deren Lehren er folgt – oder zumindest die Meditation selbst (Bhakti-Yoga). Er will so viel wie möglich über diese Lehren und ihre Meditationspraktiken lernen (Jñāna-Yoga) und hat den Wunsch, diese Methoden in eine dauerhafte Praxis umzusetzen (Rāja-Yoga).

Unabhängig davon, welchen der fünf Pfade Sie besonders hervorheben möchten und welcher Lehre Sie folgen, sollten Sie auf keinen Fall vergessen, was wir den Weisen Nordindiens verdanken, die vor 3000 Jahren die innere Welt des Geistes kartographierten und Meditationstechniken für ihre Erforschung entwickelten. Das überrascht manche Menschen, die ihre spirituellen Praktiken etwa 2000 Jahre, bis zur Geburt Christi, zurückverfolgen. Doch wie Seymour (in *The Forgotten Mage*, S. 107) zitiert wird: «Gott hat sich nie ohne Zeugen gelassen, noch seine Welt ohne Licht.» Warum sollte er auch? Täte er es, so würde er seine eigene Schöpfung verleugnen.

Objektive Meditation I

Historisch gesehen, kann vieles in der spirituellen Philosophie der westlichen Welt bis auf die Mithras-Verehrung durch die arischen Völker, die sich im zweiten Jahrtausend v. Chr. im nördlichen Indien ansiedelten, zurückverfolgt werden. Mithras wird im hinduistischen *Rigveda* erwähnt, einer der ältesten uns bekannten Schriften. Seine Verehrung gewann unter den westlichen Völkern der Arier, die sich im heutigen Iran niederließen, über die Jahrhunderte hinweg immer größere Bedeutung. Mithras wurde als das Leben der sichtbaren Welt betrachtet, als Retter der Menschheit, Vermittler zwischen *Geist* und Fleisch, Sohn des Absoluten Schöpfers Ahura Mazda.

Mit der nachfolgenden Völkerwanderung der Arier – nördlich durch Kleinasien und entlang der Donau bis hin nach Britannien, westlich nach Spanien und Norditalien und südlich in den Libanon, nach Babylon, Palästina und Ägypten – breitete sich der Mithras-Kult in großen Teilen der damals bekannten Welt aus. Er beeinflußte das griechische, das römische und das ägyptische Denken (in letzterem wird Mithras auf mancherlei Weise mit Horus identifiziert), und vermutlich haben alle bereits erörterten Mysterienkulte in ihm ihren Ursprung. In der iranischen Religion des Zoroastrismus wurde Mithras als guter Hirte symbolisiert, als Beschützer der Armen, Führer durch das Tal der Schatten zwischen dieser und der nächsten Welt, Verteidiger der Rechtschaffenheit und Licht-Bringer. In den zoroastrischen Schriften finden sich die Worte Ahura Mazdas, Mithras sei «der Gebete ebenso würdig wie ich».

Wie bereits erwähnt, gehörten die zu Christi Geburt gekommenen Weisen aus dem Morgenland dem Zoroastrismus an, und es ist möglich, daß Christus für sie die Inkarnation des Mithras war und durch seine Geburt die Hoffnungen der Völker des Ostens und des Westens erfüllte. Einer Legende nach studierte Christus in der Zeit zwischen seinem Auftritt im Tempel, als er zwölf Jahre alt war, und dem Beginn seines eigentlichen Wirkens, etwa achtzehn Jahre später, bei den Zoroastriern. Mit Sicherheit steht ein großer Teil der Symbolik seiner Lehren dem Mithraismus näher als dem Judaismus. Seine Botschaft faßte das Beste und Wichtigste des spirituellen Wissens seiner Zeit zusammen, des spirituellen Wissens östlich und westlich Jerusalems.

Die Meditationstechniken, die der Mithraismus aus dem Osten mitbrachte und die Eingang in die Mysterientradition fanden, werden

Die hinduistische Tradition

auch heute noch in Indien gelehrt und sind ein wesentlicher Bestandteil des Hinduismus. Ich spreche von «Hinduismus», doch tatsächlich ist der Hinduismus kulturell und spirituell so vielschichtig und erstreckt sich über ein solch großes Gebiet, daß es richtiger wäre, von den *hinduistischen Religionen* zu sprechen, würde der Hinduismus mit seinem tiefen Verständnis der Spiritualität es nicht selbst ablehnen, die Menschheit auf der Basis regionaler Verschiedenheiten im Ausdruck dieser Spiritualität zu fragmentieren und zu kategorisieren. Für den gläubigen Hindu sind alle Religionen ein Versuch, Vereinigung mit dem Absoluten zu verwirklichen, und individuelle Unterschiede zwischen ihnen gelten ihm einzig als Folge individueller Unterschiede zwischen den Menschen. Wenn jemand einem bestimmten spirituellen Pfad folgt, heißt das nicht, daß andere Wege deshalb falsch sind. Und es ist durchaus nicht ungewöhnlich, daß man auf dem Familienschrein eines Hindu neben dem Bildnis Krishnas oder einem der vielen anderen hinduistischen Symbole der einen spirituellen Wirklichkeit auch eine Darstellung Christi oder des Buddha vorfindet.

Die im Westen bekannteste Form des Hinduismus ist der Vedānta (was nur bedeutet, daß er sich besonders auf die frühen Schriften, die Veden, bezieht). Dafür gibt es viele Gründe, doch der bedeutendste ist, daß Vivekananda, ein junger Anhänger des Hindu-Heiligen Ramakrishna, 1893 in Nordamerika eintraf, um dem Parlament der Religionen in Chicago beizuwohnen. Von kurzen Unterbrechungen abgesehen, verbrachte er den Rest seines Lebens bis zu seinem frühen Tod im Jahre 1902 im Westen. Er lehrte kein enges Dogma, sondern eine Vision von Gott und Mensch, die in ihrer Weite so vollkommen und majestätisch war und doch gleichzeitig so menschlich und unmittelbar, daß jeder, der sich damit befaßt, das Gefühl haben muß, daß sie die Essenz der wertvollsten menschlichen Versuche, mit dem Göttlichen in Verbindung zu treten, umfaßt.

Vivekanandas Lehren hinterließen einen so großen Eindruck, daß sich viele Anhänger fanden, die seine Arbeit nach seinem Tod fortsetzten und andere einflußreiche Vedānta-Lehrer in den Westen einluden. Die Bewegung (wenn man sie überhaupt so nennen kann, denn der Vedānta ist keine Religion, die Sie dazu bekehren will, sich als Anhänger des Vedānta zu bezeichnen; sein Anliegen ist es vielmehr, Ihnen zu helfen, Ihr Leben zu leben), breitete sich weiter aus, und in den

Objektive Meditation I

dreißiger Jahren identifizierten sich so prominente Schriftsteller wie Aldous Huxley, Gerald Heard und Christopher Isherwood mit ihr und lenkten so das Interesse der Öffentlichkeit auf sie. Aus meiner persönlichen Erfahrung mit dem Vedānta kann ich sagen, daß jedem, dem die innere Entwicklung am Herzen liegt, durch das Studium von Vivekanandas Leben und Lehren Hilfe findet (siehe zum Beispiel *Inspired Talks*). In noch stärkerem Maße gilt das auch vom Leben und den Lehren seines Lehrers Sri Ramakrishna.

Die Hindus kennen den Begriff «Avatār»; er bezeichnet jene seltenen Menschen, die so große spirituelle Kraft verkörpern, daß sie auf Erden Ausdruck der Qualitäten sind, die wir mit Gott assoziieren. Für die Hindus sind diese Menschen mehr als Heilige, sie sind unmittelbare Inkarnationen Gottes. Da das für den westlichen Geist vielleicht schwer zu akzeptieren ist, können wir von ihnen auch als den vollkommenen Symbolen Gottes sprechen. Diese herausragenden Menschen manifestieren in ihrem Leben, was auch wir übrigen werden können. Sie sind ohne Sünde und ohne ein Ich, sie wirken als Kanäle, durch die die spirituelle Kraft sich ungehindert aus der inneren in die äußere Welt ergießt, aus dem *Geist* in das Fleisch. Ein solcher Mensch war Sri Ramakrishna. Er selbst hat nichts niedergeschrieben, doch seine Lehren wurden von seinen Anhängern sorgfältig schriftlich festgehalten, zum Beispiel in *Das Vermächtnis*.

Sri Ramakrishna lehrte, daß die beste Kombination der Yoga-Pfade für den modernen Menschen die Verbindung von Bhakti (Hingabe) und Jñāna (Wissen) sei. Bhakti ohne Jñāna könne, wie er erklärte, zu hoher Sentimentalität führen, während Jñāna ohne Bhakti zu bloßer dialektischer Kunstfertigkeit werden kann. Doch wenn beide Wege harmonisiert und ausbalanciert sind, wird das Leben «süß, majestätisch und erhaben». Meditation ist sowohl im Bhakti- als auch im Jñāna-Yoga eine ganz wesentliche Praxis. Die Menschen müssen die letzte Wirklichkeit unmittelbar selbst erfahren, ganz gleich, welchen Namen sie ihr geben. Dogmen, Glaubensbekenntnisse, Rituale, Wissen aus Büchern, Gelehrsamkeit sind ohne Nutzen, wenn man nicht gleichzeitig den inneren Pfad praktiziert, der zur vollkommenen Erkenntnis des eigenen Seins und der Quelle, der es entspringt, führt.

Ramakrishna hat uns ein Geschenk hinterlassen, das, wenn wir es annehmen, den Konflikten zwischen den großen Religionen, aber

Die hinduistische Tradition

auch deren inneren Konflikten, die im Laufe der Jahrhunderte soviel Leid verursacht haben, ein Ende bereiten kann. Denn er selbst folgte eine Zeitlang nicht nur intensiv den spirituellen Hauptpfaden innerhalb des Hinduismus, sondern auch denen des Islam, des Christentums und des Buddhismus und bewies durch sein eigenes Leben, daß jeder Pfad zu der gleichen Erleuchtung führt. Swami Ghanananda schreibt über Ramakrishnas direkte Erfahrung der inneren Wahrheiten anderer Religionen:

> Er hatte die gewaltige, reiche Domäne des Hinduismus durchquert und würde nun für eine Weile außerhalb reisen... Nicht eitle Neugierde veranlaßte ihn dazu; er hatte durch Praxis und Verwirklichung des Advaita – der Krönung des Vedānta, der Grundlage und Wissenschaft der Religionen und Philosophien – eine bemerkenswerte Universalität und Vorurteilslosigkeit, eine umfassende Schau gewonnen. Der Advaita betrachtet alle Wege und Glaubensbekenntnisse nur als verschiedene Annäherungen an den einen unteilbaren Brahman, das Absolute, in das der personale Gott, wie immer man sich ihn vorstellt, eingeht. Der Advaita sieht die Anhänger aller Religionen, ungeachtet ihrer Kaste, ihres Glaubens und ihrer Farbe als Pilger, die mehr oder weniger bewußt auf dem Weg zum Tempel der Wahrheit sind, zu dem hin die Religionen der Welt lediglich die vielen unterschiedlichen Wege darstellen.[26]

Der Advaita ist eine nichtdualistische Philosophie, die lehrt, daß die höchste Wahrheit jene Einheit ist, auf die ich in diesem Buch schon so oft hingewiesen habe. Ramakrishnas Erkenntnis und Verwirklichung dieser Wahrheit durch Christentum, Islam, Buddhismus und Hinduismus demonstriert den Advaita auf praktische und theoretische Weise. Ramakrishna ist zu einem Symbol göttlicher Einheit geworden, ein Mensch am Schnittpunkt aller Pfade.

Doch Ramakrishna hat noch ein weiteres Geschenk für uns; eines, das den Streit zwischen denen beilegen kann, die behaupten, die höchste Wirklichkeit sei personal und am besten durch einen personalen Gott symbolisiert, und jenen, die sie als nichtpersonales Absolutes begreifen. Denn Ramakrishnas unmittelbare Erfahrung der Einheit unter aller Vielfalt führte ihn nicht dazu, die Vorstellung von einem

Objektive Meditation I

personalen Gott, wie sie in theistischen Religionen wie dem Christentum oder dem Islam zum Ausdruck gebracht wird, zu verwerfen. Um ganz zu sein, lehrte Ramaskrishna, müssen wir Bhakti und Jñāna verwirklichen, Liebe ebenso wie Weisheit. Der personale Gott ist eine Emanation des Absoluten, die der Menschheit hilft, diese Liebe zu entwickeln, während man sich dem Absoluten selbst durch Weisheit nähert. So ist Bhakti mit dem personalen Gott verbunden und Jñāna mit dem, was jenseits des Persönlichen liegt. Soll unser Weg das Absolute erreichen, so muß er von daher Verwirklichung auf der persönlichen wie der unpersönlichen Ebene umfassen.

Im 8. Kapitel sprach ich von der hinduistischen Gottesvorstellung, die drei Ebenen einschließt: Gott mit Form und Attributen, Gott ohne Form, aber mit Attributen, und Gott ohne Form und ohne Attribute. Es ist nur wenigen Menschen gegeben, diese letzte Ebene zu erfahren, also die Wirklichkeit jenseits von Form und Attribut – Brahman bei den Hindus, der Grund des Seins bei den christlichen Mystikern, Nirvāna bei den Buddhisten, Ahura Mazda bei den Zoroastriern, On bei den griechischen und Amun bei den ägyptischen Mysterienreligionen –, ohne zuvor die beiden ersten Ebenen erfahren zu haben. Auf den Kabbalismus bezogen bedeutet das: Wir müssen erst durch alle Sefiroth hindurch aufsteigen, wenn wir wahrhaftig Kether erreichen und En Sof erfahren wollen. Vor allem sollten wir uns hüten, nur durch den Pfad aufzusteigen, der zur Weisheit führt, ohne gleichzeitig dem Pfad zu folgen, der die Liebe umfaßt.

Lassen Sie mich dies an Hand von Beispielen aus dem Buddhismus veranschaulichen. Im Buddhismus gibt es die beiden großen Lehrrichtungen Theravāda und Mahāyāna. Die erstere ist hauptsächlich in Sri Lanka und Südostasien verbreitet, die zweite in Tibet, Indien und dem Fernen Osten. Die Theravādins nehmen für sich in Anspruch, den ursprünglichen Lehren des Buddha zu folgen, die frei von Göttern und himmlischen Reichen sind und Selbstdisziplin, moralische Regeln und Weltentsagung als einzigen Weg zur Erleuchtung hervorheben. Die Anhänger des Mahāyāna behaupten dagegen, den späteren Lehren des Buddha treu zu folgen, die von vielfältigen Möglichkeiten, Erleuchtung zu erlangen, berichten und ein Pantheon von himmlischen Wesen beschreiben, die den Sterblichen in ihren Bemühungen beistehen.

Indem der Theravāda-Buddhismus die Erlösung durch eigenes Be-

Die hinduistische Tradition

mühen betont, behauptet er, daß der Buddha nur ein gewöhnlicher Sterblicher wie wir übrigen war, und obwohl der Theravāda ihn verehrt und achtet, legt er doch keinen besonderen Nachdruck auf Bhakti. Die fehlende Erkenntnis, daß Bhakti genauso notwendig ist wie Jñāna, führt zu einer, wie manche es nennen, «Trockenheit» des Theravāda, die es im Mahāyāna nicht gibt. Auch das Mahāyāna beinhaltet eine machtvolle Jñāna-Praxis, besitzt aber zudem noch ein starkes Bhakti-Element, das durch die Hingabe an den Buddha und die verschiedenen kosmischen Wesen zum Ausdruck kommt, die, obwohl theoretisch anders verstanden, in praktischer Hinsicht wie die personalen Götter oder Heiligen der anderen großen Religionen behandelt werden. Das Fehlen von Bhakti wird im Theravāda-Ideal des Arhat, eines Menschen, der für sich Erleuchtung erlangt und ins Nirvāna eingeht, ganz offenkundig, während die Präsenz von Bhakti am deutlichsten im Mahāyāna-Ideal des Bodhisattva zum Ausdruck kommt, eines Menschen, der Erleuchtung erlangt hat, doch sich aus reinem Mitgefühl immer wieder inkarniert, bis alle gemeinsam ins Nirvāna eingehen. Der zuerst genannte Pfad enthält noch Spuren des Ich, während letzterer vielleicht das reinste Symbol der Selbstlosigkeit ist, das den Menschen zur Verfügung steht.

Tatsächlich ist der Bodhisattva die Verkörperung des Bhakti-Pfades, den Ramakrishna beschrieb als den Pfad «der Verbundenheit durch Liebe, Hingabe und Selbstaufgabe». Das Gegengewicht, das er zu Jñāna bildet, wird in Ramakrishnas Definition des Jñāna-Pfades deutlich. Dieser führt nämlich zur Erkenntnis, daß

> ich nicht der Körper bin, weder grob- noch feinstofflich. Ich bin eins mit der Universalen Seele, dem Absoluten Sein und dem Nicht-Bedingten. Da ich nicht der Körper bin, bin ich nicht den Zwängen des Körpers unterworfen – wie Hunger, Durst, Geburt, Tod, Krankheit, Freude, Schmerz und so weiter.[27]

Jñāna allein kann also zu Gleichgültigkeit gegenüber unserem Leiden und dem Leiden anderer führen, denn auch sie sind ja nicht ihr Körper. Es kann neben einer mangelnden Ehrfurcht vor der materiellen Welt und all ihren Objekten auch zu der Gleichgültigkeit gegenüber dem physischen Wohlergehen führen, die das große Versäumnis des

Objektive Meditation I

Ostens ist. Wir brauchen das Bewußtsein von einem personalen Gott, um diese Ehrfurcht zu entwickeln, so wie wir auch Nachbarn brauchen, wenn wir lernen wollen, sie zu lieben wie uns selbst.

Für Ramakrishna ist die Erkenntnis des personalen Gottes in der Meditation Savikalpa-Samādhi, der Samādhi, in dem der Übende bei der Kontemplation der Göttlichkeit ein gewisses Identitätsgefühl behält; und die Realisation der höchsten Wirklichkeit ist für ihn Nirvikalpa-Samādhi, der Samādhi, in dem die Individualität restlos in dieser Göttlichkeit aufgeht. Beide, sagt Ramakrishna, müssen verwirklicht werden, und letztlich gibt es zwischen ihnen keinen Unterschied.

Ghanananda betont in seinem Kommentar zu Ramakrishna dieses Fehlen eines Unterschieds, wenn er über die personalen und die nichtpersonalen Aspekte Gottes schreibt:

> Die formhaften und die formlosen Aspekte Gottes sind wie die Vorder- und Rückseite einer Münze. Wenn Sie sagen, Sie wollten eine Münze nur mit dem Bilde der Königin und nicht mit dem Abbild auf der anderen Seite, dann werden Sie nicht einmal die Seite mit der Königin bekommen, denn Sie können keine Münze mit nur einer Seite haben. Der Formlose Gott ist die Grundlage von Gott mit Form. Das Beispiel des Meeres kann hilfreich sein. Als Meer hat Wasser... keine Form; aber als Wellen, hat es Form...[28]

Die Parallelen zwischen Savikalpa-Samādhi und Nirvikalpa-Samādhi einerseits und dem positiven und absoluten Samādhi der Zen-Meditation (8. Kapitel) andererseits sind so offensichtlich, daß sie keines Kommentars bedürfen. In seiner hinduistischen Praxis nahm Ramakrishna Kālī, das weibliche Schöpfungsprinzip, die göttliche Mutter, als personale Göttin, während er in seiner Praxis des Christentums ausschließlich über Christus meditierte und in der des Islam nur über Allah. Ghanananda berichtet, daß Ramakrishna sich während seiner islamischen Praxis weigerte, einen hinduistischen Tempel zu betreten, und dazu gesagt haben soll:

> Ich wiederholte immer wieder den Namen Allahs, war in der Art der Muslime gekleidet und rezitierte Namaz regelmäßig. Alle hin-

Die hinduistische Tradition

duistischen Vorstellungen waren gänzlich aus meinem Geist verbannt. Nicht nur, daß ich die Hindu-Götter und -Göttinnen nicht grüßte; ich hatte auch keinerlei Bedürfnis, sie zu besuchen.[29]

Auf der letzten Stufe dieser Praxis erfuhr Ramakrishna Allah zunächst in Form und Attributen und schließlich ohne beide. Ähnliches widerfuhr ihm im Christentum, und er sagte danach über Christus: «Dies ist der Christus, der das Blut seines Herzens für die Erlösung der Menschheit vergoß und um ihretwillen Todesqualen litt. Er ist nichts anders als... die Verkörperung der Liebe.» Als ihm gesagt wurde, daß man den Buddha einen Atheisten nannte, erwiderte Ramakrishna:

Warum ein Atheist? Er war kein Atheist – er konnte nur nicht aussprechen, was ihm offenbar geworden war. Wißt ihr, was «Buddha» bedeutet? Eins werden mit «Bodha», der Höchsten Intelligenz, durch tiefe Meditation reine Intelligenz werden.[30]

Ein andermal bemerkte Ramakrishna: «Es gibt keinen Unterschied zwischen den Lehren des Buddha und jenen der vedischen Jñānākanda. Sein und Nicht-Sein sind Modifikationen der Prakriti [Geist-Stoff]. Die Wirklichkeit transzendiert beide» (Ghanananda, S. 93).

Ich erinnere mich, wie der leitende Mönch eines buddhistischen Meditations-Retreats, an dem ich teilnahm, sagte, der «Fehler» der Hindus sei ihre Suche nach dem Selbst (engl. *self*), wohingegen die Buddhisten erkannt hätten, daß das Ich (engl *self*) nur eine vorübergehende Schöpfung des Geistes sei. Der Mönch, ein äußerst gebildeter Mann aus dem Westen, der sich der tibetischen Gelugpa-Schule angeschlossen hatte, war ein sehr ernsthafter, guter Mensch, der zutiefst an das glaubte, was er sagte. Wenn er sich jedoch die Mühe gemacht hätte, den Hinduismus auch nur oberflächlich zu studieren, hätte er entdeckt, daß das, was die Hindus als «Selbst» (*Self*) bezeichnen, nicht jenes erlernte, vergängliche menschliche Ego ist, dem sie wie die Buddhisten und die Abendländer den Namen «Ich» geben, sondern die höchste Wirklichkeit (die ich schon so oft erwähnte), die von den Buddhisten Nirvāna genannt wird.

Er hätte ebenfalls erfahren, daß der Ātman, unser erleuchteter Geist, für den Hindu letzten Endes eins mit dem Brahman, dem nichtperso-

Objektive Meditation I

nalen, absoluten Geist – auf dieselbe Weise, auf die der Buddha-Geist, auf den er wiederholt hinwies, letztlich eins mit Nirvāna ist. Der Unterschied zwischen der hinduistischen und der buddhistischen Position bezüglich dieses Themenbereichs ist ein rein semantischer, entstanden aus dem Versuch, sprachlich etwas auszudrücken, was so nicht ausdrückbar ist. Kein Wunder, daß der Buddha schwieg, wenn ihm Fragen über die höchste Wirklichkeit gestellt wurden, und er die Menschen statt dessen ermutigte, sich der Praxis zu widmen, durch die diese Wirklichkeit erlangt werden kann.

Ich fragte mich später, warum der Mönch dem Hinduismus nicht die gebührende Aufmerksamkeit geschenkt hatte, bevor er Bemerkungen über seine Glaubensinhalte machte. Ähnlich erstaunlich fand ich es, daß manche Menschen nicht einmal die verschiedenen Richtungen innerhalb ihrer eigenen Tradition studieren, bevor sie sie verwerfen. (Nach meiner Rückkehr von einer Sōtō-Zen-Belehrung bemerkte ein Anhänger des tibetischen Buddhismus, dem ich erzählte, der unterweisende Abt habe auch vom «Ewigen» gesprochen: «Dann ist er kein Buddhist!») Warum müssen wir uns wegen der Begriffe, die wir verwenden, voneinander entfernen, wenn sich doch die Erfahrungen, denen wir versuchen Ausdruck zu verleihen, jeglicher Definition widersetzen?

Manchmal reicht es schon aus, sich an den Ort der Verehrung einer anderen Tradition zu begeben, um zu erkennen, wie töricht ein solches Verhalten ist. Ich wurde in einer fundamentalistisch-nonkonformistischen christlichen Sekte erzogen und nahm schon früh die Botschaft auf, daß der römische Katholizismus mit seinen Heiligen und seinem Marienkult eine götzenverehrende, ja geradezu gottlose Entartung innerhalb der christlichen Familie darstelle. Obwohl ich mich später von dieser fundamentalistischen Sekte trennte, blieb mein Mißtrauen gegenüber der katholischen Kirche bestehen und wurde noch verstärkt, als ich erfuhr, wie der Gnostizismus in ihrem Namen brutal ausgerottet worden war (siehe 5. Kapitel).

Als ich daher bei meinem ersten Besuch in Rom den Petersdom betrat, standen nicht unbedingt brüderliche Gefühle im Vordergrund. Durch die physische Präsenz dieses majestätischen Gebäudes war der Besuch zwar recht bewegend, doch auf einer bewußten Ebene trug er nichts dazu bei, meine Ansichten über den Katholizismus zu ändern.

Bei meinem Erwachen am folgenden Morgen entdeckte ich jedoch zu meiner Verwunderung, daß meine Einstellung eine tiefgreifende Wandlung erfahren hatte. Auf einer Ebene tief innen «wußte» ich nun, weshalb die Katholiken ihre Heiligen verehrten und die Jungfrau anbeteten. Und dieses «Wissen» hat mich nie mehr verlassen. Es hat mich nicht veranlaßt, der katholischen Kirche beizutreten, war in dem Sinne keine «Konversion». Dieses Wissen ist viel eher das Bewußtsein, eingeweiht zu sein in die Hingabe all jener frommen Seelen, die im Katholizismus ihren Weg gefunden haben, und von ihnen das Geschenk der Verwandtschaft empfangen zu haben.

Kein Raum für Fanatismus

Ramakrishna sagt, daß die Wirklichkeit, die wir uns bemühen auszudrücken, sprachlich gesehen wie Wasser ist. Die Menschen kennen viele Namen für Wasser, doch Wasser bleibt immer Wasser und löscht unseren Durst, wenn wir es trinken. Chidbhavananda faßt Ramakrishnas Lehren über die Notwendigkeit, jede Engstirnigkeit zu vermeiden, folgendermaßen zusammen:

> Der Fanatiker glaubt ernsthaft daran, daß allein sein Weg der richtige ist und alle anderen überhaupt keine Wege sind. Er fühlt sich verpflichtet, andere Religionen anzugreifen. Doch diese Haltung kommt allein aus Unwissenheit. Der Fanatiker hilft weder sich noch anderen. Er teilt nur Böses aus. Im Gegensatz dazu erwächst die Sicht, alle Religionen als gleich wertvoll zu betrachten und zu akzeptieren, aus der Erleuchtung. Diese Erleuchtung ist das Ergebnis vergleichender Beobachtung von Pfaden, die bis jetzt nicht die des Betrachtenden waren. Für ein kleines Kind ist es in Ordnung, sich ausschließlich in der Obhut der Mutter zu befinden. Doch später, wenn es heranwächst, muß es, um seinen Horizont zu erweitern, mit anderen in Kontakt kommen. Die Bekanntschaft mit anderen steht nicht in Konflikt zur Anhänglichkeit an die Mutter. Ein religiöser Mensch muß sich in ähnlicher Weise um eine Haltung bemühen, die die religiöse Erkundung anderer Glaubensrichtungen als seine eigene mit einschließt. Wenn er sich nicht aufrichtig um das

Studium der anderen Pfade kümmert, bringt er selbst das Unheil des Rückzugs ins Schneckenhaus der eigenen Religion über sich.[31]

Vivekananda drückt das gleiche auf einfache Weise aus, wenn er sagt: «Du sollst in der Kirche geboren werden, doch sterben sollst du dort nicht.»

Selbst der Atheismus kann für manche Menschen, wie Ramakrishna lehrt, eine Stufe auf dem Weg zur Erleuchtung und Teil ihrer spirituellen Entwicklung sein. Vorausgesetzt, Atheisten entwickeln eine «schmelzende Ernsthaftigkeit», um sich durch eigenes Bemühen zu erheben, und vergessen nicht, daß sie nach der Wahrheit suchen, so wird sich «die Wahrheit, wie ein frischer Wind, der durch das offene Fenster weht, von selbst dem Geist offenbaren, der durch ernsthaftes Forschen offen geblieben ist». Das einzige Hemmnis für ein Voranschreiten ist, das Tor zum Verstehen «mit den Brettern der Ich-Bezogenheit» zu verschließen. Wie ich es begreife, ist ein solches Verschließen eine Sünde gegen den Heiligen Geist, für die es keine Vergebung geben kann, denn solange man seinen Geist nicht öffnet, kann es keine Möglichkeit der Erlösung geben.

Ramakrishna hat aber auch darauf hingewiesen, daß religiöse Harmonie nicht dazu führen darf, nun gar keinem bestimmten Pfad mehr zu folgen. Das ist genauso wenig sinnvoll wie Fanatismus. Anders als Ramakrishna haben wir weder die Zeit noch die Fähigkeit, alle Pfade mit der erforderlichen Sorgfalt zu studieren. Wir müssen den Pfad suchen, der uns am meisten liegt, und ihm müssen wir mit Eifer folgen. Aber – und dies ist meine eigene Interpretation – solange wir nicht fähig sind, zumindest intellektuell die Authentizität der anderen großen Pfade zu begreifen, solange haben wir auch unseren eigenen Weg nicht vollkommen verstanden.

10. Objektive Meditation II: Form und Formlosigkeit

Meditation im Vedānta

Angesichts der Bedeutung, die Ramakrishna Bhakti und Jñāna zuweist, scheint es mir am sinnvollsten, die Meditationstechniken, die der Vedānta lehrt, unter diesen beiden Stichworten zu betrachten. Beide können zur objektiven Meditation gezählt werden, obwohl, wie wir sehen werden, Jñāna sehr schnell jede Unterscheidung zwischen objektiv und subjektiv transzendiert. Bevor wir uns aber näher mit ihnen beschäftigen, sind einleitend noch einige Anmerkungen zum Vedānta notwendig, die für den Meditierenden wichtig sein können.

Die Veden lehren, daß es drei Arten der spirituellen Meditation gibt: Sthūla-Dhyāna, Tejo-Dhyāna und Sūkshma-Dhyāna. Die erste, in der es zu Visionen von Heiligen oder Gottheiten und zum Hören von Stimmen kommen kann, gehört zu den fließenden Meditationen, die im 5. Kapitel behandelt wurden. Die zweite, die im Vedānta eine höhere Stufe auf dem Pfad repräsentiert und in der sich Visionen und Formen auflösen, ist der ruhenden Meditation (4. Kapitel) zuzurechnen. Die dritte Meditationsform ist das Verschmelzen mit der höchsten Wirklichkeit selbst, eine Erfahrung, die über jegliche andere menschliche Erfahrung hinausgeht. Die ersten beiden meditativen Erfahrungen ermöglichen dem Übenden, in den Savikalpa-Samādhi einzutreten, die dritte führt in den Nirvikalpa-Samādhi.

Diese drei Stadien repräsentieren das Erkennen Gottes mit Form und Attributen, das Erkennen Gottes ohne Form, aber mit Attributen, und das Erkennen Gottes ohne Form und ohne Attribute. Für den Anhänger des Vedānta sind sie die Stadien, die der Meditierende durchläuft, wenn er einer der in diesem Buch behandelten Praktiken folgt. (Es ist interessant, sie auf den Baum des Lebens zu übertragen;

die unteren vier Sefiroth entsprechen dem ersten Stadium, die folgenden drei dem zweiten und die oberen drei sowie das Aufgehen im En Sof entsprechen dem dritten Stadium.)

Die Acht Stufen der Meditation

In der Vedānta-Tradition wird dem Übenden empfohlen, acht wichtigen Richtlinien zu folgen, die häufig als die Acht Stufen des Rāja-Yoga bezeichnet werden und zuerst von Patañjali in seinem *Yoga-Sūtra* dargelegt wurden (4. Kapitel). Im großen und ganzen geht es darin um Dinge, die in diesem Buch bereits behandelt wurden, doch stellen sie eine wertvolle Zusammenfassung dar, und so werde ich sie in gekürzter Form wiedergeben.

1. *Yama* – Rechtes Verhalten im täglichen Leben; das umfaßt Wahrhaftigkeit, Keuschheit, andere nicht zu verletzen, nicht zu stehlen sowie keine Geschenke anzunehmen (da Geschenke uns verpflichten und unsere Handlungsfreiheit zerstören).

2. *Niyama* – Reinheit von Körper und Geist, Gleichmut, Hingabe an Gott, das Fehlen von Gier und jeder Art von Zügellosigkeit.

3. *Āsana* – Richtige Haltung; insbesondere eine Haltung, in der man 45 Minuten oder länger in Meditation sitzen kann.

4. *Prāṇāyāma* – Richtiges Atmen.

5. *Pratyāhāra* – Das Nach-innen-Nehmen der nach außen strebenden Bewegung der Geisteskräfte.

6. *Dhāhranā* – Den Geist auf einen einzigen Gedanken fixieren.

7. *Dhyāna* – Den Geist 20 Minuten lang ohne einen Bruch in der Konzentration auf diesen Gedanken zentrieren.

Die acht Stufen der Meditation

8. *Samādhi* – Das höchste Bewußtsein; zu Beginn auf der Ebene von Savikalpa und schließlich auf der Ebene von Nirvikalpa.

Ich habe bereits erwähnt, daß der Übende bis zu einem gewissen Grad alle Yogas in Betracht ziehen muß, obwohl das Schwergewicht nur auf einem oder zwei Yogas liegen sollte. Die acht Stufen zeigen, wie man diesem Erfordernis nachkommen kann. Die ersten beiden Stufen beschreiben Karma-Yoga. Sie stellen sicher, daß das Leben frei von den Wünschen und Belastungen des Alltags ist, die die meditative Sammlung erschweren. Und sie befreien uns von der Selbstsucht, die uns die durch Meditation unter Umständen entwickelten Siddhis mißbrauchen ließe. Das Ergebnis sind ein gereinigter Körper und ein gereinigtes Bewußtsein, die notwendig sind, um als Tempel für den *Geist,* den dritten Aspekt, dienen zu können. Ohne diese Reinigung wird uns der *Geist,* obwohl immer gegenwärtig, verborgen bleiben.

Wir sind fehlbare menschliche Wesen, und die ersten beiden Stufen mögen uns deshalb wie unmögliche Ratschläge zur Vollkommenheit erscheinen. Doch sie sind Richtlinien, die wir zumindest anstreben können. Stufe 3 und 4 sind etwas einfacher. Sie bilden einen elementaren, sehr wichtigen Hatha-Yoga, der uns erlaubt, in bequemer Haltung die erforderliche Zeit zu sitzen, und der (in Begriffen der Yoga-Philosophie ausgedrückt) die feinstofflichen Kanäle im Körper öffnet, durch die die Energie während ihrer Verwandlung von grobstofflicher in feinstoffliche, von physischer in spirituelle Energie strömt.

Die 5. Stufe bedeutet, den Geist zu sammeln, am besten durch ein einleitendes Gebet, eine Widmung oder Invokation – durch Rituale also, die den Geist zur inneren Welt hinwenden (Bhakti-Yoga). Die 6. Stufe, Dhāranā, bezieht sich auf die eigentliche Meditation (Rāja-Yoga), wobei der Geist auf ein Objekt der Sammlung ausgerichtet ist, während die 7. Stufe die schwierige Aufgabe beinhaltet, den Geist dort zu halten. Gelingt das über einen Zeitraum von etwa 20 Minuten, dann wird die 8. Stufe (Jñāna-Yoga) ganz natürlich folgen, und der Meditierende tritt in den Samādhi ein.

Meditation als Bhakti

Unabhängig davon, für welche Meditation wir uns entscheiden, sind die ersten vier Stufen immer die gleichen. Auf der 5. Stufe, Pratyāhāra, entstehen insofern Unterschiede, als der Meditierende sich nun für einen Gegenstand der Sammlung entscheidet. Der Vedānta lehrt, daß dies am Anfang Gott mit Form und Attributen sein sollte, entweder personifiziert durch einen Avatār, einen Heiligen, einen Bodhisattva, einen verehrten Lehrer, oder repräsentiert durch ein Symbol oder ein Mantra. Wenige – sehr wenige – Menschen können den Geist von Anfang an auf die Formlosigkeit sammeln; für die meisten von uns ist das sehr schwierig. Der Vedānta empfiehlt uns deshalb, auf einer konkreteren Ebene zu beginnen und erst später «höher zu gehen und Formlosigkeit zu erlangen». Er rät uns, den Brennpunkt der Aufmerksamkeit – eine Visualisierung, ein Gedanke oder ein Mantra – in das Zentrum unseres Herzens zu bringen, mit dem im Vedānta nicht unser physisches Herz gemeint ist, sondern eine Stelle direkt unterhalb des Nabels im Inneren des Körpers. «Dorthin plaziert man das Objekt der Konzentration», sagt Ghanananda in seinem Buch *Meditation,* denn «das Herzzentrum ist der Ausgangspunkt für spirituelles Denken» (S. 50).

Für Ramakrishna war als Gegenstand der Sammlung im Bhakti besonders das Japa, die Wiederholung des Namens Gottes (oder eines anderen Objekts der Verehrung) wichtig, und er lehrte, daß dies die am leichtesten zugängliche Form der Meditation sei. Japa ist natürlich eine Art der Mantra-Meditation, einer in allen großen Traditionen weit verbreiteten Technik. Sie umfaßt die Wiederholung eines Lautes oder einer Folge von Lauten oder Worten (still oder hörbar) wie etwa beim Ave Maria der römisch-katholischen Kirche oder beim «Jesusgebet» beziehungsweise «Herzensgebet» («Herr Jesus Christus, Sohn Gottes, erbarme dich meiner») der griechisch- und russisch-orthodoxen Kirche. Wie in allen Traditionen wird die Wiederholung des Mantra manchmal auf den Atem abgestimmt; entweder durch Wiederholung beim Ausatmen oder beim Ein- und Ausatmen. Im Falle eines langen Mantra wird ein Teil beim Einatmen und der andere beim Ausatmen gesprochen.

Während der Wiederholungen konzentriert sich der Übende entwe-

Meditation als Bhakti

der auf die Bedeutung jedes einzelnen Wortes des Mantra oder auf die Laute selbst. Als Ergänzung dazu können entsprechende Symbole visualisiert werden. Es heißt, daß der Klang vieler Mantras, etwa das OM, in sich selbst eine Kraft darstellt (weshalb uns gesagt wird, daß sie durch eine Übersetzung ihren Wert verlieren), die das Mantra tief in das Unbewußte hineinträgt, wo es weiterwirkt, selbst wenn es nicht mehr rezitiert wird.

Die Vorstellung von einer kreativen Kraft, die bestimmten Klängen innewohnt, findet sich schon in den ältesten Zeugnissen der Geschichte. Sie begegnet uns in der Lehre, daß es das «Wort» Gottes gewesen sei, das die sichtbare Welt erschaffen habe (oder unausgesetzt erschafft). «Im Anfang war das Wort.» – «Gott sprach: Es werde Licht! und es ward Licht.» Die Schwingungen, die den Ton bilden, werden dabei als die Ur-«Materie» angesehen, die dem Erscheinen der stofflichen Welt vorausgegangen ist als die erste Bewegung in der undifferenzierten Einheit des Seins. Sie können das auf einfache Weise ausprobieren, indem Sie eine Stimmgabel in der Nähe eines Stücks Pappe anschlagen, auf das Sie sehr feinen Sand gestreut haben. Sie werden sehen, wie sich die Sandkörner als Reaktion darauf zu geometrischen Formen ordnen. Die Formen sind der visuelle Ausdruck der Schallwellen, ihre Signatur, ihre unverwechselbare Schöpfung.

Im Buddhismus und Hinduismus verwendet man bei der Rezitation des Mantra häufig eine Mālā mit 108 Perlen (eine Zahl, die in Indien eine astrologische Bedeutung hat); zu jeder Wiederholung des Mantra gleitet eine der Perlen durch die Finger. Die Katholiken und die Muslime benutzen in ähnlicher Weise den Rosenkranz und die Gebetsperlen. Das Mantra kann natürlich auch lautlos und ohne Mālā wiederholt werden, während man seinen täglichen Pflichten nachkommt, und aus eigener Erfahrung weiß ich, daß das Mantra nach einigen Monaten fortwährender Wiederholung im Zentrum des Herzens ruht und man sich seiner Gegenwart stets bewußt ist, selbst wenn der Geist sich aktiv um andere Dinge kümmert. Weit davon entfernt, die Konzentration zu stören, schärft diese dauernde Wiederholung im Hintergrund des Bewußtseins den Geist, indem sie den Raum ausfüllt, der normalerweise von Ablenkungen beansprucht wäre.

Eine andere Möglichkeit besteht darin, das Mantra als letzte Aktivität vor dem Zubettgehen einige Male zu wiederholen, so daß es ins

Herzzentrum hineingebracht wird (oder ins Unbewußte, wenn Sie diese Vorstellung lieber mögen), wo es während des Schlafs weiterwirkt. Mantras werden natürlich auch als Gegenstand der Sammlung bei der Meditation im Sitzen verwendet; sie werden entweder laut oder still wiederholt, je nachdem, was der Meditierende als am hilfreichsten empfindet.

Die Bedeutung und Anwendung der Mantras

Das Wort *Mantra* ist abgeleitet von der Verbwurzel *man* = denken und dem Instrumentalsuffix *tra*. Es ist «Denken oder Absicht, welche als Klang Ausdruck finden» (G. Feuerstein). Es hat aber auch die Bedeutung der «Befreiung von Denken», das heißt der Angst, die aus dem Grübeln über die Welt entsteht. Im Laufe der Jahrhunderte erhielt es immer mehr die Bedeutung «das, was beschützt», was darauf verweist, daß ein geeignetes Mantra gegen die Gefahren der äußeren Welt schützen und uns in die innere Welt hineinführen soll. (Es gibt auch zerstörerische Mantras in Hexerei und Zauberei, wie der *Atharvaveda* enthüllt.)

In den östlichen Traditionen ging man davon aus, daß jedes Mantra zuerst dem spirituellen Lehrer, mit dem es assoziiert wird, übermittelt worden ist, während er sich in einem Zustand des höchsten Bewußtseins befand. Das Mantra ist also die «Lautsignatur» des Lehrers, so etwa wie die Formen im Sand die Lautsignatur der Stimmgabel sind. Ist der Meditierende in der Mantra-Praxis ausreichend geübt, wird sich der Lehrer durch die Wirkung des Mantra im inneren Bewußtsein offenbaren.

Üblicherweise wird Ihnen ein Mantra gegeben, wenn Sie im Rahmen der Tradition, der Sie folgen, in die Praxis eines großen Lehrers eingeweiht werden, und es werden Ihnen genaue Anweisungen gegeben, wie Sie damit umgehen sollen. Es heißt, daß dieses Verfahren dem Mantra zusätzliche Kraft verleiht, denn Sie hören es von jemandem, der es von jemandem gehört hat, der es wiederum von jemand anderem gehört hat, bis zurück zu dem spirituellen Lehrer, dem es zuerst offenbar wurde. Haben Sie jedoch keine bestimmte Einweihung erhalten, muß Sie das nicht davon abhalten, mit einem Mantra

Die Bedeutung und Anwendung der Mantras

zu üben. Lernen Sie zunächst, so viel Sie können, über die Tradition, der Sie folgen, und finden Sie heraus, welcher der Lehrer dieser Tradition in Ihnen die stärkste emotionale Reaktion wachruft. Häufig ist diese Reaktion ein Gefühl großer Liebe für den betreffenden Lehrer, als wäre er ein Freund, den Sie in ihrem Inneren schon immer gekannt haben.

Der nächste Schritt besteht darin, das Mantra dieses Lehrers aufzunehmen und es als seine klangliche Verkörperung zu betrachten. Sehen Sie in diesem Mantra nicht einfach nur einen Namen (obwohl auch Namen sehr machtvoll sein können). Verstehen Sie es als eine tatsächliche Emanation, als Klangform, die der visuellen Form des Lehrers entspricht. Anders als die visuelle Form, ist die Klangform materiell gegenwärtig. Sie können das Mantra aussprechen, wann immer Sie wollen; spüren Sie, wenn Sie es tun, die physische Anwesenheit des Lehrers (visualisieren Sie diese aber noch nicht).

Sitzen Sie in Meditation, so lassen Sie nun das Gefühl dieses Gegenwärtigseins mit Ihrem Herzzentrum verschmelzen. Spüren Sie (immer noch ohne zu visualisieren), daß der Lehrer seinen Sitz in diesem Zentrum hat und sein Bewußtsein eine lebendige, vitale Wirklichkeit in Ihnen darstellt. Beginnen Sie jetzt damit, still das Mantra zu wiederholen, und legen Sie in Ihrer Vorstellung jede Wiederholung in Ihr Herzzentrum, um auf diese Weise das Gefühl der Anwesenheit zu festigen.

Von der Visualisierung wird während dieser frühen Stadien der Übung abgeraten, weil das die Aufmerksamkeit von dem Mantra ablenken würde. Fürs erste arbeiten Sie lediglich mit dem Klang und dem Gefühl der Anwesenheit des Lehrers, das durch den Klang hervorgerufen wird. Beherrschen Sie diese Praxis gut, kann sich die Visualisierung unter Umständen ganz von allein bilden. Das ist die Offenbarung des Lehrers auf der Ebene des inneren Bewußtseins, die ich bereits früher erwähnte. Diese Visualisierung muß nicht wie bei den Visualisierungspraktiken, die im 7. Kapitel besprochen wurden, in Ihrem Geist aufgebaut werden. Sie entsteht spontan, ganz wie die Formen im Sand spontan als Reaktion auf die Schwingungen der Stimmgabel entstehen. Die Visualisierung kann aus der Gestalt des Lehrers bestehen oder aus den Sanskrit-Buchstaben des Mantra. Normalerweise werden Sie mit ihnen bereits vertraut sein, doch wird es

Ihnen so vorkommen, als tauchten Sie nicht aus Ihrer Erinnerung, sondern aus einer völlig anderen Dimension auf. Fragen Sie nicht, woher sie kommen. Verfahren Sie mit ihnen, *als wären* sie real, genau so, wie Sie es mit den Formen tun, die Sie durch aktive Visualisierung aufbauen. Halten Sie die Visualisierung im Zentrum Ihrer Praxis, und widmen Sie ihr jede Wiederholung des Mantra.

Sollte jedoch kein derartiges Bild spontan entstehen, dann bedeutet das nicht viel. Arbeiten Sie mit dem Mantra so weiter, wie ich es im nächsten Abschnitt beschreiben werde; oder bauen Sie die Visualisierung bewußt auf, und lassen Sie sie sozusagen aus der Energie, die das Mantra erzeugt hat, sichtbar werden.

Doch auch hier, wie bei allen anderen Visualisierungen, gilt: Klammern Sie sich nicht an dieses Bild, egal auf welche Weise es erscheint. Erinneren Sie sich daran, daß der Vedānta lehrt, dies sei erst die erste von drei Stufen in der Meditation. Später wird eine Stufe kommen, in der Ihre Meditation in die Formlosigkeit hineinführt. Wenn Sie jetzt bestimmten Formen anhaften, werden Sie sich entweder gegen diese Stufe wehren (und so jede weitere Entwicklung ausschließen), oder Sie werden ein starkes Verlustgefühl empfinden (ein Gefühl, das Ihnen ebenfalls im Wege steht). Eines Tages werden Sie sogar das Mantra hinter sich lassen wie eine Leiter, die Ihnen den Aufstieg ermöglicht hat und nun nicht mehr gebraucht wird (s. Kasten 17).

Mantra-Meditation ohne Visualisierung

Ich erwähnte bereits, daß es keine besonderen Folgen hat, wenn während der Meditation keine Visualisierung entsteht oder Sie sich entscheiden, keine aufzubauen. In einigen Traditionen wird das sogar als Vorteil angesehen, denn die Gefahr der Anhaftung an Formen ist dadurch geringer und die Erfahrung der Formlosigkeit vielleicht eher möglich. Für diejenigen, denen die Vorstellung von Gottheiten, Buddhas oder Bodhisattvas gar nicht zusagt, wird die Idee der Visualisierung ohnehin nicht reizvoll sein.

Wollen Sie also, aus welchen Gründen auch immer, ausschließlich mit einem Mantra arbeiten, dann nehmen Sie es in der zuvor beschriebenen Weise in Ihr Herzzentrum auf. Ihre Konzentration wird tiefer

KASTEN 17:

Einige Mantras

Im Christentum steht das Jesusgebet, das bereits im Text erwähnt wurde, im Mittelpunkt der meditativen Tradition der orthodoxen Kirchen Rußlands und Griechenlands. Die *Philokalia,* eine hervorragende Schriftensammlung, von der einige Texte bis ins 4. Jahrhundert zurückreichen, enthält eine unentbehrliche Beschreibung, wie dieses Gebet in der Meditation zu verwenden ist. Ebenfalls eine ausgezeichnete Informationsquelle ist der von Emmanuel Jungclaussen herausgegebene Text *Aufrichtige Erzählungen eines russischen Pilgers* (übersetzt von Reinhold von Walter).

Der Islam benutzt als Mantras vor allem *Allah ahkba,* «Gott ist groß», und *La illa ha illa Allah hu,* «Da ist nichts außer Gott». Beide Mantras können bei jeder Gelegenheit gesungen werden. Der Islam fördert jedoch nicht den Gebrauch devotionaler, sich an Heilige oder Propheten richtender Mantras, noch unterstützt er die Visualisierung Gottes in irgendeiner bildhaften Form. Man findet im Islam Zugang zu Gott entweder mittels bestimmter Eigenschaften (Barmherzigkeit, Macht oder Liebe) oder auf der höchsten Ebene der Formlosigkeit «nichts außer Gott».

Von den zahlreichen Mantras des tibetischen Buddhismus werden das Buddha-, das Tārā- und das Avalokiteshvara-Mantra am häufigsten verwendet. Das Buddha-Mantra, *Tayata om muni muni maha munaye soha,* dient in erster Linie dazu, den Buddha-Geist, den vollkommen erleuchteten Geist, in sich selbst und anderen zu erwecken. Diese Praxis wird oft mit einer Visualisierung des Buddha verbunden, wobei die Erleuchtung in weißen Strahlen reinigenden Lichts von dieser Gestalt ausströmt.

Das Tārā-Mantra, *Om tare tuttare ture soha,* wird benutzt, um

Objektive Meditation II

die «Geschicklichkeit in der Methode» zu erwecken, die notwendig ist, um sich von Unwissenheit und Furcht zu befreien. Tārā, manchmal auch als die «Mutter der Buddhas» bezeichnet, wird in weiblicher Gestalt visualisiert; weißes Licht fließt von ihrem Kopf, um die Beseitigung der Negativitäten des Körpers zu symbolisieren; rotes Licht fließt von ihrer Kehle und symbolisiert die Beseitigung der Negativitäten der Rede, und blaues Licht strömt von ihrem Herzen, die Beseitigung der Negativitäten des Geistes symbolisierend.

Avalokiteshvara, der Bodhisattva des Erbarmens, strahlt in visualisierter Gestalt weißes, rotes, blaues, grünes und gelbes Licht zu allen Wesen aus und schenkt ihnen Barmherzigkeit und Linderung des Leidens. Sein Mantra, *Om mani padme hum,* wird manchmal auch als das «große Mantra» bezeichnet und ist eins der beliebtesten Mantras überhaupt. Die Tibeter singen dieses Mantra (das sie *Om mani peme hung* aussprechen) oft voller Verehrung und Freude, während sie ihren alltäglichen Beschäftigungen nachgehen.

Im Hinduismus gibt es buchstäblich für jede Gelegenheit ein Mantra. Einige sind mit einer Gottheit verbunden (einem Aspekt des einen Gottes), andere eher allgemeiner Natur. Manche Gottheiten haben auch mehr als ein Mantra. Zu den am häufigsten benutzten, kurzen Mantras gehört das Shiva-Mantra, *Shivo-ham,* das dem Erwecken der eigenen Spiritualität und dem Erlangen der Erleuchtung dienen soll, und das Vishnu-Mantra, *Hari om tat sat,* das zur Reinigung und zum Wohl der Verstorbenen benutzt wird. *Om shanti,* «der Friede Gottes», wird allgemein verwendet.

Alle oben aufgeführten Mantras gelten als geheiligt; geheiligt nicht nur durch die Wesen, denen sie zugeordnet sind, und die Qualität des Klangs, sondern auch, weil sie im Laufe der Jahrhunderte von so vielen frommen Menschen rezitiert wurden. Wie man eine Atmosphäre von Heiligkeit spürt, wenn man eine Kirche, einen Tempel oder eine Moschee betritt, so strahlen auch die Mantras eine ihnen eigene objektive Kraft aus.

sein, wenn Sie spüren, daß das Mantra ein Teil von Ihnen wird und nicht nur eine Reihe von Lauten bleibt, die Sie einfach wiederholen. Betrachten Sie es als ein Objekt des Bhakti, selbst wenn Sie es nicht mit einem bestimmten Lehrer assoziieren, denn es wird Ihnen zur Selbsterkenntnis verhelfen. Verstehen Sie es als Symbol der Weisheit tief in Ihrem Inneren, das darauf wartet, erschlossen zu werden. Auf jeden Fall verdient das Mantra Ihre Achtung.

Halten Sie das Mantra im Zentrum Ihres Bewußtseins. Sprechen Sie jede Wiederholung so achtsam wie die vorangegangene. Wenn sich Ihre Meditation vertieft hat, können Sie das Mantra von Zeit zu Zeit fallenlassen und sich auf den Raum konzentrieren, den es eingenommen hat. Das ist nicht der grenzenlose Raum, den das Mantra zurückgelassen hat. Sie müssen noch durch andere Stadien hindurch, bevor Sie diesen grenzenlosen Raum erfahren, doch auf jeden Fall ist es ein wichtiger Fortschritt.

Dringen nach einer Weile wieder Gedanken ein, kehren Sie zum Mantra zurück, bis Ihre Sammlung wiederhergestellt ist. Mit der Zeit werden Sie in der Lage sein, mit wenigen einleitenden Mantra-Wiederholungen eine ganze Meditationssitzung durchzuführen.

Die Vorzüge der Mantra-Meditation

Von allen Meditationstechniken läßt sich die Mantra-Meditation am einfachsten wirkungsvoll anwenden. Ein Mantra ist als Gegenstand der Sammlung sinnfälliger als der Atem, es ist leichter zugänglich als eine Visualisierung und als Mittel, den Geist zur Ruhe zu bringen, wirksamer als ein Kōan; wem es mit anderen Techniken nicht oder nur unzureichend gelingt, den Geist zur Ruhe zu bringen, sollten die Möglichkeiten dieses Weges ausprobieren. Einer der Gründe für die Popularität der Transzendentalen Meditation (TM) ist darin zu sehen, daß es sich hierbei um eine einfache Form der Mantra-Meditation handelt, bei der sich der Meditierende auf ein einziges Sanskrit-Wort konzentriert und es zweimal täglich in jeweils fünfzehnminütigen Sitzungen fortwährend wiederholt. Dabei spielt es keine Rolle, ob der Meditierende einer Religion angehört oder einem geistigen Lehrer folgt.

Objektive Meditation II

Auch wenn Sie sich einer anderen Meditationspraxis fest verbunden fühlen, ist es von großem Wert, ein Mantra zu haben. Sie können es still für sich wiederholen, wenn Sie während Ihres Arbeitstages das Bedürfnis haben, Ihren rastlosen Geist zu beruhigen, oder wenn Sie aus Gründen der Selbstdisziplin oder Hingabe darauf zurückkommen wollen. Ich stellte bei meiner ersten intensiven Übung mit einem Mantra verhältnismäßig früh fest – lange bevor ich wirklich in seine Anwendung eingeweiht wurde –, daß sich mein Geist in dem Moment, in dem ich mein Denken gewissermaßen in den Leerlauf schaltete, automatisch auf das Mantra konzentrierte. Das führte nicht nur zu einem deutlichen Anwachsen meiner geistigen Energie (vielen Menschen ist gar nicht bewußt, wieviel Energie der plappernde Geist verbraucht), sondern es förderte auch das Aufkommen kreativer Einsicht. Diese Einsicht steigt aus dem Unbewußten auf, aus der Quelle der Intuition, und indem wir den Geist von den Gedanken, die ihn normalerweise beherrschen, befreien, legen wir die Kanäle frei, durch die das Unbewußte sich uns mitteilt.

Vor allem aber läßt das Mantra unsere Befähigung zu Hingabe und Liebe wachsen. Es ist, als würde es im Herzen eine Quelle des Fühlens erschließen, das zu Christus, dem Buddha oder wem auch immer hinströmt und durch sie schließlich alle Wesen erreicht.

Die formlosen Versenkungen

Der Meditierende ist nun bereit, von der Meditation mit Form zur Meditation ohne Form überzugehen. Dieser Übergang und die Stadien, die ihm vorausgehen und folgen, sind im tibetischen Buddhismus in vierzehn aufeinander aufbauenden Stufen beschrieben (siehe zum Beispiel *Meditative States in Tibetan Buddhism* von Lati Rinbochay u. a). Sie sind im Grunde eine detaillierte Aufschlüsselung der vier höchsten Stufen des Vedānta und können wie folgt zusammengefaßt werden:

1. *Achtsamkeit:* Die Meditationshaltung wird eingenommen und der Geist auf die Meditation gerichtet.

Die formlosen Versenkungen

2. *Dauer-Grundeinstellung:* Das Mantra wird zum Brennpunkt der Aufmerksamkeit. Gedanken kommen auf, werden aber nicht beachtet. Auch wenn sie nicht mehr entstehen, bleibt der Gedanke: «Das Denken ruht.»

3. *Nullstellung:* Die Sammlung vertieft sich; der Geist erkennt Ablenkungen, sobald sie aufkommen, und läßt sie augenblicklich fallen.

4. *Feinjustierung:* Der Gegenstand der Sammlung geht nicht mehr verloren, und *Stille* stellt sich ein.

5. *Disziplinierung:* Die Sammlung wird noch tiefer, und erste *Einsicht* kommt auf. Doch es kann sich eine gewisse Nachlässigkeit (ein zu starker Rückzug in einen tranceähnlichen Zustand) ergeben, der durch die Disziplinierung des Geistes entgegengewirkt werden muß, um die Sammlung beibehalten zu können.

6. *Beruhigung:* Die Nachlässigkeit ist überwunden, doch in der Tiefe der Meditation kommt es zu einem Gefühl der Unruhe, das dadurch beruhigt wird, daß man es losläßt.

7. *Vollkommene Beruhigung:* Die Unruhe ist nun gänzlich überwunden.

8. *Eins-Gerichtetheit:* Der Geist ist nun vollkommen auf das Objekt der Meditation zentriert und kann vielleicht erste Einblicke in den Savikalpa-Samādhi (relativer Samādhi) gewinnen.

9. *Geistige Geschmeidigkeit:* Oben am Kopf wird nun ein Kribbeln spürbar, wenn negative geistige und physische Befindlichkeiten den Körper verlassen. Die flüchtigen Eindrücke von Samādhi werden häufiger.

10. *Physische Geschmeidigkeit:* Der Körper fühlt sich weich und leicht an und verschmilzt (wird eins) mit dem Objekt der Meditation. Glückseligkeit entsteht, und vollständiger Savikalpa-Samādhi ist erreicht.

Objektive Meditation II

11. *Die erste formlose Versenkung:* Der Geist wird eins mit dem grenzenlosen Raum. Alle Formen, auch das Objekt der Meditation, verschwinden. Selbst ein «Kanonenschuß» würde nicht stören. Nirvikalpa-Samādhi (absoluter Samādhi) beginnt zu entstehen.

12. *Die zweite formlose Versenkung:* Auch der «grenzenlose Raum» erscheint nun grob, und man läßt ihn hinter sich. Der Geist verschmilzt mit grenzenlosem Bewußtsein.

13. *Die dritte formlose Versenkung:* Sogar das «grenzenlose Bewußtsein» erscheint nun grob, und man läßt es hinter sich. Der Geist verschmilzt mit der «Nicht-Ding-Heit».

14. *Die vierte formlose Versenkung:* Der Gipfel des zyklischen Daseins ist erreicht. Alle Unterscheidungen, selbst die zwischen Form und Formlosigkeit, haben sich aufgelöst, und man tritt in den vollen Nirvikalpa-Samādhi ein.

Man kann den Begriff «grob» bei den ersten drei formlosen Versenkungen, die eine fortschreitende Vertiefung des Nirvikalpa-Samādhi darstellen, am besten als «Unterscheidung» definieren, da *grenzenloser Raum, grenzenloses Bewußtsein* und sogar das *Nichts* die Existenz ihres jeweiligen Gegenteils implizieren. In der vierten formlosen Versenkung überschreitet der meditative Geist auch noch diese Unterscheidungsebene und kann nun, nach der buddhistischen Terminologie, den Existenzkreislauf auf Wunsch verlassen und ins endgültige Nirvāna eingehen.

Läßt der Meditierende das Mantra beim Eintritt in die vier formlosen Versenkungen fallen, bedeutet das nicht, daß er es niemals wieder aufnehmen wird. Es wird nicht nur als Teil der Übung im täglichen Leben beibehalten, sondern auch bei der formellen Meditation weiterhin benutzt. Wenn man einmal die ersten drei formlosen Versenkungen erreicht hat, bedeutet das nicht, daß man nach Belieben wieder in sie eintreten kann. Es kann sein, daß die Meditation für Wochen und Monate kein echtes Gewahrsein – weder der Form noch der Formlosigkeit – mehr hervorbringt. Der Übende verharrt in einem unfruchtbaren Zustand, und das Mantra ist sein einziger Trost. Die christlichen

Mystiker nennen dies die «dunkle Nacht der Seele» und bezeichnen damit den Zeitraum nach dem Empfang der göttlichen Schau, wenn es so scheint, als wäre sie uns wieder genommen worden und als wäre nichts an ihrer Stelle zurückgeblieben.

Der einzige Weg durch diese Erfahrung ist der, sie mit so objektiv distanziertem Interesse wie möglich zur Kenntnis zu nehmen und einfach mit der Übung fortzufahren. Man sollte sich nicht dazu verleiten lassen, die Übung aufzugeben oder zu etwas anderem überzugehen. Man übt Tag für Tag weiter mit dem Mantra und wartet darauf, daß es wieder Licht wird – und mit Sicherheit wird dies geschehen.

Jñāna in der Meditation

Die Erfahrung des vollen Savikalpa-Samādhi ist eine erste Einweihung in Jñāna, die wahre Einsicht. Der Meditierende hat jetzt, wenn auch vielleicht nur für kurze Zeit, in die Mitte hineingesehen und weiß ohne Zweifel um ihre Realität. Doch das höchste Jñāna des Nirvikalpa-Samādhi bleibt noch zu verwirklichen, und das kann nicht erreicht werden, ohne die Bhakti-Praxis der Konzentration auf Formen und Attribute gänzlich aufzugeben und in die vierte formlose Versenkung einzugehen.

In großen Traditionen hat man erkannt, daß der Meditierende nicht nur große Schwierigkeiten bei diesem letzten Schritt erfährt, sondern auch davor zurückschreckt. Hat man Savikalpa-Samādhi erreicht und damit das Göttliche erfahren und Glückseligkeit genossen, dann hat man das natürliche Verlangen, an diesem Zustand festzuhalten. Warum weitergehen? Das Universum ist so hell und rein geworden, die Ewigkeit hat sich enthüllt, die Scheuklappen der Unwissenheit sind abgefallen, und die Liebe hat sich als Wahrheit im Zentrum aller Dinge offenbart. Warum sollte man all das aufgeben, um nach einer «Formlosigkeit» zu streben, welche die Erfahrung, die man nach so vielem Üben gerade erlangt hat, zunichte zu machen scheint?

Die Antwort lautet, daß nichts zunichte gemacht wird. Die Wirklichkeit, die man erfahren hat, ist Ausdruck der höchsten Wirklichkeit, so wie Sie und ich ihr Ausdruck sind. Aber diese höchste Wirklichkeit wurde immer noch mit dem begrenzten menschlichen Verstand betrachtet. Sie ist, wenn Sie so wollen, in einer für ein Bewußtsein verständlichen Form dargestellt, welches noch, wie gering auch immer, durch seine eigenen Konzepte begrenzt ist; begrenzt durch seine Art, die Wahrheit zu filtern, so wie ein Prisma einen Lichtstrahl in die Regenbogenfarben zergliedert. Der Regenbogen ist nicht etwa «unwirklich». Er existiert als Potential innerhalb des weißen Lichtes, doch jede seiner Farben ist nur ein Teil dieses Lichts, sein begrenzter Ausdruck. Wenn wir dieses Licht erlangen, verlieren wir den Regenbogen nicht. Wir lernen ihn kennen als das, was er ist, als Manifestation der farblosen Farbe, die alle Farben transzendiert und aus sich heraus entstehen läßt, als einen Aspekt des Ursprungs und der Quelle, aus der alle Farben und alle Vielfalt hervorströmen.

Ken Wilber, ein westlicher Psychologe, der sehr viel dazu beigetragen hat, östliche und westliche Psychologie zusammenzubringen, beschreibt seine persönliche Erfahrung mit Formlosigkeit:

> (Es gab) keinen Verlust der Fähigkeiten, sondern ihre allerhöchste Steigerung... keine tiefe Trance, sondern vollkommene Klarheit; keine Depersonalisierung, sondern Transpersonalisierung... Keine persönlichen Fähigkeiten... gingen verloren oder wurden beeinträchtigt. Vielmehr funktioniert sie, wie mir schien, zum ersten Mal in totaler Offenheit, befreit von den Abwehrmechanismen, die das Gefühl eines gesonderten Ich geschaffen hatten... Ich beobachtete oder erlebte das alles nicht, ich *war* es einfach. Ich konnte es nicht sehen, denn ich war alles Gesehene; ich konnte es nicht hören, denn ich war alles Gehörte; ich konnte es nicht erkennen, denn ich war alles Erkannte. Deshalb ist es sowohl das große Geheimnis als auch das vollkommen Offensichtliche.[32]

An anderer Stelle (siehe auch Crook/Fontana: *Space in Mind*) schreibt Wilber, daß die Erfahrung der Formlosigkeit

> keine bestimmte Erfahrung unter vielen anderen Erfahrungen ist, sondern das Wesen und der Grund *aller* Erfahrungen, der erhabenen und der gewöhnlichen... Deshalb ist sie als solche gar keine Erfahrung; sie hat nichts zu tun mit Zustandsveränderungen... Der höchste Zustand ist: was ich bin, bevor ich irgend etwas anderes bin;

was ich sehe, bevor ich irgend etwas anderes sehe; und was ich fühle, bevor ich irgend etwas anderes fühle.

Ramakrishna lehrte, daß Jñāna, diese Erfahrung der Formlosigkeit, in unserer modernen Zeit schwieriger zu erlangen sei als Bhakti. Können wir nun einem Pfad folgen, dann empfiehlt er uns, Bhakti zu wählen, da wir dabei schneller vorankommen können, und der Gefühlsüberschwang, zu dem dieser Pfad uns führen kann, weniger irreleitend ist als das trockene theoretische Wissen, das aus der ausschließlichen Beschäftigung mit Jñāna erwachsen kann. Doch Tatsache bleibt, daß wir beide miteinander kombinieren müssen, wenn unsere Praxis vollständig sein soll.

Formlose Wirklichkeit

Der Grund dafür, daß heutzutage Jñāna so schwierig zu verwirklichen ist (unabhängig davon, wie bereit sich der Meditierende fühlt, in die Formlosigkeit einzugehen), wird im Vedānta der Tatsache zugeschrieben, daß wir von Geburt an zum Glauben an Formen erzogen werden und es für uns ganz schwierig ist, uns so etwas wie Formlosigkeit überhaupt auch nur vorzustellen. Der Vedānta hilft uns, indem er uns sagt, Jñāna bedeute zu real-isieren (das heißt als real zu erkennen), daß «ich nicht der Körper bin, nicht meine Gedanken, nicht der Intellekt, nicht das Ego» und so weiter. Dieses Erkennen bedeutet letztlich sogar, daß wir in unserer Erfahrung jener Welt gewahr werden, die uns die modernen Nuklearwissenschaftler in theoretischen Modellen vorführen, eine Welt formloser Energie, aus der die Teilchen, die die Atome und damit die Welt der Formen konstituieren, hervorgehen und in die hinein sie wieder verschwinden.

Die alten Rishis, die «Wissenden», deren Weisheit die Veden schuf, wußten all das schon vor 3000 und mehr Jahren, und auch der Buddha hat es genau so 500 Jahre vor Christi Geburt beschrieben. Die Welt der Formen, so sagen uns die Rishis, ist «Geist-Stoff» – Māyā in der Terminologie des Vedānta, Prakriti in der der Sāmkhya-Philosophie, Shakti in der des Tantrismus und Samsāra in der Terminologie des Buddhismus.

Wie ähnlich ist doch die Terminologie von Wissenschaftsphilosophen wie Arthur Eddington und Sir James Jeans. Eddington schrieb (in The Nature of the Physical World), daß das Bindeglied zwischen der leeren Welt der subatomaren Physik und der stofflichen Welt, die wir erfahren, der menschliche Geist ist. «Der Stoff dieser Welt ist Geist-Stoff.» Jeans drückte es (in The Mysterious Universe) noch deutlicher aus: «... man kann sich das Universum am besten vorstellen... als aus reinem Denken bestehend.»

Doch – und hier gibt es dann einen Unterschied zwischen nüchternem theoretischen Wissen und wahrem Jñāna – es ist eine Sache, diese Tatsachen zu kennen, weil man die Weisheit der Rishis oder die Werke der modernen Physik studiert hat, und eine andere, sie zu *wissen*, weil man sie erfahren hat. Auf dieser Erfahrungsebene geht Glauben in Wissen über, und Intellektualität wird Weisheit. Und worin besteht diese Erfahrungsebene? Lassen Sie mich ein Beispiel anführen. Sie besitzen vielleicht ausgezeichnete physikalische Kenntnisse über die sonderbare Welt innerhalb (und jenseits) des Atoms oder ein tiefgreifendes Verständnis der Veden oder der buddhistischen Lehre und «wissen», daß die Welt der Erscheinungen im wesentlichen leer ist. Doch haben Sie auch jemals innegehalten und erkannt – und mehr noch, *erfahren* –, daß Ihr eigener Körper auf eben diese Weise leer ist? Die Atome, aus denen er sich zusammensetzt, sind nicht substantieller als die Atome, aus denen ein Stuhl oder ein Tisch besteht. Ihr Körper ist genauso sehr Māyā wie der Boden, auf dem Sie gehen.

Meditation über Weite

Wenn wir uns erst einmal theoretisches Wissen über Formlosigkeit angeeignet haben, bewegen wir uns gewissermaßen in ein «Spiegel-Stadium» hinein, in dem wir dieses Wissen in unserem Geist reflektiert sehen. Doch darüber, wie man über dieses Stadium hinausgehen kann, sind weniger klare Richtlinien möglich als die, die man zur Anwendung anderer Meditationstechniken geben kann, denn von ihrer Natur her ist die Meditation über Formlosigkeit jenseits von Worten und Begriffen. Sobald der Medierende das Mantra oder die Visualisierung hinter sich läßt, kann Formlosigkeit von alleine aufkommen, aber es gibt auch Zeiten, in denen der Meditierende das Gefühl hat, festzusitzen in dem, was manchmal als der «schreckliche Raum zwischen Himmel und Erde» bezeichnet wird (siehe Herrigel, *Zen in der Kunst des Bogenschießens*).

Während einer solchen Zeit kann die Meditation über Weite dem Geist helfen, ohne einen bestimmten Meditationsgegenstand zu arbeiten. Richten Sie Ihr Bewußtsein auf den Punkt etwas oberhalb und zwischen den Augenbrauen (auf das «dritte Auge», das auch in der Visualisierungspraxis eine Rolle spielt – siehe 7. Kapitel), und werden Sie sich an dieser Stelle des Nichts bewußt, das, wenn nötig, durch eine leere Wand symbolisiert werden kann. Aufkommende Gedanken werden nicht wie beim Zazen beobachtet oder zur Kenntnis genommen, Sie lassen sie vielmehr vorüberziehen wie das Stimmengemurmel einer Unterhaltung im Nebenraum. Je mehr Sie in dieser Weite zentriert sind, desto weniger aufdringlich wird das Stimmengemurmel sein, bis es schließlich gänzlich verstummt und die Weite alle Dinge umschließt, als wäre sie die Ewigkeit-Unendlichkeit selbst.

Neti – «Nicht dies»

Der Vedānta lehrt auch, daß im Zentrum der wahren Jñāna-Praxis das hinduistische Konzept von Neti, «nicht dies» steht, und fordert uns auf, über jedes einzelne körperliche und geistige Merkmal, das wir üblicherweise für unser «Ich» halten, hinauszugehen. Dabei nähern wir uns unserem wahren Wesen auf dieselbe Weise, auf die der Vedānta sich der höchsten Wirklichkeit nähert, also eher anhand dessen, was nicht ist, als anhand desen, was ist – *Neti, Neti,* «nicht dies, nicht das». Nachdem wir mittels der uns vertrauten Praxis Sammlung und Stille erlangt und die zweite der oben erwähnten vierzehn Stufen («Dauer-Grundeinstellung») erreicht haben, verlagern wir die Aufmerksamkeit auf den Körper und nehmen ihn in seiner ganzen massiven Präsenz war. Wie ein Mantra läßt man nun das folgende Thema anklingen und wiederholt durch das Bewußtsein ziehen: «Ich habe einen Körper, aber ich bin nicht dieser Körper.» Man versucht nicht, das Körperbewußtsein «aufzulösen». Statt dessen erwächst, während die Meditation sich vertieft, die von Gefühl und Verstand getragene

Objektive Meditation II

Erkenntnis, daß der Körper zwar ein geliebter und geschätzter Besitz ist, aber nicht das, was wir wirklich sind. Eines Tages wird unser Körper sterben und sich auflösen, aber unser essentielles Bewußtsein wird bleiben.

Sobald der Meditierende diese Erkenntnis erlangt hat (das kann schnell gehen oder viele Sitzungen in Anspruch nehmen), wendet er seine Aufmerksamkeit den Gedanken zu, die an der Oberfläche des Geistes ihr Schattentheater spielen, und läßt nun dieses Thema anklingen: «Ich habe Gedanken, aber ich bin nicht die Gedanken.» Wie bei der Übung mit dem Körper wird dieser Satz so oft wiederholt, bis sich diese Erkenntnis einstellt, daß Gedanken, so wichtig und wertvoll sie auch sind, nicht wir sind. Die Gedanken kommen und gehen, während das Beobachten andauert, so wie die Zuschauer in einem Theater ausharren, während vor ihnen die Szenen und Auftritte wechseln. Ist diese Erkenntnis gefestigt, wendet der Meditierende sein Bewußtsein dem Ego zu, dem gesamten kleinen Ich mit all seinen wechselnden Stimmungen, Gefühlen, Einstellungen, Vorlieben und Abneigungen, und läßt ein drittes Thema laut werden: «Ich habe ein Ego, aber ich bin nicht das Ego» (oder, wenn Ihnen das besser gefällt: «Ich habe ein Ich, aber ich bin nicht das Ich», s. Kasten 18).

Durch diese Übung bekommt man ganz allmählich ein Gefühl dafür, daß das eigene Sein sehr viel mehr ist als diese Attribute, die zwar zu ihm gehören, aber kommen und gehen, aus der Leere aufsteigen und in die Leere zurückkehren wie die übrige phänomenale Welt. Gedanken kommen und gehen, Gefühle und Stimmungen kommen und gehen, Einstellungen und Meinungen kommen und gehen, das Körperbewußtsein kommt und geht, das Ein- und Ausatmen kommt und geht, das Bewußtsein selbst kommt und geht mit dem Wachen und dem Schlafen. Alles ist in einem Zustand des Entstehens und Vergehens mit Ausnahme des anhaltenden Gewahrseins, das bei sehr weit fortgeschrittenen Menschen sogar während des Schlafs ununterbrochen bestehen bleiben soll.

Diese Erkenntnis hat nichts Beängstigendes. Sie macht es möglich, daß wir, wenn auch vielleicht nur für kurze Momente, sehen, wie eingeschränkt unsere normale Weltsicht ist, wie isolierend und behindernd. Denn dieser Weltsicht zufolge wartet die Wirklichkeit «dort draußen», selbst wenn es uns gut geht, nur darauf, uns herauszufor-

KASTEN 18:

Neti im Christentum

Auch das Christentum lehrt den Pfad des Neti. Eine der größten Offenbarungen meines Lebens war die Erkenntnis, daß das Christentum dieselben Einsichten in sich birgt, die auch dem östlichen Denken seinen Adel verleihen. Einige dieser Einsichten habe ich bereits im 5. Kapitel in meiner Erörterung des Gnostizismus dargelegt, doch bezeichnet Neti noch ein weiteres Element innerhalb des Reichtums der christlichen Lehre. In den Schriften der Mystiker, zum Beispiel in jenen des anonymen Verfassers, der sich den griechischen Namen *Dionysios* gab, zeigt sich am deutlichsten, daß das Christentum neben einer *via positiva* auch immer eine *via negativa* gekannt hat. Der Pfad der *via negativa* hat ihren Ausgangspunkt in der «Unfaßbarkeit» Gottes. Solange sich Gott nicht der Schöpfung offenbart, wird immer eine Wolke des Nichtwissens wie ein Schleier zwischen Ihm/Ihr und uns bleiben. Die *via negativa* folgt der Ansicht, daß jede Beschreibung Gottes, wie erhaben sie auch sein mag, zwangsläufig eine menschliche ist. Wolters schreibt in seinem Kommentar zur *Wolke des Nichtwissens*:

> Jede Beschreibung, wie erhaben auch immer, ist unausweichlich eine menschliche und kann wegen dieser wesenhaften Verschiedenheit weder genau noch angemessen sein. Wenn wir sagen, [Gott] sei «groß» oder der «Allerhöchste» oder eine «Person» oder «gut», benutzen wir Worte, die nur in einem menschlichen Kontext richtig verstanden werden können, Worte, die «du» und «ich» trennen und jeden von uns von seinem Nächsten. Offensichtlich können wir so nicht von Gott sprechen... Gott kann nicht groß oder hoch oder persönlich oder gut in unserem Wortsinn sein. Er... ist soviel

> mehr als all das, daß wir wahrhaftiger sprechen, wenn wir sagen, Er sei nichts davon und sei negativ angemessener beschrieben als positiv. Wenn der Geist Ihm gegenübertritt... gelangt er in eine Wolke des Nichtwissens. (*The Cloud of Unknowing and Other Works*, S. 17.)
>
> Hätte Wolters noch berücksichtigt, daß Gott auch nicht mehr «Er» sein kann als «Sie» oder mehr «Sie» als «Er», dann wäre seine Darlegung der *via negativa* – und unser Erkennen ihres Einsseins mit dem «Neti, Neti» – so vollständig, wie es in Worten nur möglich ist.

dern, uns Fallen zu stellen und dessen zu berauben, von dem wir glauben, es gehöre uns, und uns auszustechen. Noch die Menschen, die wir am meisten lieben, erinnern uns daran, daß wir ständig von Verlust bedroht sind. Obwohl unser Blick auf die Formlosigkeit, auf die Einheit, nur auf einen einzigen zeitlosen Augenblick beschränkt sein mag, wird er uns zeigen, daß diese bruchstückhafte Weltsicht nicht die wirkliche ist, daß unsere Existenzangst eher auf Verblendung als auf klares Sehvermögen schließen läßt. Und was immer auch nach diesem Blick auf die Formlosigkeit entstehen mag, wir werden niemals mehr ganz aus den Augen verlieren, was sich uns enthüllt hat.

Es gibt diese Übung noch in einer anderen Form, die besonders im Buddhismus praktiziert wird. Dabei meditieren Sie über ein Objekt (oder denken bewußt darüber nach, falls Sie das vorziehen). Jeder Gegenstand ist möglich, aber für den Anfang ist ein Tisch gut geeignet. Ein Tisch besteht aus einer Platte und vier Beinen. Visualisieren Sie einen Tisch, wenn Sie möchten. Nun nehmen Sie ein Bein weg. Jetzt noch eins. Nun ein weiteres und dann noch eins, bis nur noch die Platte übrigbleibt. Haben Sie immer noch einen Tisch? Falls nicht, wohin ist der Tisch gegangen? Sie haben *ihn* nicht weggenommen. Alles was Sie weggenommen haben, waren die vier Beine. Warum also haben Sie keinen Tisch mehr? Was ist ein «Tisch»? Wiederholen Sie diese Übung, doch nehmen Sie diesmal zuerst das Oberteil des Tisches weg. Haben Sie nun einen Tisch oder nur vier Beine? Wenn

Wer bin ich?

Sie keinen Tisch haben, wohin ist er verschwunden? Schließlich: Was *ist* der Tisch?

Machen Sie das über mehrere Meditationssitzungen hinweg mit so vielen Gegenständen, wie Sie möchten, aber übereilen Sie nicht das «Zerlegen» der Objekte. Nehmen Sie die Bedeutung Ihres Tuns tief in sich auf. Zerbrechen Sie sich aber nicht den Kopf. Beobachten Sie einfach nur. Nach einer Weile werden Sie ganz plötzlich erkennen, daß «Tisch», «Körper» und all die anderen Objekte nur geistige Konstrukte sind. Für sich allein besitzen sie keine dauerhafte, unveränderliche Existenz. Und aus dieser Erkenntnis erwächst die Erfahrung der Formlosigkeit aller Dinge.

Wenn diese unmittelbare Erkenntnis aufsteigt, blicken Sie nicht mehr länger in einen Spiegel. Ihr Bewußtsein ist nun, bildlich gesprochen, ganz und gar außerhalb der «Dinge» und beginnt, in die Wirklichkeit hineinzuschauen. Die flüchtigen Einblicke, das Gefühl von *Wissen*, mögen zunächst nicht lange anhalten. Doch zweifeln Sie nicht an den Einsichten, die sie Ihnen vermitteln. Bleiben Sie bei der Übung, und sie wird sich allmählich vertiefen.

Wer bin ich?

Mit der Technik des Neti eng verbunden ist eine andere, von einem weiteren großen Hindu-Weisen, Ramana Maharshi, hervorgehobene Technik (siehe Mahadevan: *Ramana Maharashi*). In gewissem Sinne gehört sie in das 8. Kapitel, denn «Wer bin ich?» ist das grundlegende Kōan, von dem alle anderen Kōan abgeleitet sind. Doch andererseits gehört sie in jedes Kapitel, denn, wie ich zu Anfang ausführte, die Frage «Wer bin ich?» steht im Mittelpunkt jeder Meditation.

Ramana Maharshi lehrte, daß man in der Meditation die Frage «Wer bin ich?» als Gegenstand der Sammlung nehmen und mit ihr auf die im 8. Kapitel beschriebene Weise üben kann. Doch gilt auch hier wie bei allen Kōan: Suchen Sie nicht nach einer intellektuellen Antwort. Halten Sie die Frage in Ihrem Geist wie ein Rätsel, von dem Sie wissen, daß es darauf eine Antwort *gibt,* eine Antwort, die sich auf die ihr eigene Art und in der ihr eigenen Zeit zeigen wird, eine Antwort, die man durch eigene Erwartungen weder vorwegnehmen noch verdun-

Objektive Meditation II

keln darf, eine Antwort, die da ist, wie ein Berggipfel, der allmählich durch den morgendlichen Dunst hindurch sichtbar wird.

Sie können mit der Frage «Wer bin ich?» auch zu zweit üben, wie dies im Kasten auf Seite 211 beschrieben wurde. Ramana Maharshi lehrte auch, daß wir uns jedesmal, wenn wir uns als Täter einer Handlung begreifen, fragen sollten: «Wer ist es, der dies tut?» – «Wer ist es, der ißt?» – «Wer ist es, der geht?» – «Wer ist es, der wütend, traurig oder glücklich ist?» Und selbst wenn wir uns über Fragen der letzten Wahrheit, über Leben und Tod den Kopf zerbrechen, sollten wir bedenken: «Wer ist es, der diese Fragen stellt?» Anders gesagt: Wir müssen alle unsere Fragen zurück auf uns selbst richten.

Sie werden die Frage «Wer bin ich?» vermutlich zuerst damit beantworten, daß Sie Ihren Namen nennen, doch ein Name ist nur ein Etikett, das Ihnen bei Ihrer Geburt von anderen Menschen gegeben wurde. Das kann nicht das sein, was Sie sind. Als nächstes versuchen Sie sich vielleicht über Ihre Beziehungen zu definieren – als Ehefrau, Ehemann, Geliebte, Geliebter oder als ein Elternteil; doch Beziehungen entwickeln sich fortwährend, sie wachsen und verändern sich. Das kann es auch nicht sein, was Sie sind. Dann betrachten Sie sich vielleicht in bezug auf körperliche und psychische Merkmale – Ihr Alter, Ihre Vorlieben und Abneigungen, Ihr Temperament oder Ihre Eigenschaften. Doch auch hier gibt es ständigen Wechsel und unablässige Veränderung. Gehen Sie ein paar Jahre zurück oder auch nur ein paar Monate oder Wochen, und Sie werden bei einigen dieser Merkmale ziemlich grundlegende Veränderungen finden. Waren Sie in der Vergangenheit weniger «Sie», als Sie es jetzt sind?

Wenn Sie diese Übung weit genug verfolgt haben, wird Sie schließlich das Gefühl überkommen, gar nichts mehr zu wissen. Obwohl Sie all diese Jahre mit sich selbst verbracht haben und obwohl Sie so viel über andere Dinge wissen, wissen Sie tatsächlich nicht, wer Sie sind. Bleiben Sie bei diesem «nicht wissen». Suchen Sie nicht nach anderen Formeln, nach anderen Worten. Bleiben Sie bei dem Gefühl von «nicht wissen». Meditieren Sie über dieses Gefühl. Falls es verblaßt, wenden Sie sich den Antworten wieder zu, die Sie anfangs gegeben haben, und erkennen Sie ein weiteres Mal, wie wenig zufriedenstellend sie sind. Meditieren Sie dann wieder über «nicht wissen». Ebenso wie bei «Mu» (8. Kapitel) kann auch hier die Antwort nicht durch intellektuelle Spekulationen gefunden werden, sondern nur durch die unmittelbare Wirklichkeit des Erlebens.

Der letzte Schritt im Jñāna

Die Erkenntnis der Wahrheit des eigenen Seins führt uns in den Bereich der Formlosigkeit, das Ziel von Jñāna, den Nirvikalpa-Samādhi der formlosen Versenkungen, die reine Erfahrung ohne ein getrenntes, individuelles Ich, das diese Erfahrung macht. Aber auch dieses Ziel ist noch nicht das Ende. Der Meditierende muß diese Erkenntnis nun ins tägliche Leben, in die Welt der Formen zurücktragen. Nicht als Rezept, das man anderen vermitteln kann – wir haben oft genug gesehen, daß man sie nicht in Worte fassen kann –, sondern als gelebte Erfahrung. Wie kann man das erreichen? Nur indem man diesen Einblick in die höchste Wirklichkeit mit der relativen Wirklichkeit, in der wir auf dieser Erde leben, in Einklang bringt. Im erhabenen Zustand des Nirvikalpa-Samādhi zu verbleiben würde bedeuten, die letzte Prüfung nicht bestanden zu haben, denn man würde die Tatsache leugnen, daß die Welt der Formen Teil der Wirklichkeit ist, daß Samsāra und Nirvāna letztendlich eins sind, wie der Buddha lehrte. Dieses Leugnen würde bedeuten, daß man die höchste Ebene des Nirvikalpa-Samādhi nicht erreicht hat, da man sich immer noch in der Welt der Dualität befindet, in der Welt von dies *oder* das, statt in der Welt von dies *und* das. Einmal mehr hätten sich Gegensätze gebildet und, wie der Buddha lehrte: «Wo Gegensätze sich erheben, da ist der Buddha-Geist verloren.»

Die formlose Welt mit der Welt der Formen in Einklang zu bringen ist wie die Frage: «Hat mein Körper eine ‹Form›?» Die Antwort lautet, daß er sicherlich eine Form hat, obwohl sie nicht das ist, was ich bin, und sie Wandel, Wachstum und schließlich dem Verfall unterworfen ist. Ich *habe* einen Körper, und ich *habe* bestimmte Merkmale. Was aber bedeuten sie dann? Sie können nichts anderes sein als *Symbole der Wirklichkeit,* so wie die Formen im Sand Symbole des Klangs sind, der sie hervorgebracht hat.

Hinter dieser Erkenntnis steht das Wissen, daß die Welt der Formen aus der Formlosigkeit der höchsten Wirklichkeit hervorgeht und so-

Objektive Meditation II

mit die Welt der Form und die Welt der Formlosigkeit in Wahrheit verschiedene Aspekte ein und derselben Sache sind. Samsāra und Nirvāna sind eins, wie der Buddha lehrte. Der Kreis hat sich geschlossen, und eine letzte Wirklichkeit ist enthüllt, die nicht nur das Sein, sondern auch das Nicht-Sein umschließt. Und mit dieser Enthüllung schwinden auch die Gegensätze, aus denen weltliche Erfahrungen gebildet zu sein scheinen, es schwindet das «Entweder-Oder» des täglichen Lebens. Sogar Leben und Tod werden als Eins gesehen, und durch diese Erkenntnis überschreitet der Geist Zweifel und Furcht, Sterblichkeit und Unsterblichkeit, Ich und Nicht-Ich und geht in die ungeheure Weite des Seins ein. Im *Mahāprajñāpāramitā-Hridaya-Sūtra* («Herz-Sūtra der transzendenten Weisheit»), diesem großartigen buddhistischen Jñāna-Text, wird dies folgendermaßen ausgedrückt:

Gate gate pāragate pārasamgate bodhi svāhā!

«Gegangen, gegangen, hinübergegangen, ganz und gar hinübergegangen, welch ein Erwachen, Heil!»

Abschließende Betrachtung

Wenn man sich mit den verschiedenen in den vorangegangenen Kapiteln beschriebenen Meditationsformen befaßt, wird das eine System ganz deutlich, aus dem alle anderen wie Triebe aus einer einzigen Wurzel hervorgehen, wachsen und gedeihen. Was kann zusammenfassend und abschließend über dieses eine System gesagt werden? Mindestens sechs Dinge:

1. Für die Meditation wesentlich sind die aufeinanderfolgenden Stufen Sammlung, Stille und Einsicht. Ohne Sammlung, die eins-gerichtete Aufmerksamkeit auf den Brennpunkt des Gewahrseins, können wir die verstreuten Bruchstücke unseres Geistes nicht zusammenbringen und Stille entstehen lassen. Ohne Stille können wir nicht die Offenheit und Klarheit erfahren, in der es zur Einsicht kommen kann. Und ohne Einsicht kann unsere Übung nicht über tiefe Entspannung hinausgehen.

2. Einsicht führt uns in die innere Welt unseres Geistes. In dieser inneren Welt müssen wir auf den Intellekt verzichten, wenn wir Fortschritte machen wollen. Die Sprache dieser inneren Welt ist intuitiv und paradox, und sie drückt sich durch Symbole, Bilder, Klänge und die Irrationalität der Kōan aus. In dieser inneren Welt müssen wir logisches Hinterfragen zeitweilig ausschließen und das, was dort erscheint, annehmen, «als wäre» es wirklich. Die Gottheiten oder Kräfte, die wir in dieser inneren Welt erfahren, werden durch die Aktivitäten unseres Geistes und der allem zugrundeliegenden schöpferischen Wirklichkeit, deren Symbole sie sind, geschaffen.

3. Damit Meditation wirksam sein kann, muß sie Teil unseres Lebens werden. Das gilt nicht nur in bezug auf die Regelmäßigkeit unserer

Abschließende Betrachtung

Übung, sondern auch hinsichtlich der Bedeutung, die wir dem Rāja-Yoga des Geistes beimessen. Wir müssen diesen Rāja-Yoga darüber hinaus in den Rahmen des Karma-Yoga (der uns unsere Handlungen bewußt macht), das Bhakti-Yoga (der in uns die Kraft der Liebe und Barmherzigkeit erweckt) und des Jñāna-Yoga (der in uns zu Weisheit und Verstehen führt) stellen.

4. Das kleine Ich, das Ego, diese angelernte Person, die wir zu sein glauben, ist ein Hindernis für unsere Entwicklung. Dieses kleine Ich wird in der Meditation fallengelassen, wenn der Geist sich auf das meditative Gewahrsein ausrichtet. Dafür bringt uns die Meditation mit einem sehr viel tieferen Empfinden unseres Seins in Verbindung, die unser Menschsein wandelt – sowohl in unserer Beziehung zu uns selbst als auch in unseren Beziehungen zu anderen.

5. Auf einer tieferen Ebene lösen alle Meditationsformen die Grenze zwischen innen und außen, zwischen unserem Geist und dem universalen Geist auf, ganz gleich, ob wir diesen universalen Geist nun als Gott, Nirvāna, En Sof oder Brahman bezeichnen oder ihn bei einem anderen Namen nennen, unter dem er der Menschheit bekannt ist.

6. Auf einer noch tieferen Ebene kommt es zu einer Ausdehnung unseres begrenzten Geistes in die Unendlichkeit des universalen Geistes hinein, eine Ausdehnung, die keine Auslöschung bedeutet, keinen Verlust der Individualität, sondern eine Wirklichkeit, in der die Unterscheidung zwischen Individualität und Einheit, zwischen allen Gegensätzen nicht nur verschwindet, sondern als etwas erkannt wird, das niemals wirklich existiert hat.

Wenn wir das System erkennen, das allen Systemen zugrunde liegt, wird uns klar, warum Aldous Huxley (siehe zum Beispiel Isherwood, *Vedanta for the Western World*) von ihm als «der immerwährenden Weisheit» sprach, einer Weisheit, die uns von den großen spirituellen Lehrern beständig vor Augen geführt werden muß, und die wir dann in unserem Herzen wiederentdecken müssen. Nach dem Tod großer Lehrer, die diese Weisheit weitervermittelt haben, kam es jedesmal allmählich zu einem Niedergang der Lehren; sie verloren sich unter

Abschließende Betrachtung

einer Unzahl von Dogmen, Ritualen und dem persönlichen Machtstreben von Anhängern, denen sie zur sicheren Bewahrung anvertraut waren. Daher besteht für uns alle die Notwendigkeit, uns nach innen zu wenden und den Pfad in die innere Welt zu gehen, den diese Lehrer für uns vorgezeichnet haben, dorthin, wo diese Weisheit immer gegenwärtig ist.

Dieser Pfad heißt Meditation. Wie weit wir auf ihm kommen, hängt von einer Reihe von Dingen ab: von den Gelegenheiten, die sich uns bieten, von körperlicher Gesundheit und Kraft, von der Unterstützung durch eine Gemeinschaft Gleichgesinnter und – ganz entscheidend – von der Stärke unserer Motivation. Doch wie schwach Ihre Motivation auch immer scheinen mag: Wenn Sie den Pfad erst einmal betreten haben, gibt es keinen Weg mehr zurück. Es wird Zeiten in Ihrem Leben geben, in denen Sie regelmäßig meditieren, und Zeiten, in denen es ein Kampf ist, auch nur die geringste Motivation zu entwickeln oder den geistigen und physischen Raum zu finden, um auch nur einmal in der Woche zu sitzen. Es wird Zeiten geben, in denen Ihr Geist ruhig und klar bleibt und in dem Gewahrsein ruht, das mit der Meditation einhergeht, und andere Zeiten, in denen er unaufhörlich vor sich hin plappert und Sie das Gefühl haben, weder Fortschritte gemacht zu haben, noch jemals welche zu machen. Aber wenn Sie erst einmal den Pfad der Meditation betreten haben, werden Sie ihn niemals wieder ganz verlassen; und selbst wenn Sie eine Weile von ihm abweichen, werden Sie den Weg zurück nie ganz vergessen.

Der Pfad der Meditation ist ein Weg, der mit dem Fluß des Lebens selbst in Einklang steht; ein Weg, der dem schöpferischen *Geist* bis zu seinem Ursprung folgt, jenem *Geist*, der allem, was wir tun, zugrunde liegt und unser Leben von Augenblick zu Augenblick trägt und erneuert – der *Geist*, kurz gesagt, der das ist, was das Leben wahrhaft *ist*. Je mehr wir uns dessen bewußt werden, desto merkwürdiger erscheint es uns, daß wir auf dieser Erde einen Tag nach dem anderen verbringen, ohne zu wissen, was es heißt, lebendig zu sein. Wir sind lebendig, Tag für Tag, Stunde um Stunde, Minute für Minute. Doch was bedeutet dieses Lebendigsein? Wir sind so abgelenkt und verwirrt von dem, was um uns herum in der Außenwelt geschieht, von den Anforderungen, die an uns gestellt werden, von den Dingen, die man zu uns und über uns sagt, daß wir von unserer wahren Natur ganz abgetrennt

Abschließende Betrachtung

sind. Die durch Meditation herbeigeführte mystische Vermählung unseres materiellen und unseres spirituellen Ich beendet diese Trennung. In dieser mystischen Hochzeit verwandelt der Alchimist in uns das unedle Metall in Gold, unsere Seele hört die Stimme Gottes, der Buddha-Geist verwirklicht das Nirvāna, der Magier erfährt den aufsteigenden Flug des Horus in das Licht der Ewigkeit, und Malkuth vereinigt sich schließlich mit Kether und geht in die unendliche Welt des En Sof ein.

Anmerkungen

1 *Buddhist Meditation*, S. 11.
2 *Wandlung durch Meditation*, S. 177.
3 *Wovon der Buddha nichts erzählte*, S. 219f.
4 *Man and His Symbols*, S. 4.
5 *Buddhist Meditation*, S. 19.
6 *Deutsche Predigten und Traktate*, S. 354, 184.
7 *The Power of Myth*, S. 71.
8 *Zen Master Dogen*, S. 58.
9 *Geheimnis der Goldenen Blüte*, S. 124f.
10 *The Last Barrier*, S. 115f.
11 *Der Weg der leeren Hand*, S. 62.
12 *Moving Zen*, S. 111.
13 *Yoga Sutras*, S. 42.
14 *Zen-Training*, S. 110.
15 Sekida/Grimestone: *Two Zen Classics*, S. 29.
16 *Koan*, S. 120.
17 Gundert: *Bi-Yän-Lu*, S. 241, 244.
   Gundert verwendet hier eine nicht mehr gebräuchliche Umschrift des Chinesischen. In der Wade-Giles-Umschrift, die zwar ebenfalls veraltet ist, aber dem Leser noch am ehesten vertraut sein dürfte, lauten die hier vorkommenden Werktitel und Personennamen: *Pi-yen-lu* (jap. *Hekiganroku*), Hsüeh-tou (jap. Setchō) und Chaochou (jap. Jōshū). (Anm. d. Übers.)
18 *Koan*, S. 90.
19 *Practical Buddhism*, S. 48.
20 Ebenda, S. 49.
21 S. 19f.
22 Zitiert in Suzuki, *Koan*, S. 192.
23 *The Tree of Life*, S. 86f.
24 *Search in Secret Egypt*, S. 183.
25 *The Tree of Life*, S. 246.
26 *Sri Ramakrishna and His Unique Message*, S. 88.
27 *Condensed Gospel of Sri Ramakrishna*, S. 194.
28 Ebenda, S. 51.
29 Ebenda, S. 89.
30 Ghanananda, S. 92f.
31 *Ramakrishna Lives Vedanta*, S. 267.
32 «Odyssey», S. 84.

Literaturverzeichnis
(Quellen und weiterführende Literatur)

Anderson, W.: *Das offene Geheimnis,* Der tibetische Buddhismus als Religion und Psychologie, Bern u. a. (O. W. Barth) 1981.
Apuleius, L.: *Der goldene Esel,* Zürich (Manesse) 1984.
Ashcroft-Nowicki, D.: *The Forgotten Mage,* The Magical Lectures of Colonel C. R. F. Seymour, Aquarian Press, 1986.
Bankei, Meister: *Die Zen-Lehre vom Ungeborenen,* Bern u. a. (O. W. Barth) 1988.
Barlow, W.: *Die Alexander-Technik,* München (Kösel) 1989.
Benson, H.: *The Relaxation Response,* Collins, 1977. Deutsch: *Gesund im Streß,* Eine Anleitung zur autosuggestiven Entspannung, Berlin (Ullstein) 1978.
Blache, J., u. a.: *Die Wege des Yoga,* Die Grundgedanken der großen Schulen der Yoga-Tradition, Bern u. a. (O. W. Barth) 1990.
Blofeld, J.: *Mantra – Die Macht des heiligen Lautes,* Bern u. a. (O. W. Barth) 1988.
–: *Selbstheilung durch die Kraft der Stille,* Übungsanleitungen zur Wiedergewinnung des inneren Gleichgewichts mit altbewährten Meditationsmethoden, Bern u. a. (O. W. Barth) 1981.
–: *Der Weg zur Macht,* Praktische Einführung in Mystik und Meditation des tantrischen Buddhismus, Weilheim (O. W. Barth) 1970.
Brunton, P.: *A Search in Secret Egypt,* Rider, 1989.
Budge, Sir E. A. W.: *Egyptian Magic,* Routledge and Kegan Paul, 1972.
Buddhananda, Swami: *Teachings of Sri Ramakrishna,* Advaita Ashrama, 1975.
Bütler, R.: *Die Mystik der Welt,* Quellen und Zeugnisse aus vier Jahrtausenden, Bern u. a. (O. W. Barth) 1992.
Campbell, J./Moyers, B.: *The Power of Myth,* Doubleday, 1988. Deutsch: *Die Kraft der Mythen,* München (Artemis) 1989.
Castaneda, C.: *Eine andere Wirklichkeit,* Neue Gespräche mit Don Juan, Frankfurt/M (Fischer) [18]1992.
–: *Das Feuer von innen,* Frankfurt/M (Fischer) [5]1992.
–: *Die Kraft der Stille,* Neue Lehren des Don Juan, Frankfurt/M (Fischer) 1992.
–: *Die Kunst des Pirschens,* Frankfurt/M (Fischer) 1982.
–: *Die Lehren des Don Juan,* Ein Yaqui-Weg des Wissens, Frankfurt/M (Fischer) 1973.
–: *Reise nach Ixtlan,* Die Lehre des Don Juan, Frankfurt/M (Fischer) [18]1992.
–: *Der Ring der Kraft,* Don Juan in den Städten, Frankfurt/M (Fischer) [14]1991.
–: *Der zweite Ring der Kraft,* Frankfurt/M (Fischer) 1979.
Chang Po-tuan: *Das Geheimnis des Goldenen Elixiers,* Die «innere Lehre» des Taoismus von der Verschmelzung von Yin und Yang, Bern u. a. (O. W. Barth) 1990.
Cheng Man-ch'ing: *Ausgewählte Schriften zu T'ai Chi Ch'uan,* Basel (Sphinx) 1988.
–: *Dreizehn Kapitel zu T'ai Chi Ch'uan,* Basel (Sphinx) o. J.
– /Smith, R. W.: *Tai Chi: The Supreme Ultimate,* Exercise for Health, Sport and Self-Defense, Weaterhill, [2]1967.

Literaturverzeichnis

Chidbhavananda, Swami: *Ramakrishna Lives Vedanta*, Sri Ramakrishna Tapovana, ²1971.
Chögyam, Ngakpa: *Der Biß des Murmeltiers*, Paderborn (Junfermann) 1993.
–: *Der fünffarbige Regenbogen*, Energiearbeit mit der Farb- und Elementsymbolik des tibetischen Tantra, Freiburg i. Br. (Bauer) 1988.
–: *Reise in den inneren Raum*, Paderborn (Junfermann) 1990.
Cleary, Th. (Hrsg.): *Der Mond scheint auf alle Türen*, Zen-Aphorismen großer Meister über die Kunst des Lebens aus innerer Freiheit, Bern u. a. (O. W. Barth) 1992.
–: *Das Tao der weisen Frauen*, Der weibliche Weg der inneren Entwicklung, Bern u. a. (O. W. Barth) 1993.
–: *Zen in der Kunst der Menschenführung*, Ein Zen-Ratgeber aus dem alten China, Bern u. a. (O. W. Barth) 1990.
Conze, E.: *Buddhist Meditation*, Unwin, 1972.
– (Übers.): *The Short Prajnaparamita Texts*, Luzac and Co., 1973.
Cooper, J. C.: *Illustriertes Lexikon der traditionellen Symbole*, Wiesbaden (Drei Lilien) 1988.
–: *Was ist Taoismus?*, Bern u. a. (O. W. Barth) 1993.
Crook, J.: *Catching a Feather On A Fan*, A Zen Retreat with Master Sheng Yen, Element Books, 1991.
– /Fontana, D. (Hrsg.): *Space in Mind*, East-West Psychology and Contemporay Buddhism, Element Books, 1990.
Cox, M.: *Mysticism*, The Direct Experience of God, Aquarian Press, 1983.
Dalai Lama XIV.: *Das Auge der Weisheit*, Grundzüge der buddhistischen Lehre für den westlichen Leser, Bern u. a. (O. W. Barth) 1975.
–: *Der Friede beginnt in dir*, Bern u. a. (O. W. Barth) 1994.
Dargyay, E./Gesche Lobsang Dargyay: *Das Tibetische Buch der Toten*, Bern u. a. (O. W. Barth) 1977.
Dunne, D.: *Yoga Made Easy*, Panther, 1965.
Evans-Wentz, W. Y. (Hrsg.): *Das Tibetanische Totenbuch*, Olten (Walter) 1971.
– (Hrsg.): *Tibetan Yoga and Secret Doctrines*, Oxford University Press, 1967. Deutsch: *Yoga und Geheimlehren Tibets*, München (O. W. Barth) 1937.
– (Hrsg.): *The Tibetan Book of the Great Liberation*, Oxford University Press, 1968. Deutsch: *Das tibetische Buch der großen Befreiung*, München (O. W. Barth) 1955.
Feild, R.: *The Last Barrier*, Element Books, 1985. Deutsch: *Ich ging den Weg des Derwisch*, Frankfurt/M (Fischer) 1981.
Fontana, D.: *Dreamlife: Understanding and Using Your Dreams*, Element Books, 1990.
–: *The Elements of Meditation*, Element Books, 1991.
Gawler, I.: *Die Mitte finden*, Meditation leicht gemacht, Bern u. a. (O. W. Barth) 1990.
Ghanananda, Swami: *Sri Ramakrishna and His Unique Message*, Ramakrishna Vedanta Centre, 1970.
Godwin, J.: *Mystery Religions in the Ancient World*, Thames and Hudson, 1981.
Goldstein, J./Kornfield, J.: *Einsicht durch Meditation*, Die Achtsamkeit des Herzens – Buddhistische Einsichts-Meditation für westliche Menschen, Bern u. a. (O. W. Barth) 1989.
Goleman, D.: *Meditation: Wege nach innen*, Weinheim (Beltz) 1990.
Gouillard, J.: *Kleine Philokalie zum Gebet des Herzens*, Zürich 1957.
Govinda, Lama Anagarika: *Buddhistische Reflexionen*, Die Bedeutung von Lehre und Methoden des Buddhismus für westliche Menschen, Bern u. a. (O. W. Barth) 1983.

Literaturverzeichnis

–: *Grundlagen tibetischer Mystik,* Die geheime Lehre des Großen Mantra, Bern u. a. (O. W. Barth) 1975.
–: *Lebendiger Buddhismus im Abendland,* Bern u. a. (O. W. Barth) 1986.
–: *Schöpferische Meditation und Multidimensionales Bewußtsein,* Freiburg i. Br. (Aurum) 1977.
Grant, P. (Hrsg.): *A Dazzling Darkness,* An Anthology of Western Mysticism, Fount Books, 1985.
Guirdham, A.: *The Great Heresy,* Neville Spearman, 1977.
Gundert, W. (Übers.): *Bi-Yän-Lu, Meister Yüan-wu's Niederschrift von der Smaragdenen Felswand,* Frankfurt/M und Berlin (Ullstein) 1983.
Gupta, M.: *The Condensed Gospel of Sri Ramakrishna,* Sri Ramakrishna Math, 1978. Deutsch: *Das Vermächtnis,* Bern u. a. (O. W. Barth) 1981.
Halifax, J. (Hrsg.): *Shamanic Voices,* A Survey of Visionary Narratives, Dutton, 1979. Deutsch: *Die andere Wirklichkeit der Schamanen,* Bern u. a. (O. W. Barth) 1981.
Hamilton-Merritt, J. A.: *Wandlung durch Meditation,* Düsseldorf (Econ) 1990.
Hanson, V. (Hrsg.): *Approaches to Meditation,* Quest Books, 1976.
–: *Karma,* Wie unser Tun zum Schicksal wird, Bern u. a. (O. W. Barth) 1992.
Harner, M.: *The Way of the Shaman,* Harper and Row, ³1990.
Hart, G. A.: *Dictionary of Egyptian Gods and Goddesses,* Routledge and Kegan Paul, 1986.
Harvey, A.: *Ins Innerste des Mandala,* Reisen in Ladakh, München (Diederichs) 1985.
Hayward, J. W.: *Die Erforschung der Innenwelt,* Bern u. a. (O. W. Barth) 1990.
Herrigel, E.: *Zen in der Kunst des Bogenschießens,* Bern u. a. (O. W. Barth) 1983.
Hoffmann, J.: *The Sound of the One Hand,* Paladin Books, 1977. Deutsch: *Der Ton der einen Hand,* Bern u. a. (O. W. Barth) 1978.
Huang-po: *Der Geist des Zen,* Bern u. a. (O. W. Barth) 1983.
Hui-neng: *Das Sutra des Sechsten Patriarchen,* mit Erläuterungen des modernen japanischen Zen-Meisters Soko Morinage Roshi, Bern u. a. (O. W. Barth) 1989.
Huxley, A.: *Gott ist,* Essays über Religion, Mystik und Meditationslehren, Bern u. a. (Scherz) 1993.
Hyams, J.: *Der Weg der leeren Hand,* Zen in den Kampfkünsten, München (Droemer Knaur) 1991.
Isherwood, C. (Hrsg.): *Vedanta for the Western World,* Unwin, 1963.
Iyengar, B. K. S.: *Der Baum des Yoga,* Ein praktischer und spiritueller Begleiter auf dem Weg, die Kunst des Yoga zu erlernen, Bern u. a. (O. W. Barth) 1991.
–: *Licht auf Yoga,* Das grundlegende Lehrbuch des Hatha-Yoga, Bern u. a. (O. W. Barth) Neuausgabe 1993.
–: *Licht auf Pranayama,* Das grundlegende Lehrbuch der Atemschule des Yoga, Bern u. a. (O. W. Barth) 1984.
Iyengar, G.: *Yoga für die Frau,* Der Weg zu Gesundheit, Entspannung und innerer Kraft, Bern u. a. (O. W. Barth) 1993.
Jeans, Sir J.: *The Mysterious Universe,* Cambridge University Press, 1930. Deutsch: *Der Weltraum und seine Rätsel,* Stuttgart und Berlin (Deutsche Verlags-Anstalt) 1991.
Julian of Norwich, Mother: *Revelations of Divine Love,* Penguin Books, 1966.
Jung. C. G. (Hrsg.): *Man and His Symbols,* Pan Books, 1978. Deutsch: *Der Mensch und seine Symbole,* Olten (Walter) 1968.
Jungclaussen, E. (Hrsg.): *Aufrichtige Erzählungen eines russischen Pilgers,* Freiburg i. Br. (Herder) 1974.
Kabat-Zinn, J.: *Gesund und streßfrei durch Meditation,* Bern u. a. (O. W. Barth) 1991.

Literaturverzeichnis

Kalu Rinpoche: *Den Pfad des Buddha gehen,* Eine Einführung in die meditative Praxis des tibetischen Buddhismus, Bern u. a. (O. W. Barth) 1991.
Kalweit, H.: *Traumzeit und innerer Raum,* Die Welt der Schamanen, Bern u. a. (O. W. Barth) 1984.
Kapleau, Ph. (Hrsg.): *Die drei Pfeiler des Zen,* Bern u. a. (O. W. Barth) 1972.
Kelder, P.: *Die fünf Tibeter,* Wessobrunn (Integral) 1991.
Kennedy, A.: *Was ist Buddhismus?,* Bern u. a. (O. W. Barth) 1987.
Khema, Ayya: *Morgenröte im Abendland,* Buddhistische Meditationspraxis für westliche Menschen – Achtsamkeit und Einsicht als Schlüssel zur Inneren Freiheit, Bern u. a. (O. W. Barth) 1991.
Klein, J.: *Wer bin ich?* Gespräche über das wahre Sein mit einem europäischen Weisen unserer Tage, Bern u. a. (O. W. Barth) 1993.
Krpālvanand, Yogacarya Swami: *Science of Meditation,* Sri Dahyabhai Patel, 1977.
Lati Rinbochay/Denma Locho Rinbochay/Zahler, L./Hopkins, J.: *Meditative States in Tibetan Buddhism,* Wisdom Books, 1983.
Leibowitz, J./Connington, B.: *Die Alexander-Technik,* Bern u. a. (Scherz) 1991.
Das Lexikon des Buddhismus, hrsgg. von F.-K. Ehrhard und I. Fischer-Schreiber, Bern u. a. (O. W. Barth) 1992.
Lexikon der östlichen Weisheitslehren, Buddhismus – Hinduismus – Taoismus – Zen, Bern u. a. (O. W. Barth) 1986.
Das Lexikon des Zen, hrsgg. v. Michael S. Diener, Bern u. a. (O. W. Barth) 1992.
Lingwood, D.: *Das Buddha-Wort,* Eine Einführung in die buddhistische Literatur, Bern u. a. (O. W. Barth) 1992.
Liu I-ming: *Zum Tao erwachen,* Meditationen, Parabeln und Reflexionen – ein Kompendium taoistischer Weisheit, Bern u. a. (O. W. Barth) 1990.
Loyola, Ignatius von: *Geistliche Übungen,* Freiburg i. Br. (Herder) 1991.
Luk, C.: *Practical Buddhism,* Rider, 1971.
–: *The Transmission of the Mind Outside the Teachings,* Grove Press, 1975.
Mahadevan, R. M.: *Ramana Maharshi,* The Sage of Arunacala, Unwin, 1977.
Masunaga, R. (Übers.): *A Primer of Soto Zen,* Dogen's Shobogenzo Zuimonki, Routledge and Kegan Paul, 1972.
McDonald, K.: *Wege zur Meditation; Eine praktische Anleitung,* Arnstorf (Diamant) 1968.
Meher Baba: *Darlegungen über das Leben in Liebe und Wahrheit,* Die Unterweisungen eines universalen Weisheitslehrers, Bern u. a. (O. W. Barth) 1991.
Meister Eckhart: *Deutsche Predigten und Traktate,* hrsgg. v. Josef Quint, München (Hanser) 1963.
Monks of the Ramakrishna Order: *Meditation,* Ramakrishna Vedanta Centre ³1984.
Naranjo, C.: *How to Be,* Jeremy Tarcher, 1989.
/Ornstein, R. F. · *Psychologie der Meditation,* Frankfurt/M (Fischer) 1988.
Nicol, C. W.; *Moving Zen,* Bodley Head, 1975.
Olvedi, U.: *Das Stille Qi Gong (Yi Qi Gong),* Meditative Energiearbeit nach taoistischer und buddhistischer Tradition, Bern u. a. (O. W. Barth) 1994.
Osborne, A. (Hrsg.): *The Teachings of Sri Ramana Maharshi in His Own Word,* Rider, 1971.
Pagels, E.: *Versuchung durch Erkenntnis; Die gnostischen Evangelien,* Frankfurt/M (Suhrkamp) 1987.
Patanjali: *Die Wurzeln des Yoga,* Die Yoga-Sūtras des Patañjali, Bern u. a. (O. W. Barth) 1976.

Literaturverzeichnis

Payne, P.: *Martial Arts*, The Spiritual Dimension, Thames and Hudson, 1981.
Philokalia, siehe Gouillard.
Poncé, C.: *Kabbalah: An Introduction and Illumination for the World Today*, Quest Books, 1973.
Ramakrishna, siehe Gupta
Ramana Maharshi: *Sei, was du bist!*, Bern u. a. (O. W. Barth) 1990.
–: *Gespräche des Weisen vom Berge Arunachala*, Interlaken (Ansata) 1989.
Regardie: I.: *The Tree of Life*, Samuel Weiser, 1972.
Reps, P. (Hrsg.): *Ohne Worte, ohne Schweigen*, 101 Zen-Geschichten und andere Zen-Texte, Bern u. a. (O. W. Barth) 1976.
Richardson, A.: *Dancers to the Gods*, Aquarian Press, 1985.
Roberts, J.: *Das Seth-Material*, München (Ariston) 1989.
Robinson, J. M. (Hrsg.): *The Nag Hammadi Library*, E. J. Brill, ²1984.
Rosenberg, A.: *Die Meditation des Herzensgebets*, Ein christlicher Weg der Meditation, Bern u. a. (O. W. Barth) 1983.
Sabom, M. D.: *Recollections of Death*, Corgi Books, 1982.
Scholem, G.: *Die jüdische Mystik in ihren Hauptströmungen*, Frankfurt/M (Suhrkamp) 1967.
–: *Zur Kabbala und ihrer Symbolik*, Frankfurt/M (Suhrkamp) 1973.
Schuon, F.: *Den Islam verstehen*, Eine Einführung in die innere Lehre und die mystische Erfahrung einer Weltreligion, Bern u. a. (O. W. Barth) 1988.
Sekida, K.: *Zen-Training*, Das große Buch über Praxis, Methoden, Hintergründe, Freiburg i. Br. (Herder) 1993.
– (Übers.)/Grimestone, A. V. (Hrsg.): *Two Zen Classics: Mumonkan and Hekiganroku*, Weatherhill, 1977.
Selawry, A. (Hrsg.): *Das immerwährende Herzensgebet*, Ein Weg geistiger Erfahrung – Russische Originaltexte, Bern u. a. (O. W. Barth) 1970.
Seng-ts'an: *Die Meisselschrift vom Glauben an den Geist*, Das Vermächtnis des dritten Patriarchen des Zen in China, mit Erläuterungen von Soko Morinaga Roshi, Bern u. a. (O. W. Barth) 1991.
Shakoor, M.: *Aufs fließende Wasser geschrieben*, Mein Werdegang zum Derwisch – der Erfahrungsbericht eines westlichen Suchers auf dem Schulungsweg der Sufis, Bern u. a. (O. W. Barth) 1991.
Shibayama, Zenkei: *Eine Blume lehrt ohne Worte*, Zen in Gleichnis und Bild, Bern u. a. (O. W. Barth) 1989.
Simonton, O. C./Mathews-Simonton, S./Creighton, J.: *Wieder gesund werden*, Reinbek (Rowohlt) 1982.
Sogyal, Rinpoche: *Das tibetische Buch vom Leben und vom Sterben*, Ein Schlüssel zum tieferen Verständnis von Leben und Tod, Bern u. a. (O. W. Barth) 1993.
Staal, F.: *Exploring Mysticism*, Penguin Books, 1975.
Steiner, R.: *Wie erlangt man Erkenntnisse der höheren Welten?*, Dornach (Rudolf Steiner Verlag) 1961.
Stace, W. T.: *The Teachings of the Mystics*, Mentor Books, 1960.
Suzuki, D. T.: *The Field of Zen*, The Buddhist Society, 1980.
–: *Die große Befreiung*, Eine Einführung in den Zen-Buddhismus, Bern u. a. (O. W. Barth) 1976.
–: *Karuna, Zen und der Weg der tätigen Liebe*, Der Bodhisattva-Pfad im Buddhismus und im Zen, Bern u. a. (O. W. Barth) 1989.

Literaturverzeichnis

–: *Koan. Der Sprung ins Grenzenlose,* Das Koan als Mittel der meditativen Schulung im Zen, Bern u. a. (O. W. Barth) 1988.
–: *Leben aus Zen,* Eine Einführung in den Zen-Buddhismus, Bern u. a. (O. W. Barth) 1987.
–: Mushin – *Die Zen-Lehre vom Nicht-Bewußtsein,* Das Wesen des Zen nach den Worten des Sechsten Patriarchen, Bern u. a. (O. W. Barth) 1987.
–: *Prajna – Zen und die Höchste Weisheit,* Die Verwirklichung der «transzendenten Weisheit» im Buddhismus und im Zen, Bern u. a. (O. W. Barth) 1990.
–: *Satori – Der Zen-Weg zur Befreiung,* Die Erleuchtungserfahrung im Buddhismus und im Zen, Bern u. a. (O. W. Barth) 1987.
–: *Der westliche und der östliche Weg,* Frankfurt/M, Berlin und Wien (Ullstein) 1984.
–: *Zazen – Die Übung des Zen,* Grundlagen und Methoden der Meditationspraxis im Zen, Bern u. a. (O. W. Barth) 1988.
Takuan, Meister: *Zen in der Kunst des kampflosen Kampfes,* Bern u. a. (O. W. Barth) 1993.
Toyne, M.: *Involved in Mankind: The Life and Massage of Vivekananda,* Ramakrishna Vedanta Centre, 1983.
Trungpa, Chögyam: *Das Herz des Buddha,* Buddhistische Lebenspraxis im modernen Alltagsleben, Bern u. a. (O. W. Barth) 1993.
–: *Das Buch vom meditativen Leben,* Die Shambhala-Lehren vom Pfad des Kriegers zur Selbstverwirklichung, Bern u. a. (O. W. Barth) 1986.
Tucci, G.: *Geheimnis des Mandala,* Düsseldorf (Econ) 1989.
Tulku, Tarthang: *Raum, Zeit und Erkenntnis,* Bern u. a. (O. W. Barth 1983.
–: *Selbstheilung durch Entspannung,* Körper- und Atemübungen, Selbstmassage und Meditationstechniken, Bern u. a. (O. W. Barth) 1980.
Vivekananda, Swami: *Inspired Talks,* Sri Ramakrishna Math, 1963.
–: *Vedanta – Der Ozean der Weisheit,* Einführung in die spirituellen Lehren und die Praxis des geistigen Yoga in der indischen Vedanta-Tradition, Bern u. a. (O. W. Barth) 1989.
Waley, A.: *The Way and Its Power: The Tao Te Ching and Its Place in Chinese Thought,* Mandala Books, 1977.
Ward, T.: *Wovon Buddha nichts erzählte,* München (Goldmann) 1992.
West, M. A. (Hrsg.): *The Psychology of Meditation,* Clarendon Press, 1987.
Wilber, K.: «Odyssey: A Personal Enquiry into Humanistic and Transpersonal Psychology» in *Journal of Humanistic Psychology,* 22, 1, S. 57–90, 1982.
–: «The pre-trans fallacy» in *Jownel of Humanistic Psychology,* 22, 2, S. 5–43, 1982.
–: *Psychologie der Befreiung,* Moderne Psychologie und die Meditationslehren, Bern u. a. (O. W. Barth) 1988.
–: *Das Spektrum des Bewußtseins,* Ein metapsychologisches Modell des Bewußtseins und der Disziplinen, die es erforschen, Bern u. a. (Scherz) 1987.
Wilhelm, R. (Übers.): *Geheimnis der Goldenen Blüte,* München (Diederichs) 1986.
Wolters, C. (Übers. u. Hrsg.): *The Cloud of Unknowing,* Penguin Books, 1978. Eine deutsche Ausgabe: *Die Wolke des Nichtwissens,* übers. und eingel. von W. Riehle, Einsiedeln (Johannes) 1980.
Wood, E.: *Concentration: An Approach to Meditation,* Quest Books, 1949.
–: *Yoga,* Penguin Books, 1965.
Yokoi, Y./Victoria, D.: *Zen Master Dogen,* An Introduction with Selected Writings, Weatherhill, 1976.

Register

Ablenkungen 62f., 69, 88, 125, 275
Aborigines 133
Acht Stufen der Meditation 248ff.
Achtsamkeit 89, 181, 182f., 258
Adam 223
Adrenalin 34
Advaita 113, 239
Afrika 109, 133
Ägypten 95, 117, 130, 141, 223f., 227f., 248
Ägypter-Evangelium 117
Ahura Mazda 236, 240
Aikidō 100
Ājñā-Chakra 98, 99
Aktivität 65, 206
Akupunktur 87
Albigenser-Kreuzzüge 115f.
Alchimie 30, 100, 219, 229, 231, 276
Alexander-Technik 156
Allah 242f.
Alpha-Rhythmus 34, 36
Amun 240
Anāhata-Chakra 98, 99
Angelico, Fra 215
Ängste 37
Anubis 224, 228
Apuleius, Lucius 220
Archetypen 48, 165, 173
Arhat 241
Arizona 134
Artussage 52
Āsana 248
Ashcroft-Nowicki, Dolores 219

Assoziationen 53, 124f., 168, 172
Astralleib 226
Atharvaveda 252
Äther (Geist-Element) 53, 143
Ātman 243
Atmung 25, 28, 38, 41, 55–59, 65f., 69, 81, 82, 88, 96, 129, 157, 162, 181, 199f., 208, 250, 257
Aufmerksamkeit 26, 69, 82, 83, 110, 146, 162, 174, 182
Aum *siehe* OM
Avalokiteshvara 125, 126, 255
Avatār 238, 250

Barlow, Wilfred 156
Baum des Lebens 53, 229, 230, 232f., 247
Beethoven, Ludwig van 15
Benson, Herbert 155
Bewußtheit 18, 47f., 57
Bewußtsein 23, 26, 40
Bewußtseinsübertragung 226
Bhakti (-Yoga) 70, 93, 121, 235, 238, 240, 241, 247, 249, 250ff., 257, 261, 263
Bi-Yän-Lu (jap. *Hekiganroku*) 197
Binah 230, 233
Bluthochdruck 37
Bodhidharma 183f., 191, 208
Bodhisattva 73, 125, 214, 241

Bodyscan 84
Brahman 78, 179, 239, 240, 243, 274
Brief von Petrus an Philippus 117
Brunton, Paul 227
Buddha 19, 21, 55, 65, 71, 72, 73, 77, 83, 92, 94, 100, 107, 118, 121, 177f., 183ff., 195, 207, 208, 216, 237, 241, 254, 255, 271f.
Buddhismus 19, 21, 72, 113, 118f., 125, 161, 178, 184, 206, 207, 224, 239, 251, 268

Campbell, Joseph 74
Castaneda, Carlos 133
Chakras 95, 98f., 101, 229
Ch'an 77f., 183, 210
Chang San-feng 87
Chao-chou (jap. Jōshū) 194f.
Cheng Man-ch'ing 89
Chesed 232
Ch'i (Qi; jap. Ki) 87ff., 95, 106
Chidbhavananda, Swami 245
Ch'i-Kung (Qigong) 88
China 80, 88, 183
Ch'ing-Dynastie 87
Chochmah 230, 232
Chöd-Ritual 139
Chögyam, Ngakpa 36, 100
Christentum 45, 49, 67, 111, 112, 115, 127, 177f., 185, 239f., 242, 255, 267f.

Register

Christus 19, 55, 72, 73, 112, 117, 118, 120f., 126, 129f., 141, 186, 216f., 225, 236, 237, 242f.
Cîteaux 116
Conze, Edward 30, 31, 33, 38, 69
Cooper, J. C. 165
Crook, John 211, 262

Darwinismus 23
Denken, visuelles *siehe* Visualisierung
Derwische 103, 104
Devatā 101
Dhāranā 248
Dhyāna 183, 248
Dionysios 267
Dionysos 139
Dōgen Zenji 80, 81, 111, 206–209
Don Juan 133 f.
Dreieck (Symbol) 49, 53, 162
»Drittes Auge« 161 f., 265
Drogen 134
Drogenabhängigkeit 37
Dualismus 74, 85, 271
Duncan, Anthony 117
Dunne, Desmond 24, 29, 30, 33, 95

E'nō, Sechster Patriarch 92
Eckhart, Meister 72, 78
Eddington, Arthur 264
Einsicht 65–75, 82, 92, 190, 200
Ekstatisches Gebet 70
Elemente, vier 44, 75, 142–148, 164 *siehe auch* Äther
Elia, Prophet 101
En Sof 79, 179, 230, 233, 240, 248, 274, 276
Energie 37, 41, 87, 94, 100, 166
Entspannung(-stechniken) 33 f., 37, 63, 64
Entspannungsmeditation 157 f.

Erleuchtung 30, 80, 185 f., 207, 240
Eskimos 133
Esoterik 220
Euripides 22
Eurydike 139 f.
Evangelien 117 f.
Evans-Wentz, W. 101, 102

Farben 25, 41 f., 163 ff., 217 f., 262
Feild, Reshad 103
Ferner Osten 105, 240
Feuerstein, G. 252
Fließende Meditation 23, 70, 109–132, 133–154, 157, 172
Fontana, David 160, 165, 262
Formen 25, 41, 162 f., 271
Formen, geometrische 25, 165, 234, 251
Formlosigkeit 258 ff., 262
Freud, Sigmund 47, 125

Ganesha 225
Geburah 230, 232
Geheimes Buch des Jakobus 117
Geheimnis der Goldenen Blüte 101, 102
Gehirntätigkeit 22, 34, 36, 136, 160
Geist 13, 17, 18, 21 ff., 26 f., 45, 57, 63, 64, 66, 69, 74 f., 81, 109, 140, 155, 205, 231, 238, 249, 258, 275
Geistliche Übungen (Exercitia spiritualia) 126–132, 134, 138, 152, 172
Gelassenheit 28, 29, 33, 38, 64
Gelugpa-Schule 243
Gendai Sojizen Hyoron 196, 197
Gesang, rhythmischer 25 *siehe auch* Klänge
Ghanananda, Swami 239, 242, 243, 250

Gnosis 30, 120, 149 f., 220
Gnostizismus 19, 102, 114–117, 244
Godwin, Joscelyn 223
Goethe, Johann Wolfgang von 22
Gott 68, 72, 103 f., 107, 109, 111, 112, 129, 149, 177 f., 179 f., 185, 239, 242, 247, 267 f.
Govinda, Lama Anagarika 172, 174
Grimestone, A. V. 196, 198
Guirdham, Arthur 116

Hakuin 202, 205
Halifax, Joan 138
Hamilton-Merritt, Jane 40, 41
Han Shan 203, 204
Hanuman 225
Harmonie 40
Hatha (-Yoga) 24, 70, 92, 93, 94, 95 ff., 97, 100, 105, 235, 249
Heard, Gerald 238
Heidentum 149
Hekiganroku (chin. *Bi-Yän-Lu*) 196, 198
Hermes Trismegistos 19, 223, 231
Hermetik 19, 30
Herrigel, Eugen 265
Herzrhythmusstörungen 37
Hinduismus 19, 68, 72, 78, 113, 123, 219, 235–245, 251, 256
Hod 230, 232
Hoffman, Joel 196
Horus 224, 236, 276
Hsüa-dou, Meister 197
Huang ti nei-ching («Des Gelben Kaisers klassisches Buch der Inneren Medizin») 88
Huxley, Aldous 238, 274
Hyams, Joe 105

Ich 113 f., 141, 191, 243, 266

Register

Idā 96, 97, 231
Identitätsgefühl 37
Ignatius von Loyola 126–132, 134, 152, 160, 172
Indianer 19, 109, 133, 136, 140, 144
Indien 36, 105, 235, 240, 251
Initiation 138
Innere-Stimme-Meditation 110ff., 135
Irenäus, Bischof 117
Isherwood, Christopher 124, 238, 274
Ishtar 226
Isis 141, 224, 225, 227
Islam 52, 67, 103, 240, 242, 251, 255

James, Williams 204
Japa 123, 250
Japan 80, 206
Jeans, Sir James 264
Jesod 230, 232
Jesuiten 126, 132
Jhāna 183
Jñāna (-Yoga) 70, 121, 235, 238, 240, 241, 247, 249, 261, 263, 264, 270, 272
Jñānākanda 243
Johanna von Orléans 122
Johannes-Evangelium 121, 124
Jōshū *siehe* Chao-chou
Judaismus 236
Judō 105
Juliana von Norwich, Mutter 122
Jung, Carl Gustav 30, 45f., 47f., 49, 74, 102, 125, 139f., 219
Jungclaussen, Emmanuel 255

Ka 95
Kabbala 70, 79, 100, 179, 223, 229
Kabbalismus, christlicher 234
Kālī 242

Kampfkünste 86ff., 100, 105f., 187
Kapleau, Philip 185, 188, 189, 190
Karate 105
Karma (-Yoga) 93, 94, 97, 121, 131, 235
Katharina von Genua 122
Katharina von Siena 122
Katholizismus 116, 126, 244, 245, 250, 251
Kendō 105
Kenshō 186ff., 191f.
Kether 229, 231, 233, 240, 276
Ketzerei 116, 117
Ki *siehe* Ch'i
Klänge 135ff., 251, 253, 256, 271
Kleinasien 130, 220
Kōan 70, 92, 119, 122, 188, 190, 192–200, 210, 269
Kōan-Kommentar 197
Kontemplation 111, 206
Konzentration 27, 41, 63, 124, 147, 261
Krankheiten 155
Krebs 155
Kreis (Symbol) 49, 52, 53, 170
Kreuz (Symbol) 45, 49, 52, 165, 170
Krishna 72, 73, 237
Krone (Symbol) 229
Krpālvanad, Yogacarya 93, 94, 135
Kundalinī 96, 97–100, 101, 102, 239

Lati Rinbochay 258
Leere 109, 119, 190
«Lehre vom Edlen Achtfachen Pfad» 71
Levi, Eliphas 235
Liebende-Güte-Meditation 125f., 168
Losgelöstheit 28, 29, 38, 66
Lotossitz 56, 207
Lu K'uan Yu (Charles Luk) 203, 211

Magi 219, 220
Magie 219, 223, 276
Mahadevan, R. M. 269
Mahāprajñāpāramitā-Hridaya-Sūtra 272
Mahāyāna 240, 241
Mālā 251
Malkuth 229, 230, 231, 232, 276
Mänaden 139
Mandala 49, 68, 69, 166f.
Manipūra-Chakra 98, 99
Mantra 37, 38, 68, 69, 123, 173, 202, 250, 251–258, 260
Maraca 137
Maria, Jungfrau 129f., 215ff., 244
Māyā 263, 264
McDonald, Kathleen 161, 214
Meridiane 87
Mexiko 134
Mitgefühl 30
Mithras 236
Molière 22
Mu 194f., 198, 199, 200–203, 270
Mudrā 214
Mūlādhāra-Chakra 96, 98, 99
Mumon *siehe* Wu-men
Mumonkan («Die torlose Schranke») 92, 194, 196, 198
Mysterienreligionen 19, 70, 128, 130f.
Mysterientraditionen 19, 218ff., 225f., 236
Mystik 50, 72, 114
Mystik, christliche 70, 72, 78, 112, 179, 213, 240, 261
Mystik, jüdische 79, 223
«mystische Hochzeit» 229, 231, 233, 276
Mythologie, griechische 139–142

Register

Nag-Hammadi-Bibliothek 117
Naher Osten 19, 127, 220
Namaz 242
Naranjo, Claudio 67f.
Natur 142ff.
Nembutsu-Formel (Namu-Amida-Butsu) 203
Nephthys 224
Neti 78, 265, 267f., 269
Neues Testament 117f., 121
Nezach 230, 232
Nicol, C. W. 105
Nirvāna 30, 78, 179, 240, 243, 244, 260, 271, 272, 274, 276
Nirvikalpa-Samādhi 120, 247, 260, 261, 271
Niyama 248

Objektive Meditation 70, 155, 213–246, 247–272
Offenbarung des Petrus 117
Okkultismus 130, 160
OM (Aum) 124, 129, 172, 173, 224, 251
Orpheus 139f.
Osiris 141, 224, 228
Out-of-Body-Experience 226

Pagels, Elaine 117, 121
Pali 183
Paradoxa der Meditation 29, 46, 65, 75, 79, 84, 208
Parapsychologie 219
Patañjali 19, 67, 92, 123, 124, 221f., 248
Payne, Peter 100
Persephone 220
Persien 219
Philippus-Evangelium 117, 118, 119, 120
Philokalia 255
Philosophie 18
Physiologie 33, 37, 41, 136
Pingalā 96, 97, 231
Poncé, Charles 79, 229, 231, 234

Prakriti 243, 263
Prāna 87, 95
Prānāyāma 58f., 96, 97, 248
Prathyāhāra 248, 250
Psychologie 18, 19–24, 26, 29ff., 33ff., 45, 94, 102, 155, 204, 226
Psychotherapie 30, 36–39, 41, 114, 156
Pyramiden 223, 227
Pythagoras 19

Qi *siehe* Ch'i
Qigong *siehe* Ch'i-Kung
Quäker 70, 112, 116
Quietismus 70

Rad (Symbol) 52, 165, 166
Rāja (-Yoga) 93, 121, 235, 248, 249
Ramakrishna 237, 238, 239, 240, 241, 242, 243, 245, 246, 247, 250, 263
Ramakrishna-Orden 123
Ramana Maharshi 269, 270
Regardie, Israel 164, 223, 224, 228, 229
Religionen 18, 45, 49, 118, 239
Richardson, Alan 219
Rigveda 236
Rinzai-Zen 188, 206, 207
Rishis 263, 264
Roberts, Jane 110
Robinson, James 117
Rōshi 191, 193f.
Ruhe 30, 40, 51, 52, 63f., 79ff., 150, 190
Ruhend-fließende Meditation 68, 69
Ruhende Meditation 70, 77–108, 247
Rumi 19
Rūpas 214, 215, 224

Sabom, Michael 226
Sahasrāra-Chakra 98, 99
Samādhi 41, 186f., 191, 199f., 203, 205, 249
Sāmkhya-Philosophie 263

Sammlung 65–75
Samsāra 263, 271, 272
Sanftmut 30
Sanskrit 92, 95, 172, 183, 219, 253
Satipatthāna-Sutta («Sūtra der Vier Grundlagen der Achtsamkeit) 65
Satori 186f., 190, 191f.
Savikalpa-Samādhi 120, 242, 247, 259, 261
Schamanismus 19, 52, 67, 70, 109, 133–154, 220, 225
Scheitel-Chakra 96
Schlaflosigkeit 37
Scholem, Gershom 229
Schöpferkraft 29 *siehe auch* Energie
Schuldgefühle 37
Sefiroth 229, 232, 234, 240, 248
Sekida, Katsuki 187f., 196, 198, 199, 200, 202, 205
Selbstbewußtsein 23
Selbstbezogenheit 24
Selbstwertgefühl 35f.
Sepher Jezira 19
Seth 141
Seymour, Charles 218, 235
Shakespeare, William 22
Shakti 263
Shākyamuni-Buddha 208
Shikantaza 70
Shiva-Mantra 256
Shūrangama-Sūtra 204
Sibirien 133, 140, 149
Siddhis 71, 219, 220, 221f., 249
Simonton, Carl und Stephanie 155
Sinn des Lebens 42
Sitzen 51, 57, 188 *siehe auch* Zazen
Sophokles 22
Sōtō-Zen 80, 188, 206–209, 244
Spanien 127
Spannungen 37
Spiritismus 109

Register

Steiner, Rudolf 149–153, 228
Sthūla-Dhyāna 247
Stille 63, 65–75, 79, 200
Streß 34, 37, 41
Subjektiv-objektive Meditation 68, 69
Subjektive Meditation 70, 177–212
Sufismus 19, 103
Sūkshma-Dhyāna 247
Sushumnā 96, 97, 100, 231
Suzuki, Daisetz T. 179, 185, 195, 201, 206
Svādhishthāna-Chakra 98, 99
Swahananda, Swami 123
Symbole 18, 45, 48, 49–53, 68, 79, 120, 123, 138, 139, 164 f., 169, 214, 217, 224, 250

T'ai-chi (T'ai-chi-ch'uan; Taijichuan) 70, 84–90, 94, 95, 100, 106
T'ang-Dynastie 87
Tabula Smaragdiana (Smaragdtafel) 223
Tan-t'ien 87
Tantrismus 263
Tao 78
Tao-te ching 79
Taoismus 52, 78, 88, 181
Tārā-Mantra 255
Tarotkarten 234
Tattvas 164
Tausendblättriger Lotos 96, 99, 101
Tejo-Dhyāna 247
Telepathie 221
Thailand 40
Thankas 214, 215, 224
Theravāda 81, 240, 241
Theresa von Avila 122
Thomas-Evangelium 117, 118, 119

Thoth 223, 224
Tibet 73, 101, 102, 105, 109, 128, 133, 139, 143, 160, 216, 226, 240, 243, 244, 256
Tibetanisches Totenbuch 227
Tibetische Lamas 30, 74, 214, 215, 227
Tierkreiszeichen 234
Tifereth 230, 232
Tod 30, 78, 96, 143, 187, 213, 220, 226 f.
Ton (Symbole) 50, 135 *siehe auch* Klänge
Tōsan *siehe* Tung-shan
Trance 64, 259, 262
Transzendentale Meditation (TM) 37, 257
Träume 46, 160
Trinität 53
Trommeln 103, 137
Tumo-Praxis 101
Tung-shan (Tōsan) 119
Tungusen 133

Unbewußte, das 47 f., 50, 52, 73, 142, 165, 173, 219, 234, 251
Unbewußte, das kollektive 47 f., 74 f., 102, 140, 221
Unbewußtheit 18, 45, 46
Unterwelt 138, 139, 140, 226

Vedānta 19, 94, 237, 238, 239, 247, 258, 263
Veden 21, 237, 264
Versenkungen, formlose 258 ff.
Victoria, Daizen 207
Vier Grundlagen der Achtsamkeit 65
Vipassanā 70, 81 f., 83 ff., 157, 232
Vishnu-Mantra 256
Vishuddha-Chakra 98, 99

Visualisierung 17, 38, 96, 100, 129 ff., 135 f., 151 f., 155–175, 213 f., 216 f., 225, 226, 234, 250, 253 f., 268
Vivekananda, Swami 124, 237, 238, 246

Walter, Reinhold von 255
Ward, Timothy 40, 41
Weisheit 18, 143, 144
West, Michael 33
Wiedergeburt 138, 141
Wilber, Ken 262
Wilhelm, Richard 101, 102
Wissenschaft 20, 21, 22, 23, 50, 264
Wolke des Nichtwissens 267, 268
Wolters, C. 267, 268
Wort (Symbole) 50, 124 *siehe auch* Mantra
Wu-men (jap. Mumon) 194

Yama 248
Yantras 166 f.
Yaqui-Schamanen 133
Yin-Yang 52
Ying ch'i-Kung (Yingqigong) 88
Yingqigong *siehe* Ying ch'i-Kung
Yoga 24, 58, 84, 92–104, 135, 229, 231, 238, 249, 274
Yoga-Sūtras siehe Patañjali
Yogis 36, 87, 96, 104
Yokoi, Yuho 80, 207
Yüan-Dynastie 87

Zazen 70, 188, 189 f., 206, 208, 265
Zen 77, 80, 82, 119, 180 f., 183–212, 242, 265
Zoroastrismus 219, 236, 240